Bassam Tibi

Mit dem Kopftuch nach Europa?

Bassam Tibi

Mit dem Kopftuch nach Europa?

Die Türkei auf dem Weg in die Europäische Union

Einbandgestaltung: schreiberVIS, Seeheim.

Einbandabbildung: Türkische Islamistinnen protestieren gegen Scharon-Besuch in Istanbul, 2001. © dpa-Fotoreport.

2., um ein Nachwort und eine Bibliografie erweiterte Auflage 2007

Die Herausgabe des Werkes wurde durch die Vereinsmitglieder der WBG ermöglicht.
Satz: Setzerei Gutowski, Weiterstadt
Gedruckt auf säurefreiem und alterungsbeständigem Papier
Printed in Germany

Besuchen Sie uns im Internet: www.wbg-darmstadt.de

ISBN 978-3-534-20872-2

Inhaltsverzeichnis

Vorwort zur 2. Auflage

Wenn dieses Buch zwei Jahre nach seiner ersten Auflage nun, erweitert, neu gedruckt wird, so ist dies auf den ersten Blick ein schöner Erfolg. Schließlich werden Sachbücher zu aktuellen politischen Themen vom Publikum und auch von den Verlagen oft als kurzlebig betrachtet. Da wird dann lieber ein „neues" Buch, das sich nur im Titel und in der Zusammenstellung der Inhalte vom letzten unterscheidet, „gemacht". Insofern ist diese Auflage eine Bestätigung für den Autor und auch für das Buch.

Jedoch hat sich meine Hoffnung, dass das 2005 erschienene Buch eine breite, die EU-Aufnahmeverhandlungen mit der Türkei begleitende sachliche Debatte produktiv auslöst, leider nicht erfüllt. Das ist mit der zurzeit in Deutschland dominierenden Debattierkultur zu erklären. Ein bestimmter Kreis übt eine Deutungshoheit aus und entscheidet, welche Themen und welche Autoren diskutiert werden dürfen und welche nicht; das zeigt sich dann in Rezensionen und, wie im vorliegenden Fall, auch im Ausbleiben von Rezensionen gerade in den tonangebenden Medien. Dagegen spricht allerdings der gute Verkauf der ersten Auflage und die positive Resonanz abseits der großen Organe. Diesen Lesern habe ich die zweite Auflage zu verdanken, und sie bestätigen mich darin, meine Thesen weiter zur Diskussion zu stellen.

Die Aktualität des Themas bleibt brennend: Während dies Buch in Druck geht, muss der türkische Literaturnobelpreisträger Orhan Pamuk unter Polizeischutz sein Land verlassen, weil er sich nach dem Mord an seinem Freund, dem Journalisten Hrant Dink seines Lebens nicht mehr sicher ist. Die Feuilletons der großen und der kleinen Zeitungen erregen sich einige Tage, ohne jedoch Hintergrundanalysen zu bieten.

Es ist jedoch sehr erfreulich, dass die vorliegende Arbeit trotz der gegen mich verhängten Blockade (z. B. keine Rezensionen meiner Bücher seit 1994 in allen großen Tageszeitungen) viele aufgeschlossene Leser finden konnte, denen ich als ein Fremder sehr dankbar bin, weil sie mir das andere, bessere Gesicht Deutschlands zeigen. Diesen Lesern ist auch zu verdanken, dass diese zweite aktualisierte Auflage erscheinen kann. Das Problem ist nicht – wie die Häme mancher unterstellt – meine Person, sondern die Idee Europas, die im Zentrum dieses Buches steht und die ich in der Tradition meines jüdischen Lehrers Max

Horkheimer verteidige. Die deutschen Intellektuellen, die Deutungshoheit ausüben, sind für ihren Verrat an der Idee Europas anzuklagen. Eben die Verteidigung dieser Idee und die mit ihr verbundene Werteorientierung sowie den Verratsvorwurf verzeihen mir diese geistigen Diktatoren nicht, bilden den Hintergrund der Ausgrenzung meiner Person und Arbeit. Die Idee Europas ist nun der Maßstab dafür, ob die Türkei ein EU-Vollmitglied werden kann! Das ist der Kerngedanke dieses Buches. In aller Kürze: Nur eine säkulare, nicht aber eine Kopftuch-Türkei kann zu Europa gehören.

Bei mehreren Besuchen in der Türkei im Jahr 2006 war es mir möglich, zu beobachten, dass wertemäßig europäisch orientierte Türken, die bisherige politische Elite des Landes, ihre Macht langsam einbüßen. Gerade in diesem Kreis kann man in unserer Zeit einen zunehmenden Antiamerikanismus beobachten, weil die US-Bush-Administration sich – trotz ihrer Rhetorik vom „War on Terror" – mit den sogenannten gemäßigten Islamisten arrangiert. Beispiele hierfür sind die AKP der Türkei und die SCIRI des Irak. Von diesen wird die in Washington erhoffte Demokratisierung nicht kommen, eher das Gegenteil. In der Ausgabe des Wochenendmagazins *Newsweek* vom 17./18. Dezember 2006 war ein Bericht über säkular-demokratisch orientierte Mittelschichtfamilien in der Türkei mit dem Titel „We feel like a minority/Fremd im eigenen Land" zu lesen, der zeigt, dass westlich orientierte Türken in der Defensive, ja auf dem Rückzug sind. Die sogenannten gemäßigten Islamisten werden von den USA unterstützt, die massiven Druck auf die EU ausüben, um die begonnenen Verhandlungen mit der islamistischen AKP-Regierung voranzutreiben, obwohl diese Partei, die das Land wie in einer Einparteienherrschaft dominiert (Regierung und Parlament), die Türkei stetig entsäkularisiert, ja entwestlicht.

Parallel zu ihrem Lippenbekenntnis zum Kemalismus unterminieren die AKP-Islamisten alle kemalistischen Errungenschaften. Nun ist die Türkei noch unter den in der „Organization of Islamic Countries/OIC" versammelten islamischen Ländern, die sich einzigartig in der Welt auf der Basis von Religion vereinigen, das modernste, auch, bei allen Mängeln, demokratischste und säkularste Land in der Welt des Islam. Dies verdankt das Land einzig und allein der kemalistischen Revolution, die zur Auflösung der islamischen Ordnung beitrug. Das kemalistische Modell hat zwar seine Schwächen und Fehler, aber die Türkei konnte eben nur auf dieser Grundlage in die moderne Welt eintreten. Dies ist leider aber sektoral begrenzt. Die Moderne ist dort auf die urbane Triangel Istanbul–Ankara–Izmir limitiert. Diese Errungenschaften sind durch die „Kopftuch-Islamisten" gefährdet. Im vorliegenden Buch wird gezeigt, dass das Kopftuch nicht einfach eine Kleidung, sondern eine angebliche Vorschrift der Schari'a ist; es symbolisiert ein anderes Modell für die Türkei.

Bei der Aufnahme der Türkei in die EU geht es um europäische, nicht um US-Regierungspolitik. Jedoch vermitteln Kommentare der US-Presse den Eindruck, es sei nicht so. „Newsweek" hat in ihrer Cover-Story in der Ausgabe vom 11. Dezember 2006 unter der Schlagzeile „Who lost Turkey?/Wer hat die Türkei verloren?" die Drohung veröffentlicht „Europa wird den Preis dafür zahlen", d.h. für die Abweisung der Türkei. Die Frage hätte also heißen müssen: „Why Turkey is lost?/Warum wurde die Türkei verloren?", und die Antwort darauf heißt: Der Aufstieg des Islamismus und sein erfolgreicher Marsch durch die Institutionen hat dies bedingt. Wenn die Leser dieses Buches den Text ganz gründlich lesen, werden sie erkennen, dass die kemalistisch-säkulare, d.h. eine an den europäischen Werten orientierte Türkei heute durch die Kopftuch-Türkei der AKP gefährdet ist.

Ich habe an der Neuausgabe Aktualisierungen vorgenommen, zu denen ein neues Nachwort sowie eine Bibliografie gehören. Ich gebe die Hoffnung nicht auf, die deutsche Diskussion zu beeinflussen.

Göttingen, im Februar 2007 Bassam Tibi

Vorrede

Die Türkei will in die EU. Bei jeder Debatte über diesen Gegenstand empfiehlt dieses Buch zu fragen, „welche Türkei"? Eine säkulare europäisierte Türkei, oder eine Türkei, die von einer Partei mit Zweidrittelmehrheit im Parlament regiert wird, die ihren Ursprung im politischen Islam hat und in diesem verankert ist, also eine von einer Kopftuch-Partei regierten Türkei? Diese Empfehlung macht Sinn, weil diese Fragen in der deutschen Türkei-EU-Debatte nicht gestellt werden. Stattdessen wird allgemein über „die Türkei" geredet. Anders als die EU-Politiker und die Medien will dieses Buch eben diese Fragen stellen. Ich beginne mit dem 17. Dezember 2004, als die in Brüssel versammelten europäischen Staats- und Regierungschefs beschlossen haben, im Oktober 2005 Verhandlungen mit der Türkei zwecks Aufnahme als Vollmitglied in die westliche Staatengemeinschaft der Europäischen Union aufzunehmen. Zu dieser Entscheidung gehört eine Hintergrundproblematik, die von diesen EU-Politikern verdrängt wird und das Thema des vorliegenden Buches ausmacht.

In Deutschland und auch im Rest Europas bestehen teils berechtigte, teils irrationale Ängste vor dem Islam, die unsere Thematik betreffen. Sollten die in Brüssel beschlossenen Verhandlungen mit Erfolg abgeschlossen werden und zu einem EU-Beitritt der Türkei führen, wird Europa nicht mehr dasselbe zivilisatorische Gebilde bleiben. Diese Aussage beruht auf einer wertfreien Feststellung. Es ist ebenso wertfrei, die Beobachtung nicht zu verschweigen, dass nicht nur fremdenfeindliche Strömungen bestehende Ängste missbrauchen, sondern auch diejenigen Deutschen, die mit der Formel „Feindbild Islam" darauf kontern, um ihre Kritiker der „Fremdenfeindlichkeit" zu verdächtigen. Türkische Islamisten und Nationalisten haben dieses Vorgehen von den entsprechenden deutschen Politikern und Publizisten gelernt. Auf jeden Vorbehalt – z. B. vor dem Kopftuch – reagieren diese mit Erhebung der Vorwürfe „Feindbild Islam" und „Rechtsradikalismus". Dies erschwert nicht nur eine sachliche Debatte, sondern ist darüber hinaus *kein* Zeichen einer demokratischen Debattierkultur.

Noch vor der soeben angeführten Beschlussnahme in Brüssel schrieb der *Spiegel* in der Inhalt-Vorankündigung zu Heft 41 vom 4. 10. 2004:

„Die Debatte, die Gerhard Schröder und Angela Merkel in ihren Parteien gerne unterdrückt hätten, nimmt ihren Lauf: Gehört die Türkei tatsächlich zur europäischen Union? Noch sträubt sich die Basis von Union und SPD erkennbar." Wenige Tage später, am 7. Oktober, berichteten die Titelseiten aller internationalen Zeitungen von der positiven Empfehlung der EU-Kommission an die EU-Staats- und Regierungschefs, Verhandlungen mit der Türkei aufzunehmen. Auf ihrem Gipfel am 17. Dezember in Brüssel haben diese entsprechend dieser Empfehlung entschieden.

Der *Spiegel* schrieb zu Recht von einer unterdrückten Debatte. Der Inhalt dieses Buches, der zur Diskussion gestellt wird, bezieht sich auf diese Unterdrückung der Meinungsfreiheit und beansprucht, die auf zehn Jahre angelegten Aufnahmeverhandlungen als Grundlage zu begleiten. Dieses Buch substantiiert die Frage, ob und unter welchen Bedingungen die Türkei zu Europa gehören kann. Alarmierend ist, was ich während des fortgeschrittenen Entstehungsstadiums dieses Buches in Harvard in der *International Herald Tribune* vom 7. Oktober 2004 auf Seite 8 lesen musste, nämlich dass „Umfragen in ganz Europa im Großen und Ganzen eine öffentliche Einstellung gegen die Aufnahme der Türkei als Vollmitglied anzeigen". Ende Oktober 2004 reiste ich von Cambridge/MA in die Türkei, wo ich in Ankara auf Einladung des türkischen Think Tanks ASAM zu dem vom ehemaligen Präsidenten Suleiman Demirel eröffneten Symposium „Stability in the Middle East" sprach. Bei diesem Aufenthalt in Ankara wurden mir zwei Erkenntnisse bewusster denn je: Erstens, der Türkei darf man nicht den Rücken kehren, weil sie geopolitisch von zentraler Bedeutung ist. Die zweite Erkenntnis ist persönlich. In Harvard wirke ich seit 1982 auf der Flucht vor der geistig beengten Welt der deutschen Universität, in der ich es in meinem akademischen Leben nicht geschafft habe, eine Zugehörigkeit zu finden (vgl. mein Kapitel im Buch von Namo Aziz: *Fremd in einem kalten Land*). Doch meine Liebe zu Deutschland war groß genug, um diesem Land treu zu bleiben und sein Bürger zu sein. Anders als die deutsche Universität bot mir Harvard eine geistige Heimat. Von Harvard in Ankara angekommen, fühlte ich mich unter den europäisierten Türken islamischen Glaubens im Monat Ramadan mehr zu Hause als in meiner geistigen US-Heimat. Von der türkischen Wärme und Herzlichkeit war ich erneut dermaßen ergriffen, dass es mir in der türkischen Umwelt emotional noch besser als in meinem Fluchtort Harvard ging. Dennoch bleibe ich rational in meinem Denken und unterscheide bei dem hier anstehenden Gegenstand zwischen einer besonderen Europa-Türkei-Beziehung (im Sinne des strategischen Begriffes „special relationship“) und einer vollen EU-Mitgliedschaft. Zum Anderen unterscheide ich entsprechend der eingangs gestellten Frage „welche Türkei?“ zwischen der säkularen Türkei Kemal Atatürks und der Kopftuch-Türkei der AKP-Partei, die das Land seit November 2002 in diesem Kopftuch-Geist regiert. Trotz aller Zuneigung zur Türkei kann mich keiner für die AKP gewinnen, weil der europäisierte Islam, für den ich eintrete, ein anderer als der AKP-Islam ist, den ich auch für Europa – meine Wahlheimat – ablehne und vor seinen Folgen, einem Kopftuch-Islam, warne. Es ist unsachlich – um nicht zu sagen „billig“ – solche Differenzierungen mit dem Schmutz des „Feindbild Islam“ und der „Fremdenfeindlichkeit“ zu belegen.

Parallel zu der zitierten *Spiegel*-Frage, die viele EU-Politiker verdrängen, staunen Türkei-Experten auch über folgenden Sachverhalt: Vierzig Jahre lang klopften die europäisch und säkular im Sinne des Republikgründers Atatürk gesinnten Türken an die Tür Europas und warben um die Aufnahme in die EU; sie wurden abgewiesen und Europa zeigte ihnen schlicht die kalte Schulter. Dagegen gelingt es einer im politischen Islam (Islamismus) verankerten AKP, zu deren Gründern der vorbestrafte Recep Tayyip Erdogan gehört, von Europa positiv aufgenommen zu werden. In der *Süddeutschen Zeitung* vom 7. Oktober 2004 wurde dieser AKP-Politiker entsprechend als Zögling Erbakans, des Vaters des politischen Islam der Türkei, bezeichnet. Die Inspiration zu dem ausgewählten Buchtitel kam von Erdogan und seinem Außenminister Abdullah Gül selbst, die das islamistische Kopftuch als Symbol vertreten. Demonstrativ tragen deren Frauen das Kopftuch und treten öffentlich dafür ein. Viele Europäer verstehen nicht, dass es beim Kopftuch nicht einfach um ein Kleidungsstück, sondern um eine Vorschrift des islamischen *Schari'a*-Rechts geht. Dies wird in Kapitel III näher belegt. Ich behaupte, dass die AKP mit ihrer Einstellung zum Kopftuch die *Schari'a* vertritt und keinen islamischen Konservatismus im Sinne einer säkularen Werteorientierung. In diesem Zusammenhang stimme ich mit dem Grundtenor des *Spiegel*-Themenheftes über „Muslimische Frauen in Deutschland“ (Heft 47 vom15. November 2004) überein, nämlich dass diese Kopftuch-Frauen „rechtlos“ sind. Hier steht das Kopftuch symbolisch für ihre Segregation und Unterdrückung. Vor mehr als zehn Jahren, 1994, habe ich einem *Spiegel*-Essay über *Schari'a* und Grundrechte die Überschrift „Wie Feuer und Wasser“ gegeben, um symbolisch zu zeigen, wie deren Inhalte sich zueinander verhalten.

Die laut dem zitierten *Spiegel*-Bericht gleichermaßen von deutschen

Politikern der Regierung und Opposition, ja generell in Deutschland unterdrückte Frage, ob die Türkei und Europa sowohl zivilisatorisch als auch im Rahmen der Europäischen Union – über die Erfüllung der technischen Kopenhagener Kriterien hinaus – zueinander gehören, stelle ich mir als Muslim, der selbst in dieser Eigenschaft zu Europa gehören will. Dabei schließe ich eine kulturelle Symbiose nicht aus, frage aber aufrichtig, unter welchen Bedingungen diese erfolgen könnte und wann sie misslingt. Mit dieser Fragestellung im Hinterkopf verfolge ich, wie die türkischen, sich als islamisch-konservativ gebenden Islamisten einerseits versichern, die säkulare Identität Europas zu respektieren, andererseits jedoch darauf bestehen, dass das Tragen eines Kopftuches als angebliche *Schari'a*-Vorschrift ein Grundrecht der Muslime in Europa sei. Glücklicherweise hat der Europäische Gerichtshof für Menschenrechte in Straßburg in einem Grundsatzurteil vom Mai 2004 diese Frage geklärt. Das Urteil begründet die Abweisung der Klage einer „Kopftuch-Muslima" – so werden islamistisch orientierte Frauen genannt. Es wurde nicht nur entschieden, dass dieses Grundrecht nicht existiert, sondern darüber hinaus auch befunden, dass ein Kopftuchverbot sogar zulässig, also keine Verletzung der Menschenrechte ist. Parallel zu diesem Grundsatzurteil wurden zweihundert ähnlich gelagerte Klagen abgewiesen, die von islamistischen Frauen in Straßburg eingereicht worden waren. Es ist sehr erwähnenswert, dass sich bis kurz vor der Urteilsverkündung unter den Klägerinnen auch die Gattin des Außenministers Gül befand. Diese zog ihre Klage jedoch zurück, um die Partei ihres Ehemannes, die die Türkei mit diesem Symbol in die EU führen will, nicht in Verlegenheit zu bringen.

Generell wird in der deutschen Öffentlichkeit, gleichermaßen von Politikern und Medien, eine inhaltliche Debatte über den EU-Beitritt der Türkei unterdrückt. In den Fällen, wo sie überhaupt geführt wird, werden zwei Problembereiche völlig ausgeklammert: Erstens, dass die Türkei seit November 2002 von einer islamistischen, das Kopftuch als Symbol vertretenden Partei regiert wird, und zweitens, dass bei der lobenswerten Öffnung gegenüber dem Islam die Frage, welcher Islam hierbei in Europa zugelassen werden sollte, nicht gestellt wird. Bei der Ausklammerung dieser beiden Problembereiche wird die erforderliche Diskussion über das Potenzial der Europäisierung eines islamischen Landes, ja, des Islam selbst, einfach übergangen. Der Brüsseler Korrespondent der *Frankfurter Allgemeinen Zeitung* hat richtig beobachtet, dass die europäischen Politiker über den Beitritt der Türkei zur EU so debattieren, „dass die großen Fragen entweder gar nicht oder nur hinter vorgehaltener Hand angesprochen werden" (*F.A.Z.* vom 11. September 2004, S. 6). An diese fragwürdige politische Kultur hält sich dieses Buch nicht, weil darin eben diese großen Fragen – vor allem die Europäisierung der Türkei, die zentral zur Europa-Kompatibilität gehört – offen und unzensiert angesprochen werden.

Zu den großen Fragestellungen, die EU-Politiker ausklammern und die struktureller Natur sind, also nicht von tagespolitischen Entwicklungen abhängen, gehören die folgenden drei:

1. *Die zivilisatorische Identität* der Europäischen Union und die Möglichkeit der Teilhabe eines islamischen Landes, jedoch erst durch Erfüllung des Kriteriums der *Europäisierung*: Die europäische Identität ist zivilisatorisch inklusiv; sie ist nicht christlich exklusiv, wie oftmals unterstellt wird. Europäische Identität lässt auf der Basis dieser Inklusivität einen Prozess der Europäisierung zu. Diese kommt jedoch nicht von allein. Sowohl in Bezug auf die Türkei als auch auf die muslimischen Migranten müssen die Europäer diese Politik fordern.
2. *Die wirtschaftliche Dimension*: Die Tageszeitung *Die Welt* hat in ihrer Ausgabe vom 20. August 2004 die Ergebnisse der Studie des Brüsseler Think Tanks *Friends of Europe* veröffentlicht, wonach die Türkei-Mitgliedschaft die EU alleine in den ersten drei Jahren 45 Milliarden Euro kosten würde. Das ist eine erhebliche Belastung für die Netto-Beitragszahler des EU-Budgets, vor allem Deutschlands (25%) und Frankreichs (18%). Wie kann die EU diese wirtschaftliche Last verkraften?
3. *Die Demographie*: Die heute (2005) 73 Millionen Menschen umfassende türkische Bevölkerung hat sich in den vergangenen drei Dekaden verdoppelt. Wenn die, wie vorausgesehen, auf fünfzehn Jahre zu führenden Verhandlungen im Jahre 2020 mit der vollen Mitgliedschaft enden, wird ein erheblicher Migrationsdruck von einer Türkei ausgehen, die zu jenem Zeitpunkt mehr als 90 Millionen Einwohner haben wird. Eine solche Zuwanderung könnte den europäischen Sozialstaat weitgehend ruinieren. Die Türkei ist kein Sozialstaat und bietet keine Sozialleistungen. Es ist kein Ausdruck von Panikmache festzustellen, dass die Türkei 2020 das demographisch größte Land der EU sein und diese dann dominieren würde. Der Verweis auf Ausschlussregelungen zur Verhinderung der Freizügigkeit bei Zuwanderung trifft bei einer „Vollmitgliedschaft" nicht zu. Erdogan kündigte an, dass die Türkei Sonderregelungen nicht akzeptieren werde. Als geographisch und demographisch größter Staat der EU wird die Türkei den westlich-säkularen Charakter der EU weitgehend verändern.

Diese Prognose gilt vor allem dann, wenn die Islamisten die Zustimmung der Bevölkerung haben und die Türkei regieren.

Das erste Problemfeld, also das der Europäisierung – als Kriterium für die Bindung der Türkei an die EU – steht im Mittelpunkt dieses Buches, im Gegensatz zur zweiten und dritten Fragestellung, die nur gestreift werden können.

Leider wird der Rechtsradikalismus in die Türkei-Debatte nicht nur als eine Polemik miteinbezogen. In einigen wenigen Fällen liegt er vor. Während des Europa-Wahlkampfes in Berlin im Juni 2004 waren Plakate der Republikaner aufgehängt, auf denen die propagandistische Parole „Europa ohne Türkei" zu lesen stand; von da aus ist es nur noch ein kleiner Schritt zu der umfassenderen Parole „Europa ohne Muslime", die die angestrebte Ausgrenzung der Muslime insgesamt zum Ausdruck bringen würde. Wer in dieser politischen Umwelt nicht in den Ruch des Rechtsextremismus geraten möchte, reagiert auf diese rechtsradikale Contra-Position oftmals automatisch mit einer Pro-Haltung, d.h. nimmt ohne Diskussion die befürwortende Position der Aufnahme der Türkei in die EU ein. Es muss möglich sein, über die Gefahren des Rechtsradikalismus aufzuklären, aber die Sachdebatte von Polemiken in diese Richtung freizuhalten.

In einem Leitartikel in der *Frankfurter Allgemeinen Zeitung* vom 9. August 2004 hat Nikolas Busse darauf hingewiesen, wie die beschriebene Situation parteipolitisch ausgenutzt wird. Mit Recht wirft Busse dem deutschen Bundesaußenminister Joschka Fischer vor, dass dieser plakativ die Kritiker seiner „Pro-Türkei-Politik" in die Nähe von Ausländerfeindlichkeit und Rassismus rückt. In dieser deutschen Pro-/Contra-Atmosphäre wird die politische Kultur des Landes vergiftet und rationales Denken unmöglich gemacht. Der Türkei-EU-Beitritt „wurde zu einem moralischen Thema, die grundsätzlich sachliche Frage trat in den Hintergrund", schreibt Busse weiter. Eben diese sachbezogene Frage steht im Mittelpunkt: Die Europa-Kompatibilität der Türkei unter einer islamistischen AKP-Regierung, die von der Mehrheit der Türken frei gewählt worden ist.

Die Türkei ist ein Land mit orientalischer Kultur, das sich nur partiell unter dem Modernisierungsprojekt des Kemalismus verwestlicht hat. Dabei sei das Spannen des Bogens auf ein Nachbarland der Türkei, nämlich auf meine ursprüngliche Heimat Syrien, erlaubt. In beiden Ländern herrscht das Lagerdenken des Kollektivs: „Wir" und „Sie". In dieser Kultur wuchs ich auf und denke, dass die folgenden Parallelen sowie die lebensgeschichtlichen Bezüge gerechtfertigt sind. Im zivilisatorisch verwandten Nachbarland der Türkei, in Syrien, lebte ich bis zu meinem 18. Lebensjahr, ehe ich 1962 nach Deutschland kam. Die politische Kultur beider Länder ist verwandt und damals war der „politische Islam", der heute in der Türkei – hier sogar in der Regierung – dominiert wie überall sonst in der Welt des Islam, noch eine Randerscheinung. Wie die Türken vom Kemalismus, wurden wir Jugendlichen in Syrien alle im Geiste des säkularen Panarabismus erzogen. Für uns war die „arabische Einheit" vom „Golf bis zum Atlantik" der große Traum. Diese auf die Nation bezogene Gesinnung war wie die des türkischen Kemalismus säkular. Türken und Araber sind zivilisatorisch verwandt, so dass sie trotz aller Nuancen dieselbe politische Kultur, also auch das dazugehörige Pro- und Contra-Denken teilen. Von daher wird verständlich, dass die oberflächlich europäisierten, früher dominierenden säkularen Kemalisten mit Andersdenkenden und ihren Gegnern orientalisch ausgrenzend verfahren sind, ähnlich wie die heutigen AKP-Islamisten mit ihren Kritikern in der Türkei und außerhalb umgehen. Die Ähnlichkeit ist verblüffend. Um es offen zu sagen: Auch die politische Kultur Deutschlands ist – in dieser Hinsicht – noch heute mit der des Orients vergleichbar, eben weil sie nicht westlich genug war und ist.

Bleiben wir zunächst im Orient bei den wichtigsten Gemeinsamkeiten zwischen den zentralen Völkern des Islam, Türken und Arabern, die für das Thema dieses Buches von Relevanz sind. Vorrangig ist hierbei der nach 1967 in der arabischen Welt aufblühende politische Islam, der auch in die nicht-arabische Umwelt exportiert worden ist, zu der die Türkei gehört. Die oberflächlich erreichte Säkularisierung in der Türkei konnte das Eindringen des politischen Islam nicht verhindern. In der Türkei ist die Polarisierung des Freund-/Feindschemas auf das Kopftuch bezogen worden, das zur Grenzziehung zwischen „wir" und „sie", also zwischen Säkularisten und Islamisten dient. Somit sind wir über einen Umweg schon beim zentralen Thema dieses Buches. Beim arabischen sowie türkischen Islamismus handelt es sich um Spielarten desselben Phänomens. Trotz aller Unterschiede speisen sich beide aus derselben Quelle, also aus den Schriften des geistigen Vaters des politischen Islam, Sayyid Qutb (1906–66). Während meiner Lehrtätigkeit an der Bilkent University in Ankara (1995 und 1998) schrieb meine türkische postgraduierte Studentin Aysegül Kecerciler 1995 eine Arbeit unter meiner Betreuung über dieses Thema, in der sie zu folgendem Ergebnis gelangt:

„Die Arbeiten von Sayyid Qutb hatten großen Einfluss auf die Ausbildung solch einer muslimischen intellektuellen Identität in der Türkei, zumindest in den 70er

Jahren. Türkische Intellektuelle haben eine Verbindung zwischen ihrem Denken und den Ideen Qutbs begründet, und daraus islamistische Konsequenzen gezogen."

Der angesprochene Einfluss Qutbs bettet die Türkei in eine sich ausbreitende Richtung innerhalb der islamischen Welt ein, die sich der Entwestlichung verschrieben hat. Dies gilt auch für die heute in der Türkei regierende AKP. Hierdurch werden das kemalistische Projekt der Europäisierung und die damit in Verbindung stehende Säkularisierung der Türkei in Frage gestellt. Ich spreche von Spielarten, weil ich die unterschiedlichen lokal-kulturellen Ausformungen dieses Islamismus berücksichtige. Somit ist der türkische Islamismus spezifisch türkisch, aber durch die bestehenden Gemeinsamkeiten ist dieser jedoch ein Teil einer globalen Erscheinung der Politisierung der Religion; sie gilt für die gesamte Welt des Islam. Die generelle Beobachtung, dass die islamische Zivilisation durch Einheit und Vielfalt gekennzeichnet ist, trifft ebenso für die Binnendifferenzierungen innerhalb des gegenwärtigen Islamismus zu. In der Türkei, die ja zur islamischen Zivilisation gehört, ist der Islamismus der AKP friedlich, nicht *djihadistisch* wie etwa in Algerien, Irak und Palästina. Dennoch handelt es sich bei allen Ausrichtungen um einen Ausdruck des „politischen Islam". Man kann die Botschaft vernehmen, die AKP-Ideologie sei kein Islamismus, sondern lediglich ein „islamischer Konservatismus", aber „alleine mir fehlt der Glaube". Ich sehe im „Konservatismus"-Schild nur eine Tarnung.

Nun stelle ich mir selbst die Frage, warum ich als muslimischer Migrant, der in Europa eine Heimat sucht und um Anerkennung kämpft, dennoch ein kritisches Buch über die Türkei als ein islamisches Land schreibe, das der europäischen Staatengemeinschaft als Vollmitglied beitreten möchte. Diese Frage macht einige selbstbiographische Notizen erforderlich. Am 26. Oktober 1962 kam ich mit 18 Jahren von Damaskus nach Deutschland. Unmittelbar danach geriet ich in das Spannungsfeld zweier zivilisatorisch unterschiedlicher Welten, wofür symbolisch die Formel steht: Damaskus versus Frankfurt. Damals war ich noch „westgläubig" und deshalb sehr anpassungswillig; ich glaubte an die reale Existenz des westlichen Pluralismus der Meinungen, den ich aus meiner ursprünglichen, syrischen Heimat nicht kannte. Ich bewundere weiterhin diesen Pluralismus als Ideal, welches ich bei einer reiferen Urteilskraft im zunehmenden Alter in den Realitäten Deutschlands jedoch sehr stark, ja sogar zunehmend vermisse. Als Damaszener Muslim wurde ich im Milieu der Frankfurter Schule und des *Sozialistischen Deutschen Studentenbundes* (SDS) ein „Linker". Damals waren wir

West-Marxisten aller Richtungen trotz häufiger Polemik bemüht, Pluralität (z. B. gegenüber der Sekte der Trotzkisten) zu praktizieren. Dies änderte sich zu Beginn der 70er Jahre.

Die linke Heilsideologie, die uns damals jugendlichen Bürgerlichen im Frankfurt der 68er Jahre das „kommunistische Ideal" von der klassenlosen Gesellschaft bot, ist vergleichbar mit dem heutigen Islamismus. Diese Parallele ziehe ich um zu behaupten, dass dieser politisch-missionarische Islam ebenso in der Türkei gedeiht. Durch islamische Zuwanderung und die Entsendung von Imamen und ihren Einrichtungen in den Westen wird die islamistische Heilsideologie nach Europa exportiert. Deswegen steht der politische Islam im Mittelpunkt dieses Buches, weil es sich weit mehr als nur um eine Religion oder einen „Konservatismus" handelt. Die Weltanschauung des politischen Islam predigt ein „Ideal" einer islamischen Ordnung als heile Welt und beansprucht dafür universelle Geltung, also auch eine *Pax Islamica* für den Westen. Das Symbol des politischen Islam ist das Kopftuch als Vorschrift der *Schari'a*. In diesem Rahmen entsteht ein weltanschaulicher Wettbewerb zwischen islamischen und westlichen Ordnungsvorstellungen auf europäischem Territorium und dadurch ein Konflikt, den viele europäische „Gutmenschen" nicht wahrhaben wollen.

Ebenso übersehen wird die Tatsache, dass es sich beim Kopftuch nicht bloß um eine Kleidung, sondern um die Erfüllung einer *Schari'a*-Vorschrift handelt. Die Tötung von Ungläubigen (z. B. Theo van Gogh) und von Apostaten (die Drohungen gegen Rushdie und gegen die niederländische Abgeordnete Ayaan Hirsi Ali) ist auch eine *Schari'a*-Vorschrift! Steht die *Schari'a* für Europa also im Namen der Toleranz? Nein! Ich trete für einen Euro-Islam ohne *Djihad* und *Schari'a* ein und sehe die AKP Lichtjahre davon entfernt. Viele Europäer scheinen sich nicht mehr auf die säkularen und pluralistischen Fundamente der europäischen Identität besinnen zu wollen.

Früher, in den Zeiten des Ost-West-Konfliktes wurde in linken Kreisen jeder, der die Unfreiheit des Sowjetkommunismus auf der Basis der europäischen Werte kritisierte, als Antikommunist abgestempelt und entsprechend verfemt. Dies war damals die schlagkräftigste linke Keule gegen Andersdenkende und Kritiker der Verletzung von Menschenrechten im Kommunismus. In einem vergleichbaren Geist wird heute jeder, der den politischen Islamismus als den „neuen Totalitarismus" (das ist der Titel meines WBG-Buches von 2004) kritisiert, nicht nur als angeblicher Verbreiter des „Feindbilds Islam" bezeichnet, sondern darüber hinaus in die Schublade „rechts" bis sogar „rechtsradikal" eingeordnet.

Angesichts der sich heute im Westen ausbreitenden Wertebeliebigkeit wird die Verteidigung der „offenen Gesellschaft“ gegen ihre „Feinde“ (Karl Popper) in der Denkweise des dominierenden Zeitgeistes eher als Übel denn als ein Akt des Eintretens für die Freiheit angesehen.

In der beschriebenen angespannten geistigen Umwelt könnte die Wahl des Buchtitels „Mit dem Kopftuch nach Europa?“ das Risiko für mich und meine Arbeit mit sich bringen, nach den soeben beschriebenen Mustern stigmatisiert zu werden. Im Bewusstsein dieser „Defensive“, in die ich unfreiwillig gerate, hebe ich hervor, dass dieses Buch vom Erkenntnisinteresse der Verteidigung der offenen Gesellschaft geprägt wird. Es entspringt der orientalisch-assoziativen Denkweise eines Fremden, die manch deutschem Leser fremd erscheint, ja sogar erfahrungsgemäß einige deutsch denkende Rezensenten stört. Ich wiederhole die Bitte an meine Leser um praktische (im Kontrast zur rhetorischen) Toleranz gegenüber Andersdenkenden, nicht nur in Bezug auf den Inhalt, sondern auch in Hinblick auf die Form der Präsentation, die von der einen zur anderen Kultur variiert. Im Orient steht der konkrete Mensch und nicht eine Vergeistigung hiervon im Mittelpunkt des Denkens und Handelns.

Als Gegner aller Formen von Rassismus und Fremdenfeindlichkeit und Befürworter von Inklusion kann ich weder gegen den EU-Beitritt der Türkei noch gegen islamische Zuwanderung sein. Ganz im Gegenteil: ich denke, dass auch ein islamisches Land, ebenso wie individuelle Muslime in das Gemeinwesen Europas aufgenommen werden können. Dies schließt ein Dazugehörigsein (als Gegenteil von Fremdsein) ein. In ein europäisches Gemeinwesen integriert zu sein impliziert nicht die Aufgabe der eigenen kulturellen Identität, sondern eher bereichernd ihre kulturübergreifende Erweiterung. Diese Einstellung ist gleichermaßen auf islamische Migranten und auf Länder (wie die Türkei), die zu Europa gehören wollen, zu übertragen. Integration ist keine Assimilation; sie erfordert jedoch einen Wandel auf beiden Seiten. Der Wille dazu fehlt bei den institutionellen Islamisten der AKP. Ohne die Erfüllung der Europäisierung kann die Türkei jedoch niemals zu Europa gehören. Diese Position wird auch von aufgeklärten Türken akzeptiert. In einem Essay über den Euro-Islam argumentiere ich, dass die Integration der vier Millionen als Migranten in Westeuropa lebenden Türken durch ihre Europäisierung die Eintrittskarte der Türkei in die Staatengemeinschaft der EU darstellt. Die EU ist kein „Christen-Club“, wie Erdogan unermüdlich herabsetzend behauptet. Diese Denkweise wird als „Feindbild Christentum im Islam“ von der Religionswissenschaftlerin

Ursula Spuler-Stegemann in ihrem Buch mit gleichlautendem Titel desavouiert. Wenn Erdogans Vorwurf richtig wäre, dann hätte jemand wie ich als Muslim keine Berechtigung, Bürger der Europäischen Union zu sein. Es ist jedoch eine Tatsache, dass inzwischen mehrere Millionen Muslime in Europa diesen Bürgerstatus genießen. Sind diese Muslime ungläubig, weil sie Mitglieder eines „Christen-Clubs“ sind? Man kann nur staunen, wie manche EU- Politiker sich in den Fußstapfen Erdogans der Beschimpfung Europas bedienen, sich sogar selbst den Vorwurf machen, Christ zu sein, anstatt sich zu wehren. Statt Selbstverleumdung benötigt Europa zugleich Selbstwert und Offenheit.

Der Islamismus ist keine Alternative zum staatsautoritären Kemalismus. Vergleichbar mit den arabischen Fundamentalisten sind auch die türkischen Islamisten gewiss keine Freunde Europas und folgerichtig keine Mitstreiter für eine offene Gesellschaft. Auf dieser Basis möchte ich meinen Lesern meine Grundposition hierzu verraten: Eine europäisierte Türkei kann zu Europa gehören und Mitglied der EU werden, nicht aber ein Land, das von Islamisten mit dem Kopftuchsymbol und einem entsprechenden Geist regiert wird. Jenseits der Pro- und Contra-Denkweise vertrete ich in diesem Buch die Auffassung, dass eine AKP-Türkei das Kriterium der Europäisierung nicht erfüllt. Wenn Europa seine zivilisatorische Identität bewahren will, muss es jeden *Schari'a-Djihad*-Islam abwehren und als Alternative hierzu die Offenheit eines europäischen Islam fordern und fördern. Ebenso wie man das Gerede von einem allgemeinen Islam und einer undefinierten „islamischen Identität“ aufgeben soll, sollte man – so beginnt diese Vorrede und sie soll so enden – aufhören, allgemein von *der* Türkei zu sprechen und in Bezug auf die Aufnahme in die Türkei die Frage stellen: „Welche Türkei?“

Dieses Buch ist in der Hoffnung geschrieben worden, dass sich der Kemalismus in seiner Krise als reformfähig erweist, damit er – neu belebt – wieder eine politische Kraft für die Führung des Landes werden kann. Die Islamisten unterhöhlen im Stillen alle europäisierten säkularen Strukturen des Landes. Zwei Legislaturperioden würden ausreichen, um alle Errungenschaften des Kemalismus zu Grabe zu tragen. Wenn hierbei mit Hilfe der EU die Institutionen abgebaut werden, die über die Säkularität der Türkei wachen, dann hat die AKP das Feld für sich allein, insbesondere wenn der jetzt noch amtierende säkulare Präsident Ahmet Sezer demnächst durch einen AKP-Mann ersetzt wird. Der Prozess der Aufnahme der Türkei findet parallel zu diesem Prozess der Entsäkularisierung statt, und er wird mehr als ein Jahrzehnt andauern. Dieses Buch beansprucht eine geistige Präsenz in diesem Zeitraum, um eine Sachdebatte durch Aufklärung zu unterstützten.

Die Forschung für dieses Buch geht bis in die 90er Jahre zurück und ist im Rahmen zahlreicher Aufenthalte in der Türkei betrieben worden. Das Manuskript aller fünf Kapitel ist im Zeitraum von Dezember 2003 bis Dezember 2004 in zahlreichen Fassungen an verschiedenen Orten dieser Welt entstanden. Auf der Basis vorher geschriebener Notizen entstand die Vorrede im Entwurf in Chicago im April 2004, als ich über den Islam auf dem Jahreskongress der American Philosophical Society sprach. Damals hatte das Grundgerüst dieses Buches bereits gestanden. Dann erfolgte im Mai 2004 die erste Ausarbeitung in Wien. Im Zeitraum Juli bis August desselben Jahres habe ich mich mit einer bereits reifen Fassung dieses Buches im Gepäck nach St. Moritz begeben. Dort habe ich in völliger Zurückgezogenheit (orientalisch: *khalwa*) während meiner Sommerferien die gesamte Arbeit neu durchdacht und hierbei vieles neu formuliert. Meine zuverlässige Mitarbeiterin Frau Elisabeth Luft hat in Göttingen fast täglich ein umfangreiches Fax mit handschriftlich überarbeiteten Seiten erhalten und selbst viele Verbesserungen angeregt, daher gebührt ihr der größte Dank. Mit dieser vorläufigen Endfassung bin ich anschließend im Rahmen einer Beurlaubung von der Universität Göttingen im September in die USA gereist, um ein Jahres-Appointment am Center for Middle Eastern Studies von Harvard anzutreten. An der National University of Singapore entstand schließlich im Frühjahr 2005 die Schlussfassung des gesamten Buchmanuskripts.

Ich möchte es nicht versäumen, meinen Dank an Herrn Dr. Dirk Palm für die wertvolle Kommunikation und Betreuung des Buches auf allen Ebenen – einschließlich der redaktionellen Bearbeitung – zum Ausdruck zu bringen. Meine Mitarbeiter Jan Michael Kotowski, Marwan Abou-Taam und – in ganz besonderem Maße – Roland Hiemann lasen die endgültige Fassung und nahmen letzte Korrekturen und Verbesserungen daran vor. Drei Institutionen haben dieses Buchprojekt gefördert: das Center for Middle Eastern Studies der Harvard University, das Asia Research Institute der National University of Singapore (NUS) – beides sind Elite-Hochschulen in den USA und Asien, dergleichen fehlt in Deutschland – und auch die Universität Göttingen, der ich für die Infrastruktur danke. In Harvard war ich Visiting Scholar, an der NUS Senior Research Fellow; beide boten ihren Rahmen, tragen jedoch keine Verantwortung für den Inhalt und für die in diesem Buch präsentierten Ideen. Diese trage ich allein.

Bassam Tibi

Einleitung. „Mit dem Kopftuch nach Europa?" Gemäßigter Islamismus als „demokratischer Islam"?

„Wir Europäer sind vom Islam in vielen Ausprägungen umgeben, auch von seinen revolutionären, radikalen Kräften bedroht; weit mehr als die Amerikaner. Wir haben ein vitales Interesse daran, eine Brücke in den Islam hinein zu bauen. ... Was in unserer Macht steht, um die sehr produktiven und aktiven Kräfte innerhalb der Türkei in dieser Richtung zu stärken, muss getan werden. Die gegenwärtige Entwicklung einer demokratisch legitimierten, im Islam verwurzelten Partei und einer energischen Führung müssen wir selbstverständlich ermutigen. ... Die Frage lautet, ob die Türkei jetzt Mitglied werden soll. Umgekehrt wäre aber eine Ablehnung von Verhandlungen mit der Türkei über die Möglichkeit eines Beitritts im Laufe der nächsten zehn bis zwanzig Jahre eine schwere Entmutigung gerade für diese Brückenfunktion, die die Türkei in unserem Interesse übernehmen und weitertragen soll."

Richard von Weizsäcker,
Interview „Gibt es Brücken zum Islam",
in: *Der Tagesspiegel* vom 4. April 2004, S. 8.

Die oben zitierten und als Motto gesetzten Worte sind sehr erfreulich, weil sie von einem der angesehensten deutschen Bundespräsidenten stammen und zur Offenheit und Öffnung gegenüber der Zivilisation des Islam auffordern. Trotz der Freude und Bewunderung muss man dennoch die Frage stellen: Gehört es zur Offenheit gegenüber dem Islam, dass das Kopftuch als ein „Symbol" für die Geltung seiner Schari'a akzeptiert wird, und es zu unterlassen, zwischen Islam und Islamismus zu unterscheiden? Deutsche Politiker – einschließlich Weizsäcker – müssen noch lernen, zwischen Islam und Islamismus zu differenzieren, denn nur so können sie verstehen, dass die Ablehnung des Kopftuches weder ein Ausdruck eines „Feindbildes Islam" noch eine Einschränkung der Religionsfreiheit ist. Es ist eigenartig, wenn bestimmte Deutsche aus der Duldung des Kopftuches die Praxis der Toleranz bestimmen. Europäer mit Fernseh- und *Stern*- oder *Spiegel*-Islam-Kenntnissen assoziieren den Islam gewöhnlich mit dem Kopftuch[1], wie es etwa Journalisten oberflächlich tun, die als Autoren vorgeben, das Publikum sachlich und kompetent über den Islam zu informieren. Nach genauer Lektüre entsprechender Arbeiten erkennt man mit Bedauern, es mit „Experten“ zu tun zu haben, die nur über mangelhafte Kenntnisse über den Gegenstand verfügen. Neben diesen Journalisten und Sachbuchautoren ohne Sprach- und Kulturkenntnisse über den Islam und seine Zivilisation gibt es in Deutschland postchristliche Menschen, die nicht an Gott, aber doch quasi-religiös an ihre eigene „Toleranz“ und „Offenheit“ glauben, weshalb sie sich unter Druck fühlen, ihre tolerante Einstellung anderen – vor allem Muslimen – ostentativ quasi-religiös vorführen zu müssen. Parallel dazu legen sie jedoch eine unglaubliche Intoleranz gegenüber allem, was europäisch ist, an den Tag. Robert Kagan hat in einem bemerkenswerten Artikel, den ich im letzten Abschnitt „Was wird aus Europa?“ diskutieren werde, behauptet, dass die heutige „europäische postmoderne Toleranz eher Ausdruck der Schwäche Europas ist“ (vgl. Anm. 28). Es gehört zur Toleranz jedem freizustellen, sich nach eigenem Gusto, also meinetwegen auch mit „Kopftuch“ zu kleiden. Aber ich empfinde es als merkwürdig, wenn beispielsweise prominente christliche deutsche Frauen – darunter Parlamentarierinnen – für ihre postmoderne Toleranz selbst kopftuchtragend am Berliner Brandenburger Tor demonstrieren. Beim Anblick der Bilder von diesen christlichen Frauen mit islamischem Kopftuch, die auf diese Weise ihre Toleranz zur Schau stellten, dachte ich als ein in Deutschland lebender Muslim zunächst an einen Ulk, als handele es sich um einen rheinländischen Faschingsumzug, der sich zeitverschoben nach Berlin verlagert hätte. Hier stehen unterschiedliche kulturelle Wahrnehmungen an: Die einen halten es für Toleranz, die anderen für Ulk. Schlimmer als diese Dubiosität ist der Tatbestand, dass manche Europäer unter Toleranz die Verleugnung europäischer Werte verstehen. Nach dem islamischen Philosophen Ibn Khaldun ist dies der Ausdruck des zivilisatorischen Niedergangs.

Jenseits des Disputs über postmoderne oder selbstherrliche Anschauungen möchte ich in diesem Buch die Frage stellen, worum es hinter solchen Symbolen in Wirklichkeit geht. Das Kopftuch dient in der vorliegenden Analyse nur als Stichwort für eine sachlich informiert zu führende Debatte über die Aufnahme eines islamischen Landes in die EU, wobei die hierzu gehörenden Voraussetzungen erläutert werden. Beim Kopftuchstreit handelt es sich um einen Nebenschauplatz; in Wirklichkeit geht es um ganz andere Dinge. Die Problematik ist die der Europäisierung des Islam bzw. der Muslime innerhalb des europäischen Territoriums. Die Vorschriften der *Schari'a* sollen in Europa gelten, sagen die

Anderen. Haben europäische Politiker den politischen Willen, und haben europäische „Opinion Leaders“ die moralisch-zivilisatorische Stärke, von Ländern und Menschen, die nach Europa wollen, Europäisierung, also eine westlich-säkulare Werte-Orientierung zu fordern? Das ist der Kern der Problematik und des damit zusammenhängenden Konflikts. Wenn man klar sieht, dann geht es bei der EU-Türkei-Debatte genau darum, und nicht um die Frage, ob Frauen ein Kopftuch tragen oder nicht.

Das Kopftuch und die weltanschauliche Polarisierung

Kopftuch ist nicht gleich Kopftuch. In Kapitel III werde ich näher zeigen, dass es das Kopftuch einmal als religiöse Tradition, dann auch als Tracht, parallel zur tatsächlichen Religiosität gibt. Von beiden Formen unterscheidet sich das Kopftuch als „islamistisches Symbol“, welches sozusagen als politische Uniform dient. Der Islam ist eine Religion, wohingegen der Islamismus eine religiös-politische Ideologie und eine weltanschauliche Gesinnung ist. Wer tolerant sein will, der muss sich zuvor darüber informieren, gegenüber was und wem Toleranz[2] geübt wird. Durch diese Informationen wäre man dann befähigt, die Unterschiede zwischen Islam und Islamismus wahrzunehmen. In Deutschland lässt sich hier viel Nachholbedarf an substanzieller (im Kontrast zur rhetorisch bekundeten) Toleranz feststellen. Von Sir Karl Popper stammt die Empfehlung, dass es zur Toleranz gehöre, Intoleranz nicht zu tolerieren. Bundesinnenminister Otto Schily hat in einem *FAZ*-Artikel die Deutschen aufgefordert, sie „sollten rhetorische und praktische Humanität unterscheiden lernen.“[3] In meinem Leserbrief fügte ich zustimmend hinzu, dass unsere Landsleute auch die praktische anstelle der rhetorischen Toleranz beherzigen sollten.

Die türkischen Islamisten fordern unter instrumentellem Rückgriff auf die europäische Toleranz Geltung für ihr Emblem, nämlich das Kopftuch. In der Welt des Islam fällt jedoch auf, dass die Frauen der Herrscher der beiden islamischen Länder Jordanien und Marokko, also König Abdallah und König Mohammed IV, die – anders als Erdogan – direkt von der Prophetenfamilie abstammen und mit dieser Herkunft ihre Herrschaft islamisch legitimieren, in der Öffentlichkeit ohne Kopftuch auftreten. Diese Frauen lamentieren nicht, dass sie hierdurch ihre „islamische Identität“ kompromittiert sähen. Dagegen bestehen die türkischen, das Land regierenden Islamisten unter der Führung von Recep

Tayyip Erdogan und Abdullah Gül darauf, dass ihre Frauen und Töchter das Kopftuch tragen; beide Politiker nahmen aus diesem Grunde ohne ihre Frauen am Staatsempfang beim Staatspräsidenten Ahmet Sezer zur Feier der Gründung der Republik teil. Warum betreiben sie die Segregation der Geschlechter? Ist dieser Geist europäisch? Ist dessen Duldung Toleranz oder lässt sich hier Kagans Argument der Schwäche Europas anbringen?

Mir liegt es fern, eine politische Richtung allein an Symbolen auszumachen. Es geht um Inhalte. In diesem Buch wird zwar die Problematik des Kopftuches in einem gesonderten Kapitel besprochen, wobei theologische, kulturelle und politische Aspekte dieser als „islamisch“ apostrophierten Kleidung näher beleuchtet werden (Kap. III). Die Abfolge der Kapitel illustriert die sachliche Rangordnung. Erst im dritten Kapitel lasse ich mich auf dieses Stück Textil ein. Es ist lächerlich, wenn Toleranz an einer Textilie festgemacht wird. Diese Kleidung würde gar kein Problem darstellen, *wenn ihr Tragen nicht mit anderen Inhalten verbunden wäre.* Grundsätzlich wird mit dem Kopftuch ein Anspruch auf die Geltung des islamischen Rechtes der *Schari'a*/Gottesgesetz auch in Europa signalisiert, womit im Wesentlichen parallel der Ruf nach einer islamischen Ordnung verbunden wird. Eben dies ist genau der Inhalt dieses Konfliktes, bei dem es um Europäisierung oder Islamisierung geht.

In der Türkei ist das Kopftuch in diesem Sinne seit den 80er Jahren zum Streitobjekt der Artikulation von Konflikten unter Muslimen geworden, bei denen es um reale Probleme geht. Durch die türkische Migration und die mögliche Aufnahme der Türkei in die EU gelangt dieses Konfliktpotenzial nach Europa. Europas Säkularität wird auf diese Weise von Islamisten auf die Probe gestellt. Anscheinend steht ein moralisch schwaches Europa nicht zu seiner Säkularität; und aus demselben Grund auch nicht zu seinen Werten, obwohl die EU sich rhetorisch als „Wertegemeinschaft“ definiert, die aber ihre Werte kaum verteidigt.

Die amerikanische Türkei-Expertin Marvine Howe, die mit ihrem Gegenstand lebensgeschichtlich verbunden ist, stellt in einer Studie einleitend fest, dass jenes Land „in zwei Welten gespalten ist.“[4] Hierauf bezieht sich die weltanschauliche „Polarisierung“, die innerhalb der türkischen Gesellschaft selbst durch das Kopftuch zum Ausdruck kommt.[5] Bis zu Beginn der 80er Jahre war das Land zwar in das städtische Dreieck Istanbul-Ankara-Izmir und in das ländliche Hinterland Ostanatolien, also auch in „zwei Welten“ aufgeteilt, aber doch nicht so offen polarisiert wie heute. Der seit den 80er Jahren auch dort emporsteigende politische Islam hat die bereits seit der Entstehung des Landes bestehende strukturelle Fragmentation (vgl. hierzu Kap. II) anhand des Kopftuches politisiert. Die sich durch Landflucht in die großen Städte vertiefende weltanschauliche Polarisierung wird durch die Migration auch nach Deutschland exportiert, ohne dass sie hier angemessen verstanden wird. Auch im Berliner Stadtteil Kreuzberg kann man das Kopftuch als äußeres Merkmal der Fragmentation, die sich in der Diaspora-Kultur der Parallelgesellschaften widerspiegelt, vorfinden; es ist ein Symbol gleichermaßen für eine solche Fragmentation und eine zivilisatorisch-weltanschauliche Polarisierung. Die Journalistin Annette Ramelsberger hat dort beobachtet:

„Der Bezirk (Kreuzberg) zerfällt in die Türken, die Araber, die Deutschen – … Wie Palästinenserblöcke entstehen Türkenstraßen. Wie junge Türken und Araber plötzlich von „den Deutschen“ wie von Gegnern reden … Schon die Kleinkinder gehen jetzt in die Koranschule, die Mädchen tragen bereits in der 1. Klasse Kopftuch. Der Islamismus breitet sich aus, es geht unglaublich schnell.“[6]

Man nennt das heutige Berlin auch „Diaspora-Istanbul“. Im Original-Istanbul, das urbaner ist als die Berliner Stadtteile Kreuzberg und Neukölln, kann man dennoch beobachten, wie sich das Kopftuch auch dort parallel zur Verdopplung der Bevölkerung innerhalb von drei Jahrzehnten (1970–2000) verbreitet hat. Heute leben in Istanbul mehr als 12 Millionen Menschen. Die öffentliche Erscheinung des Kopftuches gehört zu dieser quantitativen und zugleich qualitativen demographischen Veränderung, denn viele Zuwanderer kommen vom Land und ruralisieren Istanbul, statt selbst urban zu werden. Wer Istanbul (und auch Ankara) in den vergangenen Jahren in Zeitabständen besucht hat, kennt die am Stadtrand wie Pilze aus dem Boden schießenden *Gece Kondus*, also über Nacht entstandene Hütten in den Slums, in denen die ländlichen Türken in den neuen Slum-Vororten der Städte wohnen. Die *Gece-Kondu*-Bewohner sind auf der Suche nach einem besseren Leben in die Großstädte gekommen. Sie sind auf der erhofften Weiterreise in den Westen, mit dessen Wohlstand sie durch die Fernsehbilder vertraut sind. Bei einem EU-Türkei-Beitritt – verbunden mit einem größeren Maß an Freizügigkeit – würden sich diese *Gece-Kondu*-Slums in die europäischen Großstädte verlagern. In der Türkei gelingt es den Islamisten, erfolgreich diese neue Unterklasse gegen die bestehende säkulare, europäisch geprägte Ordnung der Türkei zu mobilisieren. Dieselbe Verslumung der Städte kann man auch anderswo in den Weltstädten des Islam (z.B. Casablanca und Kairo) beobachten. In der Türkei sind die *Gece-Kondu*-Bewohner Stammwähler der regierenden AKP (Partei für Gerechtigkeit und Entwicklung). Howe schreibt hierzu:

„Der Konflikt um das Kopftuch bringt die säkular-islamistische Auseinandersetzung in diesem Land zum Ausdruck … Das Kopftuch steht als Symbol für eine kulturelle Identität und für den politischen Protest gegen das, was die Islamisten als unislamisches, vom Westen beeinflusstes System sehen … Das Kopftuch polarisiert das Land.“[7]

Anders formuliert: Der politische Inhalt des Kopftuchs ist eine antiwestliche Weltanschauung. Der Einsatz von AKP-Politikern wie Abdullah Gül und Tayyip Erdogan für das Kopftuch als Bekleidung ihrer Frauen ist entsprechend in diese Polarisierung einzuordnen. Deswegen können diese Personen nicht als Boten für die Europäisierung der Türkei eingeschätzt werden. Die Westeuropäer haben die türkischen europäisch-orientierten Kemalisten, die an die Tür der EU geklopft haben, jahrzehntelang stets abgewiesen. Erstaunlich ist, dass dieselben europäischen Politiker ihre Haltung nun ändern und die Tür für die seit dem 3. November 2002 regierende Partei AKP, die islamistisch ist, nun öffnen. Ist das Toleranz oder Schwäche? Die AKP-Politiker nennen sich in täuschender Absicht islamisch-konservativ, aber ihre Weltsicht ist eindeutig islamistisch, also nicht europäisch. Heute öffnen die europäischen Politiker die Tür Europas für eine islamistische Kopftuch-Türkei, ohne dies wahrhaben zu wollen. Dies tun sie zudem, ohne ihre eigenen Bevölkerungen zu fragen, ob sie diesem Vorhaben zustimmen. Die Umfragen zeigen eine ablehnende Haltung. Nach einer Allensbacher Umfrage „sind zwei Drittel der deutschen Bevölkerung gegen einen Beitritt der Türkei zur EU.“ *(Frankfurter Allgemeine Zeitung* vom 12. April 2004). Sind zwei Drittel der Deutschen rechtsradikal? Sicherlich nicht. Ich verhehle als Muslim nicht, dass ich diese Einstellung der Ablehnung für bedenklich halte, dennoch habe ich sie wie jeder Demokrat, und insbesondere jeder gewählte Politiker, ernst zu nehmen. Der noch amtierende Bundeskanzler Schröder scheint dies nicht zu tun.

Um es klar zu stellen: In diesem Buch wird gar nicht beanstandet, dass ein islamisches Land EU-Mitglied wird. Jedoch wird den Politikern bei der Entscheidung empfohlen, zwischen Euro-Islam und Kopftuch-Islam zu unterscheiden. Das Kopftuch, das die Geschlechtersegregation markiert, ist nicht europäisch. Doch muss die Bedingung der *Europäisierung* – natürlich neben den wirtschaftlichen und anderen politischen Voraussetzungen – die Geschäftsgrundlage für eine Aufnahme in die EU sein. Mit einem Lippenbekenntnis zur europäischen Werte-Orientierung dürfen sich Europäer nicht abspeisen lassen.

Wie der Historiker Robert Barlett schreibt, ist Europa in einem Prozess der „Verbreitung einer spezifischen Kultur."[8] entstanden. Von der Karolinger-Zeit bis zur Renaissance war das westlich-lateinische Christentum die Grundlage dieser Kultur. Aber seit der Renaissance und der Aufklärung hat sich Europa dermaßen verändert, dass seine Identität primär nicht mehr christlich-abendländisch, sondern in der Substanz westlich-säkular geworden ist.[9] Im Rahmen dieser Entwicklung hat sich der Blickwinkel der neuen Zivilisation (man beachte das Wort Re-naissance) von „Jerusalem nach Athen"[10] verschoben. Auch die islamische Zivilisation besitzt altgriechische Fundamente, weil islamische Rationalisten im Mittelalter eine ähnliche Hellenisierung[11] vollzogen haben. Diese deutet auf gemeinsame westlich-islamische Grundlagen hin. Die Frage ist nur, ob der politische Kopftuch-Islam diese Grundlagen anerkennt; er tut es nämlich nicht! Ebenso wie die Europäisierung von heute wird die Hellenisierung von damals durch die Islamisten zurückgewiesen.

Es bedarf einer historischen Bestimmung des Verhältnisses von Islam und Europa, um bei der Abwehr einer weltanschaulichen Polarisierung zentrale Inhalte ins Feld zu führen. Diese lassen sich wie folgt festhalten:

1. Europa ist keine essentialisierte, d.h. wesenhaft unveränderbare Größe, es wandelt sich stets,
2. die europäische Kultur ist universell ausgerichtet, kann also verbreitet und von anderen geteilt werden; dennoch ist sie spezifisch, d.h. bestimmbar; wer sie annimmt – unabhängig von Religion und Ethnizität – kann Europäer werden, und
3. auch der Islam ist veränderbar und nicht essentiell, d.h. weder an das Kopftuch noch an *Schari'a* oder *Djihad* gebunden; „den Islam" schlechthin gibt es nicht. Der Islam des 12. Jahrhunderts ist anders als der Islam von heute, und der Islam in Indonesien ist anders als der Islam der Türkei bzw. des arabischen Orients.

Im Zusammenhang der Europäisierungsthese erlaube ich mir – und ich bitte deshalb um Vergebung – meine Person beispielhaft anzuführen. Als ein in Damaskus geborener und dort aufgewachsener Muslim bin ich durch die Sozialisation in der Frankfurter Schule wertemäßig Europäer geworden und möchte in dieser Bestimmung gelten dürfen. Warum kann ich dies nicht, obwohl sich meine Orientierung wertemäßig europäisiert hat? In Deutschland gelte ich „als Syrer mit einem deutschen Pass"; das ist wohl nicht die europäische *Citoyen*-Identität, die in der deutschen politischen Kultur fehlt. Ich will meine kulturelle Prägung durch meine Herkunft nicht verleugnen, bestehe aber auf einer

Bürger-Identität in Deutschland, die eine Zugehörigkeit zur Zivilgesellschaft einschließt; dies ist kein Widerspruch. An diesem Fehlen scheitert die Integration der zugewanderten Fremden. Wenn Muslime oder ein Land eine europäische Werte-Orientierung annehmen, kann von einer Europäisierung die Rede sein. Eine Eingliederung – dies ist nicht mit Assimilation gleichzusetzen – in Europa, verstanden als ein Europäischsein im Sinne einer Werte-Orientierung, ist durchaus mit einem islamischen oder anderen Glauben sowie einer anderen Ethnizität vereinbar. Die europäischen Juden haben beispielhaft bewiesen, dass dies möglich ist und sie gehören durch ihre Europäisierung zu Europa. Sie sind dort also keine Fremden, obwohl die Nazis sie willkürlich zu solchen erklärten. Zwar gibt es Schranken, doch nicht Grenzen dafür, was europäisch sein kann. Nach Ernst Bloch kann eine *Schranke* behoben werden, nicht aber eine *Grenze.* Der Antisemitismus, der eine Krankheit ist, setzt solche Grenzen. Gegen die Normalität eines Europäers jüdischen Glaubens und anderer ethnischer Herkunft stellt sich der Antisemitismus, der jüdische Europäer ausgrenzt. Dies darf mit den Muslimen nicht wiederholt werden. Obwohl ich mit dieser Aussage vor einer Gefahr warne, ist nicht zu übersehen, dass die Parallele Antisemitismus/Antiislamismus völlig falsch ist;[12] sie wird von totalitären Islamisten gegen rechtsstaatliche Verfolgung und gegen Aufklärung über sie instrumentell zum Selbstschutz verwendet. Die Islamisten missbrauchen damit die Leiden der Juden, wenn sie sich mit ihnen gleichsetzen. Der neue Antisemitismus kommt aus eben diesem Islamismus.

Wichtig ist, dass der Vorwurf, Europa sei ein „christlicher Club“, unbegründet, ja historisch falsch ist und außer der polemischen Herabsetzung obendrein der Erpressung dient. Denn seit der kulturellen Moderne (Reformation, Renaissance, Aufklärung und Französische Revolution) ist Europa primär westlich und säkular, d.h. nicht ausschließlich christlich geprägt. Kurz, die „Europäisierung Europas“ (Robert Barlett) ist kulturell; sie ist weder religiös noch ethnisch. In seiner neueren Geschichte hat sich Europa den Hellenismus angeeignet, ebenso wie der islamische Rationalismus auf den kulturellen Anleihen bei „Athen“ beruht. Wenn Europa nicht christlich exklusiv ist und der Islam im Gegenzug nicht nach der *Schari'a* und dem Kopftuch bestimmt wird, lassen sich Gemeinsamkeiten herstellen, auf deren Basis es wohl einen Platz für Muslime – auch für die Türkei – auf diesem Kontinent geben wird. Bei einem *Schari'a*-Geist, der das Kopftuch als Vorschrift Gottes vorgibt, ist dieser Brückenschlag nicht möglich, weil eine weltanschauliche Polarisierung am Werk ist.

Auch in der heutigen Türkei dominieren die Kräfte des politischen Islam. Nun behaupten die dort herrschenden politischen Kräfte der AKP, sie seien nicht mehr islamistisch – wie früher die *Refah*- (Wohlfahrts-) und *Fazilet*-(Tugend-)Partei –, sondern ähnlich wie die europäischen Christdemokraten nur islamisch-konservativ. Haben sie sich von der *Schari'a* durch die Annahme eines europäisierten Islam getrennt? Wo lässt sich ein Euro-Islam im AKP-Denken finden? Obwohl sich die politische Sprache verändert hat, ist die vorgegebene Europa-Orientierung nicht glaubhaft. In meinem früheren, in Ankara während einer Gastprofessur entstandenen Buch *Aufbruch am Bosporus* (1998) habe ich vor Ort feststellen können, dass sich die damaligen türkischen Islamisten um Necmettin Erbakan an einem pantürkischen Neo-Osmanismus orientierten. Ich räume ein, dass die neue Europa-Orientierung dies geändert hat. Ich frage jedoch, wie die neuen Islamisten um Erdogan eine Europa-Orientierung tatsächlich ohne eine Europäisierung wollen können. Bleibt diese aus, dann haben wir es mit der bisherigen weltanschaulichen Polarisierung zu tun, bei der der Kopftuchstreit einen Nebenschauplatz bildet.

Europa ohne Europäisierung beitreten: Eine entwestlichte Türkei als EU-Mitglied?

Es gibt alte und neue türkische Islamisten. Die neuen unter ihnen haben in ihrer Strategie und in ihren öffentlichen Verlautbarungen einen Wandel von einem antieuropäischen Pantürkismus zu einer verbalen Europa-Orientierung vollzogen. Erstaunlicherweise bringt ihnen dies bei vielen meinungsbildenden Journalisten und Politikern in Deutschland eine breite Zustimmung und somit EU-Unterstützung ein. In der deutschen Presse werden rhetorische Zusicherungen des Islamisten Erdogan ohne Widerspruch zitiert, so zum Beispiel, wenn er von der „türkisch-europäischen Wertegemeinschaft" (ich frage: welche?) spricht. Hierbei wird nicht beachtet, dass die Türkei unter den neuen Islamisten entkemalisiert wird. Um zu erklären, was eine *Entkemalisierung* ist und wie dieser Prozess mit europäischer und auch teilweise mit amerikanischer Unterstützung geschieht, muss Einiges beleuchtet werden.

Dem Kemalismus ist es gelungen, die Türkei dermaßen zu verändern, dass das Land heute zwar nicht europäisch ist, aber doch die europäisiertesten Standards unter allen 57 Ländern dieser Erde mit mehrheitlich islamischer Bevölkerung aufweist. Das Problem der kemalistischen

Transformation der Türkei nach der Auflösung der islamischen Ordnung des Kalifats hat jedoch darin bestanden, dass dieser Prozess etatistisch und staatsautoritär war, also auf einer „Revolution von oben“ basierte.[13] In Kapitel II wird dies näher erläutert und gezeigt, dass die Säkularität nicht in den Strukturen und in der politischen Kultur der türkischen Gesellschaft verankert ist; sie wird durch den von den Militärs dominierten Sicherheitsrat mit Eifer geschützt. Entkemalisierung kann auf der Basis dieser Tatsachen zwei Bedeutungen haben und sowohl positiv als auch negativ bewertet werden. Auf der einen Seite kann Entkemalisierung weniger Etatismus und mehr Zivilgesellschaft bedeuten; dies ist positiv zu werten. Auf der anderen Seite aber kann sie auch mit De-Säkularisierung verbunden sein, was sicherlich negativ zu werten ist. Sollte sich die Türkei von einem staatsautoritären Modell in Richtung einer Trennung von Staat und Zivilgesellschaft bewegen, so wäre eine Entkemalisierung zu begrüßen, aber dies ist nicht der Fall. Unter der AKP-Herrschaft findet eine Entkemalisierung im Zeichen des politischen Islam statt, die einen Abbau säkularer Strukturen im Lande einschließt. Islamisten verstehen unter Demokratie die Prozedur, nicht jedoch die dazugehörige politische Kultur des demokratischen Pluralismus.

Meine Erfahrungen mit den Islamisten in der Türkei unterscheiden sich kaum von denen mit den Islamisten in der europäischen Diaspora. Ich möchte dies hier am Fall des Schweizer Lehrers Hani Ramadan, Bruder des bekannten Tariq Ramadan, der als Prophet der nicht-integrierten muslimischen Jugend in Europa bekannt geworden ist, veranschaulichen. Beide Brüder sind Enkelkinder Hasan al-Bannas, des Begründers der ersten fundamentalistischen Bewegung im Islam, nämlich der Muslimbruderschaft.[14] Der Vater beider Ramadans war mit der Tochter al-Bannas verheiratet; er floh als Islamist vor der politischen Verfolgung in Ägypten in die Schweiz, wo seine beiden Kinder als Schweizer geboren wurden; ob sie allein dadurch (unter Berücksichtigung ihrer vom Vater übernommenen Geisteshaltung) als Europäer zu bezeichnen sind, bezweifle ich nicht allein. Hani Ramadan ist laut der *Neuen Zürcher Zeitung* ein promovierter Philosoph, tritt aber für die Anwendung der körperlichen Strafen der *Schari'a* (Steinigung, Peitschen, etc.) ein, die in Europa nicht zugelassen werden können, weil sie allen Menschenrechten widersprechen. Allein dies reicht aus, um einem Menschen abzusprechen, eine europäische Geisteshaltung zu haben. Nachdem Hani Ramadan öffentlich seine menschenrechtsfeindliche *Schari'a*-Gesinnung in einem französischen Zeitungsinterview kundgetan hatte, wurde er aus dem Schuldienst entlassen. Nun tritt derselbe Islamist, der europäische Werte ablehnt, gegen die Schweizer Justiz instrumentell mit europäischen Argumenten an. Wie erklärt sich dieser Widerspruch? Beat Stauffer erklärt dies triftig in einem Bericht der *Neuen Zürcher Zeitung* wie folgt:

„Ein grundlegender Widerspruch (ist) ... der Umstand nämlich, dass gerade die Gewaltenteilung, auf die er (Ramadan) sich lautstark beruft, eine der bedeutendsten Errungenschaften der europäischen Aufklärung ist. Ramadans stures Beharren auf den strafrechtlichen Bestimmungen der mittelalterlichen Schari'a und seine buchstabengetreue Lektüre des Qur'an verraten nun aber ein vom Geist der Aufklärung in keiner Weise berührtes Denken. Die Selbstverständlichkeit, ja Hartnäckigkeit, mit welcher der Schweizer Bürger Ramadan seine Rechte als ‚citoyen' einfordert, irritiert deshalb viele Zeitgenossen weit über Genf hinaus. Der Fall Ramadan wirft einmal mehr die Frage auf, *ob nicht gewisse radikale Muslime zwar die staatsbürgerlichen Freiheiten und Rechte eines europäischen Landes bis zum äußersten beanspruchen, sonst aber vom demokratischen Geist nicht allzu viel mitbekommen haben.*“[15]

In Gesprächen mit Islamisten in der Türkei habe ich mehrfach den in der zitierten Passage beschriebenen „grundlegenden Widerspruch“ vernommen. Die offiziellen Islamisten Erdogan und Gül wiederholen unermüdlich, sie seien keine Islamisten mehr; sie versichern, dass sie sich nur als islamische Konservative begreifen, die sich nicht nur zum Kemalismus, sondern inzwischen auch zur europäischen Wertegemeinschaft bekennen. Gemäß dem Ritual bei Staatsbesuchen führte der türkische Ministerpräsident Erdogan seinen Gast, den deutschen Bundeskanzler Schröder, zur Ehrung des säkularen Staatsgründers in das Atatürk-Mausoleum in Ankara. Aus der Geschichte des Verbotes ihrer drei Vorgängerinnen *Selamet-*, *Refah-* und *Fazilet*-Partei durch das türkische Verfassungsgericht haben die Politiker der neuen AKP-Partei sehr gut gelernt, sich in ihrem öffentlichen Diskurs strikt an das Vokabular des Kemalismus zu halten. Marvine Howe stellte bereits 2000 fest, dass die Islamisten „mit unterschiedlichen und widersprüchlichen Stimmen sprechen“[16]; sie weichen hiervon jedoch im vertraulichen tête-à-tête-Gespräch ab, so beispielsweise wenn einer von ihnen offen sagt: „Wir wollen das Schweizer Gesetzbuch, welches Atatürk 1926 übernommen hat, wegräumen. Warum müssen wir solche Übernahmen aus der Schweiz vornehmen?“[17] Andere Islamisten treten unverblümt für die Wiedereinführung der *Schari'a* ein.[18] Die Schlussfolgerung ist überdeutlich: Die Demokratie wird langfristig als Prozedur für eine friedliche Wiedereinführung der *Schari'a* ohne jene *Djihad*-Revolution instrumentalisiert, die der geistige Vater des Islamismus, Sayyid Qutb (1906–1966), einst anvisierte. Warum bedenken europäische Politiker dies nicht? Handeln sie so, weil ihnen die Informationen und Sachkenntnisse fehlen? Wollen sie Unerfreuliches einfach nicht wahrnehmen? Warum haben sich Feministinnen nicht aufgeregt, als im März 2005 türkische Polizisten Frauen brutal niederschlugen, die in der Türkei für Frauenrechte demonstrierten? Ist diese Indifferenz nicht doch als Ausdruck der zivilisatorischen Schwäche Europas zu deuten?

Die türkischen Islamisten mögen für ein Rechtssystem, das auch die menschenrechtswidrigen Körperstrafen der *Schari'a* beinhaltet, eintreten; dies steht ihnen frei, und sie haben das Recht dazu, wenn die türkische Bevölkerung sie wählt. Man muss jedoch die Freiheit haben zu sagen, dass dies keine Europa-Orientierung ist, auf deren Basis die Türkei einer säkularen Staatengemeinschaft beitreten kann.

Zu jedem Club gehört eine Satzung, und eine solche Verbindlichkeit der Werte und Regeln bedeutet weder Exklusion noch Rassismus. In jeden Club können *nur* Mitglieder aufgenommen werden, die die Clubsatzung akzeptieren. Es ist einfach unehrlich, wenn die seit Jahren von der EU immer weiter unter Vorwänden in die Zukunft verschobene Aufnahme der Türkei als EU-Mitglied erörtert wird, ohne die allgemeine Frage der Europäisierung im Rahmen der Bewahrung der zivilisatorischen Identität Europas (und als Satzung für neue Mitglieder) zu stellen. Trotz aller Selbstzensur ist im europäischen Konvent und auch in der durch Hans Ulrich Wehler ausgelösten Debatte (die im Folgenden aufgenommen wird), vor allem in der Wochenzeitung *Die Zeit* die Frage nach den Grenzen Europas offen gestellt worden. Es handelt sich hierbei nicht nur um geographisch-kontinentale, sondern vor allem um zivilisatorische Grenzen. Es gehört zur Normalität, dass die Menschheit in unterschiedliche Zivilisationen binnendifferenziert ist. Historiker räumen ein, dass die Frage nach solchen zivilisatorischen Grenzen ebenso zur Normalität gehört. Während die europäischen Politiker die Aufnahme durch Angabe eines Verhandlungstermins verzögerten, drängten bisher nur die europäisch orientierten, türkischen Kemalisten auf eine Aufnahme in die EU, jedoch stets ohne Erfolg. Sie wurden abgewiesen. Und auch der von den Kemalisten gemachte Erpressungsversuch, Europa sei ein „Christenclub“, wenn es die Türkei nicht aufnehme, hat den türkischen Säkularisten zu jener Zeit nicht geholfen, weil die Europäer damals keine Zugeständnisse machten, wie sie dies heute gegenüber den Islamisten tun.

In der Türkei gibt es aber auch andere politische Kräfte, nicht nur die aufrichtig an Europa orientierten Kemalisten. Die türkischen Islamisten hatten bisher andere Modelle für ihr Land im Sinn; aber heute sind sie an der Macht und man soll glauben, sie hätten ihre Gesinnung geändert. Nun lässt sich nach der Gründung der neuen Islamisten-Partei AKP im Jahr 1999 nicht übersehen, dass ein Kurswechsel stattgefunden hat. Bisher hatten die Islamisten – so Erbakan und seine *Refah*-Partei – Europa abgelehnt; sie verfolgten eine Neubelebung des osmanischen Traumes von der glorreichen osmanischen Größe mit der Vereinigung der Turkvölker von Zentralasien bis zum Balkan (vgl. Kap. IV). Die neuen Islamisten unter Erdogan sind eher Realisten und haben diese Illusion aufgegeben. Als Pragmatiker haben sie entdeckt, dass sie ihren Islamismus an europäische Politiker leichter und sogar erfolgreicher verkaufen können, wenn sie ihn als islamischen Konservatismus verpacken. Ich staune, wie linke Journalisten, die in der Regel europäische Konservative in der eigenen Kultur als „rechts" verorten und entsprechend argwöhnen, nun freundliche Artikel über den als islamischen Konservatismus umgetauften türkischen Islamismus veröffentlichen. Eine so freundlich gesinnte Presse ebnet den Weg der Islamisten nach Europa, und dies geschieht im Namen von Demokratie und Menschenrechten mit europäischer Unterstützung. Der Islamismus wird stufenweise gegen den Kemalismus in den Institutionen – also als „friedlicher *Djihad*" – durchgesetzt und dadurch aufgewertet. Daher werden diese neuen Fundamentalisten als institutionelle Islamisten – im Gegensatz zu den gewalttätigen *Djihadisten* – bezeichnet. Es gibt aber auch in der Türkei Islamisten, die den Djihad befürworten (vgl. die Terroranschläge von türkischen *Djihadisten* in Istanbul im November 2003). Man muss beide islamistischen Ausrichtungen auseinander halten, ohne zu übersehen, dass beide das Symbol des Kopftuches als „zivilisatorische Abgrenzung"[19] teilen; auch streben sie dieselbe *Schari'a*-Ordnung an.

Wenn Europa den politischen Willen hat, seine zivilisatorische Identität zu bewahren, muss es das Kriterium der europäischen Werte-Orientierung gegen jede Islamisierung groß schreiben. Nun hat Europa die europäisch orientierten Kemalisten langfristig geschwächt, in dem es ihnen stets die kalte Schulter gezeigt hat. Dagegen öffnet sich Europa für die Islamisten. Dies wirft doch ein besonderes Licht auf den moralischen Zustand Europas und das Verantwortungsbewusstsein seiner Politiker. In dieser Situation lohnt es, sich der Historiker-Debatte über unseren Gegenstand zuzuwenden, ehe der Zustand Europas problematisiert wird. Nach Ibn Khaldun ist Geschichtsbewusstsein stets das Bewusstsein der Menschen über ihre eigene Zivilisation.

Wehler und das sogenannte „Türkenproblem“: Deutsche Historiker und die Grenzen Europas

Deutschland ist in seiner Geschichte für die Trennung von Geist und Macht bekannt. Unser Thema ist keine Ausnahme. Nach Schröders Türkei-Staatsbesuch im Frühjahr 2004 kam Erdogan zu einer ähnlichen Visite nach Deutschland. Bei beiden Anlässen sicherte Schröder seinem türkischen Amtskollegen, den er als „Freund“ bezeichnete, die Unterstützung Deutschlands bei der Entscheidung über die Aufnahme in die EU zu, und diese Zusage löste er am 17. Dezember 2004 in Brüssel ein. Es schien den Bundeskanzler ebenso wenig zu interessieren, dass der sozialdemokratische Historiker Hans-Ulrich Wehler seine Zweifel zu bedenken gab, wie zur Kenntnis zu nehmen, dass die Mehrheit der Deutschen gegen einen türkischen EU-Beitritt ist. Schröder sagt nicht, dass seine Motive sich auf die Wählerstimmen der eingebürgerten Türken beziehen (dies war entscheidend beim äußerst knappen Wahlsieg vom September 2002); vielmehr meinte er, dass es dem „Experiment Erdogans“ gelingen werde, „einen nicht-aggressiven, einen nicht-fundamentalistischen Islam zu verbinden mit dem, was wir die Wertevorstellungen der europäischen Aufklärung nennen.“ (*Die Welt* vom 28. April 2004, S. 4). Nun weiß ich nicht, was der Islamist Erdogan mit Aufklärung zu tun hat und noch weniger, was Schröder darunter versteht. Jedenfalls schrieb Jürgen Lau in der Wochenzeitung *Die Zeit* nach Schröders Rede in Ankara, auch er wisse nicht, wie es dem orthodox-gläubigen Muslim Erdogan erging, als Schröder den preisgekrönten Film eines deutsch-türkischen Regisseurs (mit zahlreichen Sexszenen und einer ehemaligen Pornodarstellerin in der Hauptrolle) als Beispiel für die deutsch-türkische Annäherung anführte. Dies war schlicht taktlos.

Mehr als die Beachtung von Manieren interessiert uns jedoch die Wissensfrage: Was wissen Kanzler Schröder und sein Außenminister Fischer über Islam, Islamismus, internationale Politik und die Türkei? Hier können wir die traditionell deutsche Kluft von Geist und Macht veranschaulicht sehen. Was die Historiker, die sich der Problematik Türkei-Europa-EU gestellt haben, fachlich kompetent zu sagen haben interessiert uns, nicht aber die Machthaber.

Die Diskussion über die Türkei-Europa-Problematik wurde von dem Historiker Hans-Ulrich Wehler ausgelöst. Er ist politisch ein Sozialdemokrat und wissenschaftlich ein hochkarätiger Historiker, der sogar als „Kopf der deutschen Sozialgeschichte“ (so *Die Zeit*) gilt; bisher hat er sich allerdings selten zu politischen Fragen geäußert. Die Problematik der Aufnahme der Türkei als Vollmitglied in die EU hat ihn zur Intervention in einem breit diskutierten, in der *Zeit* veröffentlichten Essay veranlasst. Darin argumentiert er auf mehreren Ebenen:

1. Wenn der Türkei der Weg in die EU freigemacht wird, dann wäre dies das „riskanteste Unternehmen in der Geschichte der europäischen Einigung ... Einen muslimischen Großstaat in die EU aufzunehmen, markiert einen derartigen Wendepunkt in der gesamten bisherigen Europapolitik.“[20]
2. Kulturgeschichtlich argumentiert Wehler so: „Nach geografischer Lage, historischer Vergangenheit, Religion, Kultur, Mentalität ist die Türkei kein Teil Europas“. Auch der ehemalige Bundeskanzler Helmut Schmidt hat diese Position 2002 in einem *Zeit*-Artikel vertreten, und 2004 mit weiteren Argumenten wiederholt.[21]
3. Wehler räumt ein, dass sich die Türkei durch ihre kemalistische Modernisierung an Europa angenähert hat, schränkt dies jedoch durch die Erkenntnis ein, dass der politische Islam versucht, diese Errungenschaft rückgängig zu machen; er weiß, dass „unterdessen die kemalistisch säkularisierte Identität des Landes durch einen einheimischen Fundamentalismus in Frage gestellt wird, der den laizistisch-prowestlichen Elitekonsensus untergräbt“. Den von Wehler angesprochenen Prozess nenne ich in meinen Arbeiten „Entwestlichung“[22].

Den zitierten Essay veröffentlichte Wehler bereits zwei Monate vor dem AKP-Wahlsieg im November 2002. Wehlers Fazit lautet:

> „Heutzutage drängen die religiösen Fundamentalisten unter Erdogan in die EU, um im eigenen Land in den Genuss der westlichen Religionsfreiheit zu kommen und den Export ihrer Lehre in die türkische Diaspora in Europa, namentlich in Deutschland, vorantreiben zu können.“ (wie Anm. 20)

Wie richtig Wehlers Einschätzung ist zeigt allein die Tatsache, dass die zu Amtsinhabern avancierten Islamisten die Bundesregierung aufforderten, die islamistische Vereinigung *Milli Görüs* aus der Liste der extremistischen Gruppen im Verfassungsschutzbericht herauszunehmen. Diese Aufforderung hat für Aufregung unter Demokraten in der Türkei gesorgt, aber in Deutschland hat die deutsche Öffentlichkeit dies nur am Rande wahrgenommen. Dies ist nur schwer nachzuvollziehen. Als Erdogan Deutschland besuchte, traf er Vertreter dieser Gruppe, aber weder die der Kurden (20% der türkischen Bevölkerung) noch die der Alawiten (ca. 30% der Türken), obwohl diese statistisch und demokratisch einen Bestandteil der türkischen Gesellschaft und ihrer Europa-Diaspora bilden. Ist das die „Aufklärung“, von der Bundeskanzler

Schröder spricht? Der türkisch dominierte sunnitische Islamrat und *Milli Görüs* argumentieren, die Alawiten (eine Richtung im *Schi'a*-Islam) seien keine Muslime. Diese Einstellung bringt einen Angriff auf die Religionsfreiheit in Deutschland zum Ausdruck, denn die Alawiten verstehen sich als Muslime. Selbst Sunnit, anerkenne ich den Anspruch der Alawiten Muslime zu sein, auch wenn sie, anders als die *Sunna*, innerhalb des Islam abweichende religiöse Anschauungen haben. Wo bleiben die deutschen Verfechter der Religionsfreiheit, wenn diese von den türkischen Islamisten angegriffen wird? Auch für Deutschland muss gelten, dass der Islam nicht mit *Sunna*-Islam identisch ist, weil er auch andere Ausprägungen hat. Wer die Religionsfreiheit verteidigt, muss sie aber auch für andere religiöse Glaubensrichtungen gelten lassen. In der deutschen Öffentlichkeit geschieht dies nicht.

Die Wehler-Debatte wurde von zwei namhaften Historikern in weiteren *Zeit*-Artikeln fortgesetzt. Zunächst forderte Heinrich August Winkler die Europäer dazu auf, den Türkei-Beitritt der EU aus einer sachlich-historischen, und nicht aus der amerikanischen Perspektive zu sehen, die „in erster Linie geostrategische Gründe hat.“[23] Winkler führt zwei zentrale Argumente an:

1. Unter Rückgriff auf die historische Perspektive des von Paul Kennedy geprägten Begriffs des „Imperial Overstretch“, hier gemeint als räumliche Überdehnung, schreibt er: „Ein Beitritt der Türkei hätte zur Folge, die EU nicht zu stärken, sondern in eine tiefe Krise zu stürzen, also zu schwächen. Mit einer solchen EU lässt sich nichts stabilisieren.“
2. Die Trennung von geistlicher und weltlicher Gewalt als politische Kultur Europas „unterscheidet sich scharf“ von jener der Türken, deren „verwestlichte Elite sich mit Europa“ identifiziere. „Von der großen Masse Anatoliens kann man dies nicht sagen.“ Winkler schlussfolgert: „Identitäten lassen sich nicht verordnen“.

Der dritte Historiker, der zu dieser Debatte beitrug, war Jürgen Kocka, der sich sorgte, dass das europäische Projekt scheitern könnte, wenn man die Frage „Wo liegt Europa?“[24] nicht offen und ehrlich beantwortet. Er führt an:

> „Ohne Differenz und Differenzbestimmung wird es nicht gehen. Europabewusstsein bildete sich im Vergleich, nicht im Selbstvergleich mit anderen heraus, durch Betonung der Unterschiede zwischen Europa und nicht-europäischen Teilen der Welt. Inklusion ist ohne Exklusion nicht zu haben, ohne Außen kann es kein Innen geben.“

Die Schlussfolgerung aus dieser Argumentation lautet:

> „Europa würde sich übernehmen, wenn es Länder wie die Türkei und Russland einbezöge. Das muss rasch und eindeutig gesagt werden ... Je weiter sich die Union ausdehnt, desto heterogener wird sie im Inneren."

Ein ehemaliger Berater von Willy Brandt, der Schriftsteller Klaus Harpprecht, hat sich in die zitierte Historiker-Debatte eingebracht und folgenden Gedankengang offen vorgetragen:

> „Wenn wir bis jetzt nicht fähig waren, zwei bis drei Millionen Türken in die deutsche Gesellschaft einzuschmelzen ... wie will Europa seine bindende Kraft gegenüber den 65 Millionen Menschen einer Zivilisation behaupten, die nicht schlechter, nicht besser ist als die unsere – aber halt eine andere? ... Wenigstens Giscard d'Estaing und Helmut Schmidt, alle beide Baumeister der Union, hatten die Courage, klar zu sagen, was so viele denken."[25]

Die bereits angesprochene Trennung von Geist und Macht in Deutschland, die auch für die Regierung Schröder-Fischer gilt, erklärt, warum diese historischen und inhaltlichen Argumente nicht in die Politik eingehen. Dazu kommt folgende Tatsache: Weder Schröder noch Fischer haben außer ihren praktischen Erfahrungen im Amt professionelle Kompetenz in der internationalen Politik, wenn auch Fischer als Visionär ernster zu nehmen ist als Schröder.

Der US-Kolumnist John Vinocur hat sich in einem bemerkenswerten Essay mit Fischers weltpolitischen Anschauungen auseinandergesetzt und fällt das Urteil, dass dieser ein „zu den Ausnahmen gehörender kreativer Denker" sei. Doch fügt er hinzu, einige der Ideen Fischers seien „nicht für die reale Welt geeignet".[26] Zu dieser Kategorie gehören Fischers Anschauungen über „die Zukunft Europas", wonach die EU nicht mehr von „Kerneuropa", sondern als „strategische Einheit" von allen geführt werde, wozu auch die Türkei gehören solle. Richtig erkennt Fischer, der alles andere als ein Huntingtonianer ist, dass der „strukturelle Konflikt des 21. Jahrhunderts" in der internationalen Politik zwischen Westen und Islam liege, aus dem ein neuer Totalitarismus hervorgehe.[27] In diesem Zusammenhang schreibt Fischer der Türkei eine „Brückenfunktion" zu, weshalb sie Vollmitglied in der EU sein solle. Fischers Fehler besteht darin, dass er die Unterscheidung zwischen einer „special relationship" von Staaten (wie z. B. zwischen den USA und Israel) und der Zugehörigkeit zu einer Staatengemeinschaft nicht vornimmt. Außerdem stellt sich Fischer nicht die Frage „welche Türkei?". Kann eine von Islamisten regierte Türkei Teil der EU sein? Die europäische Reaktion auf diese Probleme hat auch etwas mit dem Befinden Europas zu tun. Hierauf komme ich nun zum Schluss dieser Einleitung zu sprechen.

Was wird aus Europa? Machtverlust und Schwäche des zivilisatorischen Bewusstseins

Auch Europa kann vom Islam lernen. In Bezug auf unsere Thematik ist der islamische Philosoph des Mittelalters Ibn Khaldun von Belang, weil er den Begriff der *Asabiyya* als Inhalt zivilisatorischen Bewusstseins der Menschen prägte. Montesquieu hat Jahrhunderte später mit dem Begriff *Esprit de Corps* denselben Inhalt angesprochen. Nach Ibn Khaldun steht und fällt eine Zivilisation mit der Stärke und Schwäche ihrer *Asabiyya*. Der Welthistoriker Arnold Toynbee hat dieses Denken zur Deutung der Weltgeschichte von Ibn Khaldun übernommen.

Die Problematik „Türkei und die EU“ muss in den strukturellen und zugleich weltanschaulichen Konflikt der Zivilisationen eingebettet werden, der bereits begonnen hat, die internationale Politik im 21. Jahrhundert zu bestimmen. Samuel P. Huntington kennt Ibn Khaldun nicht, und deshalb müssen wir uns – jenseits von Huntington und jedweder Huntingtonisierung der Problematik – auf einer anderen Grundlage den Zivilisationskonflikt anschauen und klarstellen, dass dieser kein „Kampf der Kulturen“ ist. Jede Zivilisation hat ihre Werte-*Asabiyya*. Auf dieser Basis halte ich eine Einbeziehung von Europa-freundlichen Teilen der islamischen Welt in eine westlich-islamische Front gegen den *Djihad*-Terrorismus nicht nur für möglich, sondern auch für empfehlenswert. In diesem Zusammenhang hat die Türkei eine besondere Bedeutung in der post-bipolaren Politik erlangt, weil sie auf gewissen Grundlagen in die westlich-europäische Zivilisation einbezogen werden kann, die jedoch nicht romantisiert werden sollten.

Anders stellt sich die Problematik, wenn die EU-Vollmitgliedschaft eines Landes zur Diskussion steht, das von friedlichen institutionellen, auch in Bezug auf den Westen kooperationswilligen Islamisten regiert wird. Das ist allerdings nicht die logische Konsequenz bei der Suche nach einer friedlichen Lösung im Zivilisationskonflikt. Dies verstehen weder Bundeskanzler Schröder noch sein Außenminister Fischer.

Es besteht kein Zweifel daran, dass die Türkei für Europa im 21. Jahrhundert von zentraler Bedeutung ist. Aber ob daraus folgt, dass dieses Land zu Europa gehört, ist keine außenpolitisch-strategische Angelegenheit, sondern eine Frage der zivilisatorischen Identität auch im Ibn

Khaldun'schen Sinne. Nach dem verstorbenen Oxford-Gelehrten Hedley Bull hat jede Staatengruppe, also auch die EU, eine auf Werte, Normen und Interessen bezogene Identität, die als gemeinsame Grundlage dient (vgl. Vorspann zu Kap. V). Wenn manche europäischen Politiker wie Fischer diese Erkenntnis nicht beachten, wird die Türkei-EU-Problematik in Luftschlösser eingeordnet. Zu diesen gehört auch die Illusion von der EU „als transnationaler Organisation als Modell für die ganze Welt“ sowie unterstellte „strategische Notwendigkeiten“, die keine sind. Sicherlich kann die EU als Modell einer Staatengruppe für andere – z. B. arabische Länder – gelten, aber eine Supermacht wird sie nie werden. Machen wir uns nichts vor: Europa sitzt im internationalen Wettbewerb seit langem auf einem absteigenden Ast. Es ist schwer nachvollziehbar, wie die Türkei nach Fischers Vision mit ihrem Gewicht die anvisierte Supermacht Europa mächtiger machen soll.

Die mit dem Beitritt der Türkei in die EU verbundene Frage für Europa ist so lebenswichtig, dass man sie nicht den kaum über den Gegenstand informierten, aber einflussreichen Feuilleton-Schreibern und Gesinnungsethikern überlassen darf. Eine „Meinung“, die nicht auf „Sachwissen“ über die Problematik basiert, kann schädlich sein, wenn sie eine politische Wirkung hat. Man muss mehr über den Islam und über die islamische Welt generell und speziell über die Türkei als ein Land aus jener zivilisatorischen Sphäre wissen. Zudem ist der Gegenstand in die Weltpolitik nach dem Ende des Ost-West-Konfliktes eingebettet. Auch hierüber fehlt das erforderliche Wissen. Der politische Islam, der heute die Weltpolitik plagt, hat die ideologisch säkular orientierte Türkei erreicht Wir können die Aufnahme der von Islamisten regierten Türkei nicht ohne einen sachlich-kompetenten Blick auf die Weltpolitik mit dem neuen Muster der Beziehungen zwischen den Zivilisationen erörtern. Hierzu gehört der eingangs angeführte gleichermaßen strukturelle und weltanschauliche Konflikt. In diesem Sinne werfe ich zum Abschluss dieser Einleitung einen Blick auf die Zukunft und verbinde dies mit der Frage, was aus Europas Beziehung zur islamischen Welt werden wird. Ein Einblick in diese Zukunftsperspektive über die Beziehung beider Zivilisationen zueinander kann helfen, Gefahren im Vorfeld abzuwenden.

Bei dem Blick auf das heutige Befinden Europas scheint es hilfreich, die Analyse eines mit diesem Gegenstand vertrauten amerikanischen Analytikers heranzuziehen. Robert Kagan stellt einen bereits im 20. Jahrhundert begonnenen Prozess des Machtverlustes Europas fest und bemängelt hierbei, dass die Europäer diese Entwicklung nicht aufarbeiten. Statt dessen werde dies ideologisch vernebelt. Während des

Ost-West-Konfliktes blieb Westeuropa trotz seines durch die Folgen des Zweiten Weltkrieges bedingten Abstieges immerhin noch an zweiter Stelle nach den USA ein „global player“ der Weltpolitik. Mit dem Ende des Kalten Krieges endete auch diese „strategische Zentralität Europas“.[28] Damit schreitet der zuvor begonnene Machtverlust Europas voran, der mit der Auflösung seiner imperialen Größe zusammenhängt. Durch die Erweiterung der EU ostwärts der zivilisatorischen Grenzen Westeuropas wird weder dieser Prozess aufgehalten noch eine neue Supermacht Europa entstehen. Europa wird eher schwächer. Kurz formuliert: Die Prognose für Europa als einer neuen Supermacht erweist sich als völlig falsch. Der Historiker Winkler behauptet in dem bereits zitierten *Zeit*-Artikel: „Wir erweitern uns zu Tode.“ (Anm. 23). Nicht einmal die Konflikte auf dem europäischen Kontinent selbst, allen voran Bosnien und Kosovo, kann Europa aus eigener Kraft in den Griff bekommen. Wie soll die EU dann ihre Politik gestalten, wenn sie durch die Aufnahme der Türkei Grenzen zu den konfliktreichen Ländern Irak, Iran und Syrien bekommt, aber über keine Instrumente zur Regulierung entsprechender Konflikte verfügt?

Im zitierten Aufsatz Robert Kagans wird die von Europäern als „neue europäische Toleranz“ dargestellte Indifferenz (ich nenne sie in meinem Europa-Buch „Selbstaufgabe“)[29] im Rahmen der „Psychologie von Macht und Schwäche“ als „incapacity“ gedeutet. Anders formuliert: Mit „Toleranz“ wird eine Rationalisierung des Machtverlustes vorgenommen. In der postbipolaren Zeit scheitert Europa daran, strategisch auf die Bedrohungen angemessen zu reagieren und legitimiert diese Unfähigkeit als Toleranz, sogar gegenüber den eigenen Gegnern und Feinden, beispielsweise den Islamisten. Kagan führt aus: „Die *incapacity*, auf Bedrohungen angemessen zu antworten, führt nicht nur zur angeführten Toleranz, sondern auch manchmal zur Selbstverneinung“. Statt sich zu bemühen, eine konkrete, auf den Selbstschutz bezogene Außen- und Sicherheitspolitik zu entwickeln, flüchten die Europäer in einen Idealismus. Hierfür führt Kagan als ein Beispiel Außenminister Fischer und seine wirklichkeitsfremden Visionen an. Im Ergebnis führt dies zu folgendem: „Der Fortschritt in Bezug auf die europäische Integration ... ist nicht gleichzusetzen mit der Entstehung einer europäischen Supermacht, ganz im Gegenteil, dieser Prozess wird von einem Schrumpfen der europäischen Fähigkeiten begleitet werden“.

Bei diesen Veränderungen in Westeuropa steht der Islam sowohl innen- als auch außenpolitisch im Mittelpunkt. In diesem Zusammenhang weist Kagan auf den unproportional großen Einfluss hin, den der wachsende arabisch-islamische Bevölkerungsanteil (10 Prozent) auf die Formulierung der französischen Außenpolitik ausübt. Trotz der bedrückenden Analyse über die heutige Schwäche Europas meint Kagan vorwärts schauend, dass dieser Zustand durch eine andere Politik verändert werden kann, vorausgesetzt, dass hierzu „der politische Wille" bei europäischen Politikern vorhanden ist, „mehr Macht für Europa zu fordern". Dieser fehlt jedoch eindeutig. Parallel zu diesem Machtverlust möchte ich den mangelnden europäischen politischen Willen, die zivilisatorische Schwäche Europas zu überwinden und eigene Werte zu verteidigen, erschwerend hinzufügen. Ich habe einst im Titel eines meiner Bücher die Frage *Europa ohne Identität?* (vgl. Anm. 29) gestellt. Die Selbstverleugnung Europas ist Ausdruck von Schwäche, nicht von wahrer Toleranz. Dabei veranschaulicht Europas Verhalten gegenüber dem islamischen *Djihadismus* vor und nach den Anschlägen vom 11. September 2001 in New York und nach dem 11. März 2004 in Madrid dieses Befinden Europas. Auch bietet der Umgang mit der von der AKP regierten Türkei ein Beispiel dafür, dass die moralische Schwäche gegenüber dem offensiven politischen Islam, und nicht die Toleranz, die europäische Politik prägt. In der Politik, vor allem in der Außenpolitik, ist es ein Ausdruck von Schwäche, wenn Entscheidungsträger sich von anderen zu einem Beschluss drängen lassen und nicht eigenständig entscheiden. Die AKP-Regierung der Türkei hat für sich beschlossen, in die EU aufgenommen zu werden. Der Journalist Nikolaus Busse schreibt in seinem Leitartikel „Das türkische Geschäft" (*Frankfurter Allgemeine Zeitung* vom 9. August 2004) vorausschauend dazu:

> „Die Regierung Erdogans hatte die EU … überrumpelt und sie zugleich mit einer Beitrittsrhetorik umarmt. … Eine Zurückweisung könnte schreckliche Folgen (für Europa) haben."

Der große jüdische Islam- und Welthistoriker Bernard Lewis wird von Islamisten und von ihren westlichen Freunden – den sogenannten Saidisten (den Anhängern von Edward Said) – als „Feind des Islam" verfemt. Doch seine Standardwerke *The Emergence of Modern Turkey* sowie *The Jews of Islam*[30] haben ihm nicht nur den Rang eines großen Historikers, sondern auch den eines Freundes des Islam, insbesondere in der Türkei, gesichert. Zwar bringt er großen Respekt vor der islamischen Zivilisation auf, warnt jedoch gleichzeitig vor der Gefahr des Islamismus als eine antiwestliche Ideologie. Das ist kein Widerspruch. Im Gegensatz zu vielen anderen hat Bernard Lewis unverblümt die Gefahr des politischen Islam angesprochen.

Ein in der Zeitung *Die Welt* unter der Überschrift „Europa wird am Ende des Jahrhunderts islamisch sein“[31] erschienenes Interview mit Lewis enthält bereits im Titel die grimmige Prognose, die mit der von Kagan angesprochenen Schwäche Europas korrespondiert. Lewis bemängelt: „In Demokratien scheint man einander mehr zu hassen als die äußeren Gegner. Schwäche und Spaltung scheinen die westliche Seite zu beherrschen. Die Politik Europas ist da nicht gerade hilfreich, insbesondere die französische und die deutsche Politik“. Als ein Beispiel für diese Einstellung kontinental-europäischer Intellektueller lassen sich neue Positionen des als „Bundesphilosophen“ gefeierten deutschen Denkers Jürgen Habermas anführen, der vor den USA, nicht vor dem Islamismus, den er ohnehin weder kennt noch versteht, warnt.[32] In seiner Rede im Rahmen der Berliner Leibniz-Feier über Toleranz meinte Habermas, man müsse einem Imam die Freiheit gewähren, zu missionieren.[33] Im Islam bedeutet *Da'wa* Mission, also eine Tätigkeit mit dem Ziel, die Welt zu islamisieren und sie in die Territorialität des „*Dar al-Islam*/Haus des Islam“ einzubinden. Der Europäer, der die Inbesitznahme Europas durch eine islamische Größe zulässt, bringt moralische Schwäche, nicht Toleranz, und somit einen Mangel an *Asabiyya* (Ibn Khaldun) zum Ausdruck. Toleranz sinkt bei bestimmten Europäern zu einer Haltung der Selbstaufgabe herab. Der grüne Außenminister Fischer will Europa mit Hilfe der Türkei zur Weltmacht aufbauen, die ein Gegengewicht zur USA stellt. Wie realistisch ist diese Vision, die an der Zivilisationsproblematik völlig vorbeigeht, für das 21. Jahrhundert?

Eine Antwort finden wir bei Bernard Lewis, der auf die Frage, ob Europa eine Supermacht in Konkurrenz zur USA werden könnte, mit dem Hinweis erwidert, dass die Konkurrenz zur jetzigen US-Hegemonie macht- und wertemäßig aus China und Indien, nicht aus dem zivilisatorisch schwachen Europa kommen werde, weil er überzeugt ist:

> „Europa wird Teil des arabischen Westens, des Maghreb sein. Dafür sprechen Migration und Demografie. Europäer heiraten spät und haben keine oder wenige Kinder. Aber es gibt starke Immigration: Türken in Deutschland, Araber in Frankreich, Pakistaner in England. Diese heiraten früh und haben viele Kinder. Nach den aktuellen Trends wird Europa spätestens Ende des 21. Jahrhunderts muslimische Mehrheiten in der Bevölkerung haben.“ (wie Anm. 31)

Obwohl ich dieselbe Befürchtung habe, liegt mir als ein in Westeuropa lebender Muslim daran, das Problem aus einer anderen Perspektive zu sehen, nämlich nicht, ob in Europa bevölkerungsmäßig eine islamische Mehrheit entsteht oder nicht, sondern vielmehr, *welcher* Islam diese Mehrheit prägt: Ein *Schari'a-Djihad*-Islam oder ein Euro-Islam?[34] Man kann den Islam unterschiedlich demokratisch (Euro-Islam) oder totalitär (Islamismus) deuten. Diese Problematik diskutiere ich in Bezug auf die Türkei-EU im abschließenden Kapitel V dieses Buches. In diesem Zusammenhang erinnere ich an die Unterscheidung innerhalb des Islam als Religion (orthodoxer schriftgläubiger oder Euro-Islam) sowie die Differenzierung zwischen Islamismus als Ideologie und Islam als Glaube, die ich einleitend gegen von Weizsäcker angeführt habe. Sie ist schicksalhaft für Europa. In diesem Sinne ist das europäische Verständnis von Toleranz als Selbstaufgabe und Selbstverleugnung nur eine Rationalisierung der eigenen Schwäche. Es ist kein Zufall, wenn europäische Politiker die angeführten Differenzierungen übergehen. Europa kann in seiner Eigenschaft als Bestandteil der westlichen Zivilisation mit diesem Geist keine Zukunft haben. Ich hoffe, dass Lewis Prognose, wonach Europa islamisch sein wird, sich als falsch erweist, aber sie ist nicht von der Hand zu weisen, wenn Europa keine wirkliche Antwort auf die islamische Herausforderung[35] findet. Bei Potenzial einer solchen Islamisierung kann Europa entweder Teil eines pantürkischen Groß-Turkestan oder Teil des arabisch-islamischen Maghreb werden. Nur eine laizistische, am aufgeklärten Islam (also nicht am AKP-Islam) orientierte Türkei darf in die EU aufgenommen werden und kann Europa vor dem Islamismus schützen. Eine solche säkulare Türkei kann Europa davor bewahren, ein Teil des arabischen Maghreb zu werden. Diese Ausführungen machen, wenn sie richtig verstanden werden, deutlich, dass das Thema dieses Buches ein Schicksalsthema für Europa ist. Ich hoffe, dass es mir gelingt, dies den Lesern zu vermitteln.

Es ist eine Schande, dass es in Europa, dem Geburtsort der Menschenrechte, zu denen die Freiheit der Meinungsäußerung gehört, bisher nicht möglich war, „eine ernsthafte Diskussion“ (so Nikolaus Busse in dem oben zitierten *F.A.Z.*-Leitartikel) über das Thema zu führen, die dieses Buch aufnimmt. Europäer haben noch die Möglichkeit, ihre zivilisatorische Schwäche zu überwinden, wenn sie sich mehr mit existentiellen Bedrohungen auseinandersetzen, statt sich stets um propagandistisch unterstellte Vorurteile gegenüber anderen Zivilisationen zu kümmern. Es macht Mut, wenn Leitartikler großer deutscher Zeitungen offen hierüber schreiben. So kommentiert Busse, dass falls der Türkei unter der AKP-Regierung von Erdogan die Tür zur EU geöffnet wird, dies das Ende einer Struktur bedeutet, die

„die EU bisher am Leben erhalten hat. … Mit der Türkei würden … unterschiedliche geopolitische Orientierungen … aufeinander prallen. … Die EU, wie wir sie heute kennen, wäre damit Geschichte.“ (*F.A.Z.* vom 9. August 2004)

Das islamische Land Türkei kann nur als eine säkulare Republik der EU helfen, den von Bernard Lewis angegebenen Trend, nämlich durch globale Migration ein Teil des Maghreb/Westen (West-Arabistan) zu werden, abzuwenden. Aber durch eine Türkei, die von einer Kopftuch-Partei regiert wird und eine islamistische geopolitische Orientierung in die EU bringt, wird nur die eine Gefahr durch eine andere abgelöst: Statt zu einem Teil West-Arabiens nämlich zum westlichen Teil eines Groß-Turkestan zu werden, von dem der geistige und politische Ziehvater von Erdogan und Gül sowie aller türkischen Islamisten, Neçmettin Erbakan, lebenslang geträumt hat. Ein solches Szenario dient keinesfalls der Panikmache, sondern ist im Lichte historischer Fakten ernst zu nehmen. Die Muslime wirkten zweimal auf Europa: Zum einen negativ als *Djihad*-Eroberer (erst kamen die Araber von Südwesten, dann die türkischen Osmanen von Südosten als *Djihad*-Krieger), und zum anderen als Aufklärer, als sie die islamische Spielart des Hellenismus als Rationalismus an Europa übergaben und dabei – wenn auch indirekt – geholfen haben, Europa von einem christlichen Abendland in eine westliche, säkulare Zivilisation zu verwandeln. Im Sinne dieses Geschichtsverständnisses hängt es von den Europäern ab, Europäisierung als Kriterium bei der Erweiterung ihres Staatsverbandes als eine zivilisatorische Wertegemeinschaft zu definieren. Wenn die EU sich so versteht und ihre Interessen verfolgt, muss sie die Werte-Orientierung der türkischen Islamisten, wie es Erdogan und Gül sind, richtig einzuschätzen wissen und abweisen.

Ist die AKP wirklich eine Reform-Partei mit europäischer Orientierung? Der politische Islam

In meiner Vorrede habe ich bereits angemerkt, dass die Schlussfassung dieses Buches während meiner Tätigkeit an der National University of Singapore erfolgte. In Südostasien interessiert man sich für andere Probleme als die, die eine EU-Aufnahme der Türkei betreffen. Ich las täglich die südostasiatischen Zeitungen von Singapur über Kuala Lumpur, Bangkok bis Jakarta, und bin kein einziges Mal auf einen Türkei-Artikel gestoßen. Was hier interessiert, ist der politische Islam, und das ist auch unser Thema. Eben dieser politische Islam bringt eine Verbindung zur Türkei-Problematik. Ich frage: Ist die AKP eine Partei des politischen Islam? Zufällig kam mir eine Ausgabe der *Süddeutschen Zeitung* mit einem Bericht von Christiane Schlötzer in die Hände: „Ministerrücktritt erschüttert die türkische Regierung" (*SZ* vom 17. Februar 2005, S. 8), den ich in dieser Einleitung abschließend wiedergeben möchte.

Der zurückgetretene Minister für Kultur Erkan Mumcu ist ein säkularer Türke mit westlicher Orientierung, der früher Kemalist war, dann die korrupte Mutterlandspartei von Mesut Yilmaz verließ und der AKP mit der Illusion beitrat, dass sie einen neuen Wind in der Türkei herbeiführen werde. Seine Erfahrungen mit der AKP-Regierung als Mitglied ihres Kabinetts ließen ihn erwachen. Er beklagte laut *SZ*-Bericht: „Die AKP, die ihre Wurzeln im politischen Islam hat, regiert mit Zweidrittelmehrheit. Die einzige Oppositionspartei, die sozialdemokratische CHP, ist zerstritten." Mumcu wurde von der AKP als Schild nach außen benutzt, um „das europäische Auftreten der neuen Partei (AKP) zu unterstreichen", aber Einfluss verweigerte man ihm in dieser zeitgeschichtlich „im politischen Islam" verwurzelten Partei. Er wurde nach eigenen Worten „wie ein Gast" behandelt und durfte keinen Einfluss „auf die Entscheidungen der Regierenden nehmen". Daraufhin gab er seinen Ministerposten auf und verließ die AKP. Die Mumcu-Affäre veranlasst zu der bereits gestellten Frage: Welche Türkei kommt in die EU? Eine Türkei, die von der AKP, deren Wurzeln „im politischen Islam" zu finden sind, mit dem erdrückenden Gewicht einer Zweidrittelmehrheit im Parlament – wie in einem Einparteiensystem – regiert wird?

Neben der Frage in Bezug auf den politischen Islam ist noch eine weitere zu stellen: In der westlichen Öffentlichkeit wird die AKP als Reform-Partei gerühmt, die wie keine kemalistische Regierung zuvor umfangreiche Reformen wagt. Aber all diese Reformen stehen nur auf geduldigem Papier. Die Fernsehbilder von türkischen Polizisten, die um ihre Rechte demonstrierende Frauen brutal schlugen, veranlassen zu der Frage von welchen Reformen überhaupt die Rede ist. In diesem Sinne hat der EU-Botschafter in Ankara, Kretschmer, der Nachrichtenagentur *Reuter* gesagt, dass in der Türkei trotz aller formal beschlossenen Reformen „die Polizei die christliche Minderheit schikaniere, dass die Einschränkungen für das ökumenische Patriarchat noch immer nicht aufgehoben seien, und dass die Polizei mit übertriebener Härte gegen Demonstranten vorgehe" (*F.A.Z.* vom 5. März 2005, S. 7). Kretschmer beanstandete zudem, „dass keine türkischen Politiker die Todesdrohungen missbilligen, die der türkische Schriftsteller Orhan

Pamuk nach einem Interview erhalten hat, in dem er die Türkei zur Anerkennung des Genozids an den Armeniern aufrief“. Auf diese Beschuldigungen des EU-Botschafters in Ankara antwortete der türkische AKP-Außenminister Abdullah Gül verächtlich: „Wer ist denn Kretschmer?“ Zu den Inhalten hatte Gül nichts zu sagen. Ist dies ein europäischer Diskurs?

In dieser Situation bedarf es einer europaweiten Diskussion, die die Politiker und einige ihrer Hilfssoldaten in den Medien verhindern wollen. Mit diesem Buch will ich gegen diesen Strom agieren und eine Debatte auslösen. Dabei hoffe ich, dass diese Freiheit in einer offenen Gesellschaft möglich sein wird und ich nicht zum Schweigen gebracht werde. Meine Aufklärung über die Gefahr des politischen Islam – auch in der Türkei – steht nicht im Widerspruch zu meiner sehr großen Zuneigung zu diesem Land und zu seiner Bevölkerung. Unter europäisierten Türken fühle ich mich sehr zuhause und wünschte mir, diese, nicht die AKP bzw. *Milli Görüs* würden die Zukunft der Türkei bestimmen. Nur auf dieser Basis der Europäisierung ihrer politischen Kultur kann die Türkei zu Europa gehören und in einer – sehr langen – Zeitperspektive der Europäischen Union beitreten, wenn diese noch im Verlaufe dieses Jahrhunderts besteht.

I. Die Identität der Türkei im Spannungsfeld zwischen Europa und dem Islamismus

„Die Moscheen sind unsere Baracken, die Minarette sind unsere Bayonette, die Kuppeln sind unsere Helme, die Gläubigen sind unsere Soldaten."
(R. Tayyip Erdogan in einer politischen Rede in der südostanatolischen Stadt Siirt, Dezember 1997, ein Gedicht von Ziya Gökalp zitierend.)

Jedem Menschen können Jugendsünden verziehen werden; der Mann aber, der das als Motto angeführte kämpferische Gedicht anheizend zitierte, war in reifem Alter und bereits Oberbürgermeister der Weltstadt Istanbul. Heute ist er, nach dem Verbüßen einer Gefängnisstrafe nach der Verurteilung wegen Volksverhetzung in Zusammenhang mit der Zitierung des Gökalp-Gedichtes, Ministerpräsident der Türkei. Die von Erdogan 1999 gegründete AKP-Partei genießt nach dem Wahlsieg vom November 2002 eine Zweidrittelmehrheit im Parlament und regiert dieses Land quasi wie ein Einparteiensystem, das Mitglied der Europäischen Union werden möchte. Hat Erdogan seinen Djihad-Geist zugunsten einer zivilgesellschaftlichen Europa-Orientierung aufgegeben?

Vom pantürkischen Neo-Osmanismus zur Europa-Orientierung: Die neuen Islamisten in der Türkei

Im Juni 2004 war Erdogan in Istanbul Gastgeber des NATO-Gipfels; er tritt nun im neuen Gewand einer Europa-Orientierung auf, bleibt jedoch wie ein Sultan der Anführer der neuen Islamisten. Für Europäer ist es von zentraler Bedeutung, ob die vorgegebene Europa-Orientierung der AKP echt und glaubwürdig ist. Es ist für die Zukunft Europas wichtig, ohne Zensur herauszufinden, was Erdogan und seine im politischen Islam verankerte Partei wirklich denken. Dagegen interessiert dies die USA nicht, solange die Türkei die vorgesehene Schachfigur-Rolle im großen geopolitischen US-Spiel für den „*Greater Middle East*/Großen Nahen Osten" spielt. In seiner gewohnten Arroganz sagte Bush in Istanbul den Europäern: „Die Türkei gehört in die Europäische Union" (*Die Welt* vom 30. Juni 2004, S. 5). Der französische Präsident Jacques Chirac reagierte auf diese Bevormundung gereizt, obwohl er laut der *Frankfurter Allgemeinen Zeitung* vom 28. Juni 2004 mit der Formel auftrat: „Der Weg der Türkei in die Union ist unumkehrbar" (S. 2). *Die Welt* berichtet daraufhin, dass Chirac „Bushs Intervention als Einmischung in europäische Angelegenheiten zurückweist. Bush ist nicht nur zu weit gegangen, er habe sich in einem Terrain bewegt, das nicht das seine ist ... Wir (die Europäer) sind Verbündete und Partner, wir sind keine Knechte."[1]

In demselben *Welt*-Bericht steht zu lesen, dass Bush sich von Chiracs Einwänden „unbeeindruckt zeigte", hierin bekam er sogar Unterstützung vom deutschen Bundeskanzler, so dass *Die Welt* schrieb, „Schröder und Bush liegen auf einer Linie" (30. Juni 2004, S. 5). Die deutsche CDU-Opposition verhielt sich ebenso wie Chirac ablehnend und reagierte durch ihren Vorsitzenden des Europa-Ausschusses, Matthias Wissmann, der Bushs Forderung mit folgenden Worten begegnete: „Die Europäer regeln die Frage der Mitgliedschaft selbst ... Die militärstrategischen Interessen der USA können nicht das Kriterium für die EU sein." (*Die Welt* vom 30. Juni 2004).

Unterhalb der Oberfläche dieser tagespolitischen Ereignisse steht die für dieses Buch zentrale Frage: Ist die Türkei in ihrer Identität europäisch? Diese Frage verweist auf einen Konflikt, der seit den 80er Jahren des vergangenen Jahrhunderts in jenem Land bei der Bestimmung seiner zivilisatorischen Identität als politisch-kultureller Streit tobt. Der Ausgang dieser Auseinandersetzung ist offen; erst eine türkische Antwort auf die gestellte Frage kann klären, ob die Türkei zivilisatorisch zu Europa gehört. Seit den Tagen ihres Ziehvaters Kemal Pascha Atatürk (Vater der Türken) haben die Kemalisten im Rahmen einer „Revolution von oben"[2] den Türken eine europäische Identität verschrieben. Wird sie angenommen? Diese Frage spaltet, ja, sie polarisiert die Türkei im Streit um die eigene Identität.[3]

Wir müssen bei der vorliegenden Analyse von der Tatsache ausgehen, dass das kemalistische Modell eines etatistischen, vom Militär überwachten Säkularismus heute in eine heftige Krise geraten ist. Es ist mit dem Ruch behaftet, von den Militärs getragen zu werden.[4] Seine Gegner, die Islamisten, haben zwischen 1970 und 2000 im Rahmen von drei politischen Parteien, *Selamet* (Heils-), *Refah* (Wohlfahrts-) und *Fazilet* (Tugendpartei) mit islamistischen Programmen auf friedlich-institutionelle Weise versucht, dem Land wieder eine islamische – islamistische – (jedoch nicht euro-islamische) Identität zu geben. Alle drei Parteien endeten mit einem Verbot durch das türkische Verfassungsgericht, weil sie Religion nicht von Politik trennten – also anti-säkular waren und somit als verfassungsfeindlich galten. Seitdem hat es innerhalb des islamistischen Lagers einen Machtkampf über die Methoden und die Ausrichtung gegeben, der mit dem Sieg der gemäßigten Kräfte des Gespanns Erdogan/Gül endete. Zuvor dominierte die alte Garde der Islamisten, die die Türkei von Europa abwenden wollte, indem sie den Traum von einem pantürkisch-islamistischen Turkestan kultivierte. Dieses Turkestan sollte die islamische Welt gegen den Westen anführen. Unter Berücksichtigung der angeführten Fakten habe ich in einem früheren Buch jene Islamisten als „die neuen Osmanen“[5] bezeichnet. Die Islamisten Tayyip Erdogan und Abdullah Gül, die früher unter Erbakan dienten, haben sich mit ihrer neuen Partei AKP (Partei für Gerechtigkeit und Entwicklung) von den neo-osmanischen Illusionen der alten Islamisten distanziert. Die AKP präsentiert sich mit einem neuen Gesicht, das eine Europa-Orientierung vorgibt. Wie „echt“ ist dieses Gesicht? Schließt diese neue Richtung auch eine europäische Werte-Orientierung ein? Ist das Kopftuch, welches das Symbol der AKP-Islamisten ist, europäisch?

Es ist an dieser Stelle erwähnenswert, dass der Europäische Gerichtshof in Straßburg parallel zu der auf dem NATO-Gipfel in Istanbul entfachten Debatte über die EU-Türkei-Beziehung zwei relevante Entscheidungen traf, die in der *Frankfurter Allgemeinen Zeitung* vom 30. Juni 2004 folgendermaßen zitiert werden:

> „Der Europäische Gerichtshof für Menschenrechte in Straßburg wies die Beschwerde einer muslimischen Studentin zurück … Die Straßburger Richter halten das Verbot des Kopftuchs für menschenrechtskonform. Es diene dem Schutz der öffentlichen Ordnung, der Demokratie und der Gleichberechtigung von Mann und Frau. Dem Verbot liege das säkulare Prinzip in der Türkei zugrunde.“[6]

Parallel zu diesem Urteil wurden weitere, ähnlich gelagerte Klagen abgewiesen. In einer anderen Angelegenheit hat der Europäische Gerichtshof für Menschenrechte gegen die Türkei entschieden. In der zitierten Ausgabe der *Frankfurter Allgemeinen Zeitung* steht zu lesen: „Die Türkei hat mit der Vertreibung von Bürgern aus dem Südosten des Landes (Kurden) gegen die Europäische Menschenrechtskonvention verstoßen.“

Aus den Urteilen des Europäischen Gerichtshofes geht hervor, dass das Tragen des Kopftuches kein Menschenrecht ist; entsprechend ist sein Verbot keine Menschenrechtsverletzung. Dagegen ist die Diskriminierung von ethnischen (Kurden) und religiösen Minderheiten (Alawiten, Christen) sehr wohl eine Menschenrechtsverletzung. Welche Position beziehen die neuen Islamisten in dieser Problematik? Wie verhält sich die AKP zur europäischen Identität? Bei einem Versuch, diese Frage zu klären, habe ich in meinem früheren Buch *Europa ohne Identität?* die zivilisatorische Identität Europas im Zeitalter der Entgrenzung diskutiert. Der inhaltliche Kontext dieser Diskussion ist der Zusammenhang von Globalisierung und Migration. Hierbei entstehen zwei Formen der Entgrenzung[7]; beide sind für das Verhältnis der Türkei zu Europa von Relevanz:

Erstens: Der generelle Migrationsdruck von Armen in reiche Teile dieser Welt gilt auch für die Türkei (Bruttoinlandsprodukt/BIP pro Kopf und Jahr 3 700 Euro) und Europa (BIP pro Kopf und Jahr 21 000 Euro). Von 1960 bis 2000 ist die türkische Gemeinde in Westeuropa von wenigen tausend Menschen auf ca. 4 Millionen angewachsen, von denen 2,5 Millionen in Deutschland leben. Die angeführte BIP-Kluft ist eines der Hauptmotive der Wanderungen gen Westen. Bei Aufnahme in die EU würde sich diese Zahl in kurzer Zeit vervielfachen. Die Islamisten verbinden damit eine demographische Islamisierung.

Zweitens: Bei der Bildung supranationaler Einheiten werden nationalstaatliche Grenzen quasi verschwinden. Zu diesem Prozess gehört die Entstehung der EU als das international erfolgreichste Modell hierfür; sie kann deshalb als Vorbild für andere Staaten dienen, wenn diese sich weiterentwickeln wollen.[8] Supranationale Einheiten sind als Wertegemeinschaften zugleich zivilisatorische Staatengemeinschaften.[9] Natürlich gilt diese Feststellung auch für die Europäische Union. Europäische Politiker bestätigen diese Tatsache, indem sie die EU als Wertegemeinschaft bezeichnen. Das ist auch das Kriterium für die Bestimmung von zivilisatorischen Einheiten in der Weltpolitik, bei denen Grenzen verschwinden können.

Der Historiker Robert Barlett hat die Entstehung Europas als einen Prozess der Europäisierung, d.h. der Verbreitung einer „gewissen Kultur“ beschrieben. Angesichts der massiven islamischen Zuwanderung nach Europa, die die von Bernard Lewis (vgl. Einleitung) offen angesprochene Gefahr mit sich bringt, dass Europa am „Ende des 21. Jahrhunderts islamisch sein wird“, benötigt Europa islamische Verbündete. Ich schreibe der Türkei ein solches Potenzial und die Möglichkeit zu einer Europäisierung durchaus zu. Ob die neuen Islamisten sich europäisieren, so dass sie dann zu Europa als einer Wertegemeinschaft gehören, bezweifle ich jedoch sehr. Diese Problematik der Europäisierung[10] steht im Mittelpunkt dieses ersten Kapitels. Es gilt zu prüfen, ob Muslime sich als politische Kraft nach dem Modell der europäischen Christdemokraten zu einer „islamisch-konservativen“ Partei formieren können.

Kann die von der AKP regierte Türkei der EU als Vollmitglied beitreten?

Der ehemalige Bundeskanzler Helmut Schmidt und führende deutsche Historiker sowie auch andere Wissenschaftler beantworten die in der Überschrift gestellte Frage negativ. Anders handeln Politiker wie Schröder, Fischer und auch Blair, die strukturelle Aussagen treffen, ohne ihre weitreichenden Implikationen zu verantworten. Hiervon weichen jedoch Politiker ab, die historisch gebildet sind; zu jenen gehört Giscard d'Estaing. In Anerkennung seiner Kompetenz hat ihn die historisch bedeutende *Académie Française* in ihre Reihen berufen. Schon vor dieser Ehrung hat die *Financial Times* Giscard mit den Worten gewürdigt, er werde „in die Geschichte als derjenige eingehen, der alles für die Ausformung eines zukünftigen europäischen Machtgleichgewichts getan hat.“[11]

Noch vor der Berufung in die Gesellschaft der „Gallischen Unsterblichen“ (also der laut *International Herald Tribune* sogenannten „Gallic Immortels“) erhielt Giscard d'Estaing auf der Basis einer ähnlichen Würdigung den Karlspreis 2003. Wer die Geschichte kennt, weiß, dass Karl der Große als der Begründer Europas als christlichem Abendland gilt. Er hat dies im Rahmen einer doppelten Strategie verfolgt, nämlich einerseits in der Auseinandersetzung mit der im 8. Jahrhundert durch die *Djihad*-Welteroberung aggressiv expandierenden islamischen Zivilisation, andererseits in einem Dialog mit dem islamischen Kalifen von Bagdad. Karl der Große führte Kriege gegen den expandierenden West-Islam (Cordoba) und gleichzeitig einen Dialog mit dem Ost-Islam von Harun al-Raschid.[12] Meine Leser könnten fragen, welchen Sinn die Anführung dieser historischen Querverweise bei einer Diskussion über die Türkei und die EU habe, und sie für eine Ausschweifung halten. Ich erwidere, dass sowohl die Differenzierung zwischen „christlichem Abendland“ und „westlichem Europa“ als auch die Doppelstrategie im Umgang mit dem Islam zu unserem Thema gehören müssen. Das von Karl dem Großen begründete Europa war ein christliches Abendland. Heute ist Europa säkular und versteht seine Identität – trotz der genannten historischen Wurzeln – nicht christlich, sondern westlich.

Der Träger des Karlspreises Giscard d'Estaing bekundete vor dem Preiserhalt in *Le Monde* seine Überzeugung, dass die Türkei nicht zu Europa gehöre; er ging sogar noch einen Schritt weiter und unterstellte, dass die Aufnahme der Türkei als Vollmitglied in die EU „das Ende Europas" bedeuten würde.[13] Daraufhin wurde Giscard von türkischer Seite beschimpft, er sei „ein christlicher Fundamentalist". Dies wurde verbunden mit dem Vorwurf an die EU, sie sei ein „exklusiver Christen-Club". Diese propagandistische Verschmähung Europas wurde von einem türkischen Parlamentarier erhoben, der sich mit europäischen Belangen beschäftigt. Dieser forderte Giscard d'Estaing zum Rücktritt auf. Das Spektakel geschah, bevor die Islamisten in der Türkei im November mit absoluter Mehrheit die Parlamentswahlen gewannen. Als sich im Dezember 2002 die EU-Regierungschefs in Kopenhagen trafen, hatten sie darüber zu entscheiden, ob die Türkei einen Termin zur Aufnahme von Verhandlungen bekommen sollte. Die nun demokratisch an die Macht gelangten institutionellen Islamisten[14] Erdogan und Gül beeilten sich, nach Kopenhagen zu reisen, um „Dampf" zu machen. Sie wurden hierbei noch durch den US-Druck auf die EU bestärkt. Zuvor besuchte Erdogan Präsident Bush in Washington, der zu jenem Zeitpunkt auf der Suche nach Verbündeten für seinen Irak-Krieg war. Bush versteht unter dem Westen keine pluralistische transatlantische Gemeinschaft, sondern ordnet Europa in eine *Pax Americana* ein. Daher interessiert ihn die hier aufgeworfene Frage, ob die Türkei eine europäische Identität habe, kaum. Dreimal rief Bush den dänischen Ministerpräsidenten Rasmussen als EU-Ratsvorsitzenden im Dezember 2002 an, um ihm unmissverständlich deutlich zu machen, dass die USA von den Europäern erwarteten, die Türkei als EU-Mitglied aufzunehmen. Zwei Jahre später hat Bush besonders beim NATO-Gipfel im Juni 2004 seinen Druck auf Europa fortgesetzt und sich damit auf massive Weise in europäische Angelegenheiten eingemischt. Für ihn ist die Türkei als Bündnispartner in der US-Geopolitik wichtig. Zwar haben die Islamisten Bush enttäuscht, als die Türkei eine Beteiligung am Irak-Krieg ablehnte, aber US-Politiker denken gewöhnlich langfristiger.

Im Dezember 2002 erwiesen sich Gül und Erdogan durch ihr Verhalten in Kopenhagen weit aufdringlicher als Bush. Der Korrespondent des Berliner *Tagesspiegel* schrieb aus Kopenhagen:

„Chirac, so verlautete nach dem Essen, habe sich über den exzessiven Druck der USA in der Türkei-Frage beschwert und gleichzeitig auch in Richtung Ankara ausgeteilt: Die Drohungen, von denen das türkische Beitritts-Werben in den Tagen vor dem Gipfel begleitet war, seien kontraproduktiv gewesen: ‚Es ist nicht genug, europäisches Recht zu respektieren, man muss auch höflich und zivilisiert sein', wurde Chirac nach dem Abendessen zitiert."[15]

Der Kolumnist derselben Zeitung, Gerd Appenzeller, schrieb in eben dieser Ausgabe: „Die Drohungen aus der Umgebung der türkischen Regierung sind geradezu ein Indiz für die demokratische Unreife des Landes."

Sieht man von den berichteten Kopenhagener Ereignissen ab, bleibt die Frage im Raum, ob die AKP – wie ihre Führer vorgeben – eine Wende vom Neo-Osmanismus zur Europa-Orientierung vollzogen hat, oder ob sie das alte Spiel der institutionellen Islamisten betreibt und eine demokratische Gesinnung nur vortäuscht, um islamistische Ziele besser verfolgen zu können. Wenn ein Islamist den Islamismus, der eine Spielart des religiösen Fundamentalismus ist, aufgibt und nur islamisch-konservativ wird, dann impliziert das eine säkulare Weltsicht, so wie sie bei der CDU und anderen europäischen Christdemokraten anzutreffen ist; letztere berufen sich auf das Christentum als eine entpolitisierte Religion. Aber der Islamismus basiert auf der *Schari'a* (Gottesgesetz) und auf dem Glauben, der Islam sei *din-wa-daula* (türkisch: *din-ü-devlet*), also die Einheit von Staat und Religion. Damit setzt sich der Islamismus für eine religiös-legitimierte Ordnung ein. Die AKP-Politiker vermeiden jede Diskussion über ihr Islam-Verständnis. Ich behaupte, dass die AKP in der ungebrochenen Tradition ihrer Vorgängerparteien *Selamet*, *Refah* und *Fazilet* steht; ihre Führer sind aus diesem Grunde als Islamisten einzuordnen. Wenn dies zutrifft, dann gehört ein von einer solchen Partei regiertes Land nicht zu Europa. Mir ist nicht bekannt, dass AKP-Politiker je die Bestrebung geäußert haben, ihr Islam-Verständnis zu europäisieren. Ein Euro-Islam wäre Europa nicht fremd, aber der AKP-Islam ist nicht europäisch. Wer als Muslim zu Europa gehören will, muss sich für eine Europäisierung einsetzen und der Islamisierung Europas abschwören.

In der deutschen Türkei-Diskussion wird diese komplexe Problematik dermaßen simplifiziert, dass es der Bundeskanzler in der Bundestagsdebatte im Dezember 2002 für angemessen hielt, auf sachliche Bedenken unverantwortlich mit den bekannten „Keulen" vom „Kampf der Kulturen" bis hin zum Vorwurf des „Christen-Club" zu reagieren. Die Skeptiker einer Aufnahme der Türkei als Vollmitglied wurden auf diese Weise diffamiert. Bei seinem Türkei-Besuch im Frühjahr 2004 ging Schröder zusammen mit Erdogan zum Atatürk-Mausoleum und sicherte in seiner Rede der türkischen AKP-Regierung die Unterstützung der Bundesrepublik bei der Aufnahme in die EU zu. Diese Zusage wiederholte er im Juni beim NATO-Gipfel in Istanbul ganz in Anlehnung an den bei ihm sonst unbeliebten amerikanischen Präsidenten. Im Gegensatz dazu hat der frühere, ebenso sozialdemokratische Bundeskanzler Helmut Schmidt, der viel mehr von der Weltpolitik versteht, in der *Zeit* vom 12. Dezember 2002 geschrieben:

„Der Ausgang des Streits zwischen dem heutigen Re-Islamisierungsprozess und dem von der EU verlangten Demokratisierungsprozess ist ungewiss. Fundamentalismus ist denkbar geworden ... Es gibt zwingende Gründe, eine Vollmitgliedschaft in der EU zu vermeiden ... Die dringend gebotene Integration der bei uns lebenden Türken und Kurden (würde) aussichtslos werden, ... sie würde eine außenpolitische Handlungsfähigkeit unmöglich machen."[16]

Die Einschätzung Schmidts, der ich teilweise zustimme, enthält weder eine Grenzziehung noch Ausgrenzung; sie schließt nicht aus, dass die Türkei in die EU aufgenommen werden kann, wenn die Säkularität des Landes im Streit mit dem „denkbar gewordenen Fundamentalismus" als Werte-Orientierung gewinnt. Davon wird es abhängen, ob die Türkei zivilisatorisch zu Europa gehört und in die EU aufgenommen werden kann. Den meisten europäischen Politikern fehlt das erforderliche Wissen über diese Problematik.

Vom jüdisch-deutschen Begründer der Wissenssoziologie, Karl Mannheim, wissen wir, dass jedes Wissen mit einer „Seinslage" korrespondiert. Meine „Seinslage" als ein in Europa lebender Muslim veranlasst mich, die Bestimmung dieses Kontinentes „als Insel der Freiheit" (Horkheimer), als Heimat gegen die „Feinde der offenen Gesellschaft" zu verteidigen. Weil Europa mir auf der Basis von Säkularität und Demokratie individuelle Freiheit gewährt, bekenne ich mich zu europäischen Werten und trete gegen jede Islamisierung Europas ein. Ohne Umschweife müssen die Europäer Muslimen ein ähnliches Bekenntnis abverlangen. Zugewanderte Muslime und Europäer können nur im Rahmen einer säkularen Demokratie in Frieden miteinander leben. Mein Konzept des Euro-Islam[17] steht in der Tradition meines soeben zitierten jüdischen Lehrers Max Horkheimer, der Europa gegen den „Faschismus Hitlerscher, Stalinscher oder anderer Varianz"[18] verteidigte. In diesem Sinne kämpfe ich gegen den Islamismus, den ich in meinem Buch *Europa ohne Identität?* in der Widmung an Horkheimer als neuen Totalitarismus in die Tradition der alten Totalitarismen[19] einreihe.

In der Regel werden zwei Einwände gegen die Aufnahme der Türkei in die EU vorgebracht: 1. Die Türkei sei keine „echte" bzw. eine instabile Demokratie, weil dort ein aus den führenden Militärs bestehender Sicherheitsrat entscheidenden Einfluss auf die Politik ausübt, und dort außerdem Menschenrechte verletzt werden; kurz, es herrschten Verhältnisse wie in einer „orientalischen Despotie“[20], wie ein deutscher Türkei-Korrespondent schreibt. 2. Die Türkei sei ein islamisches Land und passe nicht in eine christlich-westlich orientierte Wertegemeinschaft.

Über den ersten Punkt ist von vielen Autoren genug geschrieben worden, weshalb ich mich hier auf den zweiten Punkt konzentrieren möchte. Gegen diesen Einwand wird vor allem von den USA die geopolitische Bedeutung[21] der Türkei als Knotenpunkt zwischen drei Regionen der Weltpolitik angeführt, die ganz oder teilweise von Muslimen bewohnt sind: Nahost, Zentralasien und der Balkan. Das ist eine US-amerikanische Perspektive, die Präsident George W. Bush in Kontinuität zu seinen Vorgängern im Vorfeld des Kopenhagener EU-Gipfels – im November 2002 – vortrug und auf dem NATO-Gipfel vom Juni 2004 in Istanbul erneut artikulierte, als er Druck auf europäische Politiker ausübte. Ohne Zweifel hat dieses geostrategische Argument Gültigkeit. Aber es zu akzeptieren ist keine Grundlage für die Aufnahme der Türkei in die EU. Denn Europa hat andere Interessen als die USA, und diese lassen sich nicht auf „christliche Argumente“ reduzieren. Vorrangig ist Europa von der islamischen Zuwanderung und in diesem Zusammenhang von der Tatsache betroffen, dass ca. 17 Millionen Muslime als Migranten auf seinem Territorium leben, unter denen sich etwa 4 Millionen Türken befinden. Diese Zahl wird sich in den nächsten Dekaden vervielfachen. Anders als die USA steht für Europa hierbei die Frage an, ob sich die Europäisierung der Migranten gegen die Islamisierung Europas durchsetzt (vgl. Einleitung). Wenn eine europäisierte Türkei als eine interzivilisatorische Brücke zwischen Europa und der Welt des Islam dient, kann sie für Westeuropa unverzichtbar werden. Dagegen ist eine von Islamisten regierte Türkei eine Gefahr für Europa.

Als ein wertemäßig europäisch denkender Muslim möchte ich dieses Argument der Brückenfunktion der Türkei überprüfen, das von Richard von Weizsäcker und anderen deutschen Politikern vertreten wird. Es ist schlicht ein unbestreitbarer Fakt, dass die AKP-Partei in der Tradition aller bisherigen islamistischen Parteien steht. Deutsche Kommentatoren übersehen heute, dass all diese Parteien mit der Begründung verboten wurden, sie seien islamistisch und bildeten daher eine Gefahr für eine demokratisch-säkulare Ordnung der Türkei; sie können dementsprechend nicht als europäisch eingestuft werden. Außer der Formel „Wir sind keine Islamisten mehr, sondern nur eine islamisch-konservative Partei“ hat die AKP bisher nichts Inhaltliches zur Begründung des neuen Kurses vorgelegt. Diese verbale Zusicherung kann inhaltlich nicht überzeugen und somit auch nicht auf einen wirklichen Kurswandel hindeuten. Die US-amerikanische Türkeiexpertin Marvine Howe, die viele Jahre in der Türkei lebte, beobachtete, dass die türkischen Islamisten *„häufig widersprüchlich, mit unterschiedlichen Stimmen reden“*; sie zitiert den einflussreichen Islamisten Mustafa Karahasanoğlu, der ihr, diese Annahme bestätigend, sagte: *„Erbakan und Erdogan teilen dieselbe philosophische Weltsicht und dieselbe Ideologie, obwohl ihre Strategien unterschiedlich sind.“*[22]

Sie führt weiter aus, die türkischen Islamisten „haben offensichtlich aus der Erbakan-Erfahrung Lehren gezogen. Aufwiegler, deren gewalttätige Rhetorik zum Verbot der Refah führte, wurden ausgeschlossen oder weggescheucht ... das neue Selbstbild ist das von moderaten Demokraten.“[23]

Aus einer europäischen Perspektive stehen sowohl der Islamismus als auch ein orthodox-konservativer Islam im Kontrast zu einem säkulardemokratisch gedeuteten Islam. Es ist falsch generell zu unterstellen, dass der islamische Charakter eines Landes genügen würde, es von der Mitgliedschaft in der EU auszuschließen. Damit will ich die historische Tatsache nicht unterschlagen, dass Europa und der Islam zwei völlig unterschiedliche Zivilisationen bilden; ich will aber hervorheben, dass Brücken zwischen beiden geschlagen werden können. In erster Linie ist die europäische säkulare Demokratie eine solche Brücke. Der Islam ist so flexibel, dass diese Europäisierung möglich ist. Bei seiner formativen Phase der Religionsstiftung war der Islam zwar arabisch gewesen, aber als eine Alltagskultur hat er sich im Rahmen seiner Verbreitung an andere kulturelle Umwelten angepasst, so dass er eine große religiöse und kulturelle Vielfalt erfahren hat. Die Formel hierfür lautet: Kulturelle Vielfalt in der Einheit der islamischen Zivilisation. Aus dieser Perspektive argumentiere ich, dass der Islam auch europäisch werden kann. Sollten die Türkei und die Islam-Diaspora dies bejahen, dann ist eine Inklusion in das europäische säkulare Wertesystem möglich.

In Westafrika habe ich den Islam als Afro-Islam erlebt, der den lokalen afrikanischen Kulturen nach seiner Anpassung an diese nicht fremd ist. So wie es in Afrika einen Afro-Islam gibt, lässt sich in Indien beobachten, dass die dortigen Muslime einen Indo-Islam praktizieren, der sich in seiner Alltagskultur ebenfalls sehr vom arabischen Islam unterscheidet. Ähnliches konnte ich mehrfach in Indonesien feststellen. Warum sollte eine solche kulturelle Anpassung nicht in Europa möglich sein? Die Erfahrungen, von denen ich berichtet habe, bilden den Hintergrund meiner Vision vom Euro-Islam, der wertemäßig und alltagskulturell ein europäisierter Islam sein kann. Damit diese Vision jedoch Wirklichkeit werden kann, sind religiös-kulturelle Reformen erforderlich. Dies finde ich bei den türkischen Islamisten der AKP allerdings nicht. Statt zu europäisieren, hat das von der AKP dominierte Parlament ein Bildungsgesetz verabschiedet, das den Einfluss der islamistischen *Imam-Hatip*-Schulen erweitert, welches jedoch von dem noch amtierenden kemalistischen Präsidenten A. Sezer blockiert wurde. Darin und auch sonst sehe ich keinen europäischen Islam in der AKP-Türkei. Ich formuliere dies zunächst als eine Annahme, die einer Prüfung unterzogen werden muss.

Wie euro-islamisch ist die Türkei?

Nicht der Islam generell, sondern nur seine orthodox-salafistischen und islamistischen Spielarten bedrohen die Existenz Europas. Ein europäisierter Islam könnte einen Schutz für Europa bei dieser existentiellen Bedrohung bieten. Daher müssen wir eine Europäisierung des Islam als eine Bedingung für die Aufnahme der Türkei stellen (vgl. Anm. 10). Hier ist zu berücksichtigen, dass die in der Türkei unter Kemal Pascha Atatürk erfolgte Säkularisierung sowohl oberflächlich war und geblieben ist, als auch auf einer „Revolution von oben", ohne kulturelle Reformen, basierte. Anders als bei der Säkularisierung des Christentums erfolgten in der Türkei auch keine Religionsreformen. Damit meine ich, dass die Kemalisten nicht zivilgesellschaftlich, sondern allein durch Verordnung per Dekret die säkulare Modernität (das ist etwas anderes als die „kulturelle Moderne", die etwa Jürgen Habermas beschreibt) in die türkische Gesellschaft, an der Religion des Islam vorbei, einführten. Daher gehört „Etatismus" zu den Säulen der kemalistischen Ideologie. In diesem etatistischen Geiste wurden keinerlei Anstrengungen in Richtung einer religiösen Reformation unternommen. Es wurden lediglich die *Schari'a* und ihre Gerichte vom Staat verboten, ohne diese Maßnahme von einer Religionsreform als kultureller Grundlage begleiten zu lassen, um der eingeführten Europäisierung unterhalb der Oberfläche Legitimität zu verleihen. Ein Verbot der traditionellen islamischen Symbole wie Schleier und Turban macht noch keine Modernisierung aus.

In der Türkei – und anderswo in der Welt des Islam – lässt sich seit mehreren Jahrzehnten ein populistischer Widerstand gegen die von verwestlichten Eliten getragenen „Muster der Modernisierung von oben" beobachten. Diese Revolte wird sowohl durch den Islamismus als auch durch den orthodoxen Islam artikuliert. Der Widerstand gegen diese verordnete Säkularisierung der Kemalisten geschieht also leider nicht im Rahmen eines türkisch-europäisch orientierten Islam; ganz im Gegenteil. Jene Türken, die heute den politischen Islam vertreten, deuten den Kemalismus verächtlich als eine „interne Kolonisation der türkischen Gesellschaft" und setzten Kemalisten auf dieselbe Stufe wie „einfältig denkende westliche Orientalisten und ihre Annahmen über den Islam und die osmanische Gesellschaft."[24] Diese Worte liest man in einem Paper des AKP-nahen Türken Hakan Yavus, das der Cornell University präsentiert wurde. Bei aller Kritik an der kemalistischen Modernisierung kann diese Verfemung nicht unwidersprochen bleiben. Trotz aller Vorbehalte gegenüber dem Kemalismus als „Revolution von oben" (vgl. Anm. 2), hat er das signifikanteste Modernisierungsexperiment in der gesamten Welt des Islam durchgeführt. Die anvisierte Europäisierung war nicht erfolgreich, aber doch alles andere als eine „interne Kolonisation". Trotz meiner positiven Einschätzung des Kemalismus muss ich das kemalistische Kopftuch-Verbot in dieselbe Kategorie einstufen wie die entgegengesetzte ostentative Zurschaustellung des Kopftuches durch die AKP-Islamisten; beide lassen sich als zwei Seiten derselben Medaille, also nicht euro-islamisch deuten. Von einer Europäisierung des Islam unter kemalistischer Herrschaft lässt sich keine Spur finden. Der Islam, den der türkische Staat durch seine *Diyanet*-Behörde nach Deutschland exportiert, ist *kein* europäischer Islam. Das Amt der *Diyanet* wurde einst von Kemal Atatürk begründet; es war für eine säkulare Abwicklung der Religionsangelegenheiten zuständig, hatte also die Aufgabe zu erfüllen, Religion von Politik zu trennen. Die in Deutschland im Wettbewerb mit den oft islamistischen türkischen Moscheevereinen stehenden DITIP-Moscheen unterliegen dieser Behörde und wurden somit vom kemalistischen Staat gestützt und auch finanziert. Im Gegensatz zur DITIP stehen die *Milli-Görüs*-Islamisten, d. h. jene, die nicht vom türkischen Staat kontrolliert werden.[25] Beide Institutionen sind sich jedoch darin einig, dass Migranten Türken und orthodoxe Muslime bleiben sollen, beide wollen also weder die Integration der Migranten[26] noch eine Europäisierung des Islam; sie behindern sogar solche Projekte. Anders formuliert: Die Vertreter der türkischen Diaspora tragen durch ihre Orientierung nicht dazu bei, dass die Türkei bei ihrer Bestrebung, in die zivilisatorisch definierte Staatengemeinschaft der Europäischen Union aufgenommen zu werden, Legitimität bekommt.

Formalrechtlich ist die Türkei ein säkularer Staat, der die Religionsangelegenheiten der nur äußerlich kemalistisch orientierten *Diyanet*-

Behörde (nach innen ist sie dies nicht) als Träger des Staats-Islam unterstellt. Dieses Amt entsendet u.a. Imame nach Deutschland und soll lediglich formal auf die laizistische Trennung von Religion und Politik achten. Heute ist diese Behörde nicht nur alles andere als europäisch in ihrer Werte-Orientierung, sie ist vermutlich schon lange islamistisch bzw. salafistisch unterwandert worden. Wenn der *Diyanet*-Behörde Salafismus unterstellt wird, muss dieser Begriff erklärt werden. *Salaf* als Vorbild ist im Islam der Vorfahre, d.h. genau der Prophet Mohammed. Ein Salafismus ist daher als Salaf-Orientierung ein Traditionalismus und kein Islamismus. Dennoch bestehen in der heutigen Realität, vor allem in der Türkei, klare Verbindungen zwischen beiden Richtungen. Die Erfahrung zeigt, dass die *Diyanet*-Behörde keine europäisch orientierten Imame in den Westen entsendet. Wären die entsandten Imame Vorbilder für einen Euro-Islam, so wäre dies die beste Werbung für die Türkei, als ein potenzielles EU-Land akzeptiert zu werden. Mir ist es bisher noch nicht gelungen, einen einzigen türkischen Imam in Deutschland vorzufinden, der vergleichbar europäisch denkt, wie etwa die Imame von Paris und Marseille Dalil Boubakir und S. Ben-Chaikh.

Die *Diyanet*-Behörde ist heute im Griff der AKP. Zwar hört man oft das Lippenbekenntnis von Erdogan, dass die neue AKP mit den bisherigen islamistischen Parteien *Refah* und *Fazilet* nichts gemein habe, und dass die Funktionäre über Nacht keine Islamisten mehr, sondern „nur" noch islamische Konservative seien. Die neue Selbstdarstellung der AKP lässt sich an drei Gegenständen überprüfen: erstens, an Symbolen wie dem Kopftuch, zweitens an der sachlichen Diskussion über die Bildungspolitik (insbesondere über die islamistischen *Imam-Hatip*-Schulen), und drittens am *Djihad*-Terrorismus.

Beim innertürkischen Kampf um die Identität der Türkei unter den Politikern rangiert das Kopftuch an höchster Stelle: Anlässlich des NATO-Gipfels vom Juni 2004 lud der säkular-kemalistische türkische Präsident Ahmet Sezer zu einem Dinner mit der NATO-Spitze. Der türkische AKP-Premier Erdogan war unter den Eingeladenen, nicht aber seine Frau Emine, weil dort keine Kopftuch tragenden Frauen willkommen waren. Der Ehemann Erdogan reagierte kindisch und

„war darüber so wütend, dass er zu der Gala statt im Frack mit Fliege im Straßenanzug erschien. So begann der NATO-Gipfel und noch bevor er endete, türmte sich vor Erdogan bereits die nächste Krise, so hoch wie ein steif gewickelter Turban. In der Türkei heißt das streng gebundene islamische Kopftuch Turban."[27]

Die im zitierten Bericht angedeutete Spannung zwischen dem säkularen Staatspräsidenten Sezer und dem AKP-Premierminister Erdogan ist keine persönliche Fehde, sondern ein Ausdruck des Richtungskampfes in der Türkei. Es gibt politische Kräfte, die das Tragen des Kopftuches finanziell fördern und die sechsstelligen Studiengebühren für Erdogans Tochter in den USA übernommen haben, wo sie ungehindert ihr Kopftuch tragen kann.[28] Erdogan behauptet: „Das Tragen eines Kopftuchs ist nicht Symbol einer politischen Bewegung, sondern ein Grundrecht" (*Die Zeit* vom 31. Oktober 2002, S. 3).

Es ist allerdings keine Diskriminierung, wenn das Kopftuch, welches nach orthodoxer und islamistischer Deutung eine *Schari'a*-Vorschrift ist (nur in einem Gottesstaat wie dem Iran gibt es für diese Vorschrift ein islamisches Gesetz), von Europa abgelehnt wird. Diese Pro-Europa-Position wird mit dem Urteil vom Juni 2004 (vgl. Anm. 6) auch vom Europäischen Gerichtshof bestätigt. Die türkischen Islamisten können in ihrem Land noch keine Gesetze wie im Iran verabschieden. Kommt dies noch auf die Türkei zu, wenn die Wachsamkeit des Sicherheitsrates über die Säkularität der Türkei mit Hilfe der EU untergraben worden ist? Diese Frage darf durch keine „political correctness" unterdrückt werden!

Der zweite Gegenstand, nämlich die Bildungspolitik, lässt sich kurz abhandeln. Im Mai 2004 hat das türkische Parlament ein Gesetz verabschiedet, wonach die islamistischen *Imam-Hatip*-Schulen besser gefördert werden sollten. Das Gesetz wurde jedoch vom noch amtierenden säkularen Präsidenten Ahmet Sezer durch die Verweigerung seiner Unterschrift verhindert. Nun steht fest, dass nach Ablauf der Amtszeit des kemalistischen Präsidenten Sezer dieser durch den gegenwärtigen AKP-Parlamentsvorsitzenden Bülent Arinc abgelöst werden wird. Mit ihrer Zweidrittelmehrheit im Parlament kann die AKP mit Sicherheit ihren Kandidaten durchsetzen. Die Islamisten haben sogar angedroht, das Verfassungsgericht über ihre Mehrheit im Parlament abzuschaffen. Dann können die *Imam-Hatip*-Schulen, in denen islamistische Erziehung als religiös-politische Indoktrination erfolgt, ungehemmt gefördert werden, weil das blockierte Gesetz – und viele andere – wieder in Kraft treten kann. In Kapitel V werden die *Iman-Hatip*-Schuleinrichtungen mit ihrer islamistischen Orientierung näher vorgestellt.

Beim dritten Problem, nämlich dem Bedarf des Westens nach einem islamisch-westlichen Sicherheitsdialog im Rahmen einer interzivilisatorischen Brückenbildung mit Bezug auf die Bedrohung des islamistischen *Djihad*-Terrorismus, muss man anführen, dass der *Djihadismus* heute eine wichtige Strömung innerhalb der islamischen Zivilisation, also weder eine US-Verschwörung noch eine Nebenerscheinung einiger Verrückter ist. In Deutschland gibt es einflussreiche Verschwörungstheoretiker, die als erfolgreiche Bestsellerautoren wirken. In ihren Machwerken lesen wir, dass es sich bei den *Djihadisten* des politischen Islam um Einzelgänger handele, die in eine Verschwörung der westlichen Geheimdienste eingebettet seien.[29] Dem kann man entgegen halten, dass die Islamisten sich nicht auf Konfuzius oder Buddha, sondern auf die islamische *Djihad*-Doktrin berufen; sie formulieren sie neu als Neo-*Djihad* bzw. *Djihadismus*, um ihren irregulären Krieg des Terrorismus religiös zu legitimieren. Nach Medienberichten sprechen die Sicherheitsdienste von einem *Djihad*-Netz mit etwa 7 Millionen *Djihadisten*. Das ist zwar eine Minderheit unter den 1,5 Milliarden Muslimen, aber dieser Umstand kann nicht als Entwarnung dienen, weil *Djihadisten* auf allen Ebenen sehr wirksam sind. Gegen sie benötigt der Westen gleichermaßen eine neue Sicherheitspolitik sowie eine geistige Auseinandersetzung; in beiden Bereichen ist der Westen auf islamische Verbündete angewiesen. Wie steht es mit der Türkei?

Ich erinnere an die Unterscheidung zwischen dem friedlich-institutionellen und dem *djihadistischen* Islamismus. Die AKP gehört der ersten Richtung an. Die türkischen Islamisten waren polizeilich sehr behilflich bei der Bekämpfung des *Djihad*-Terrors, nicht aber bei der Auseinandersetzung mit seinen geistigen Wurzeln. Der AKP-Politiker Abdullah Gül hat behauptet: „Wir sollten uns hüten, die Anschläge vom 11. September als religiöse Handlungen zu deuten."[30] Mit dieser Aufforderung wird verboten darüber zu reden, dass der *al-Qaida*-Terrorismus doch auf einer islamistischen Deutung des islamischen *Djihad* basiert. In der islamischen Welt ist diese Deutung sehr populär. Ein Jahr nach der zitierten Äußerung Güls schlug *al-Qaida* in Istanbul zu, so dass die AKP-Regierung einräumen musste, dass *Djihadisten* am Werk waren.[31] Die AKP-Islamisten weigern sich am weltanschaulichen Krieg der offenen Gesellschaft gegen den djihadistischen Islamismus zu beteiligen, weil sie der Auffassung sind, alles habe mit dem (politischen) Islam nichts zu tun. Der Terrorismus hat aber auch geistige Ursachen, die aus der Politisierung der Religion hervorgehen; er fällt nicht vom Himmel!

Wenn die AKP-Funktionäre nur ein kleines Zeichen einer der reform-islamischen Richtung in Europa förderlichen Geste in Hinblick auf eine Europäisierung des Islam gegeben hätten, wäre ich geneigt, Lernprozesse und Umdenken einzuräumen, und auf dieser Basis die

AKP-Politiker um Erdogan bei ihren Pro-Europa-Äußerungen ernst zu nehmen. Dies ist aber nicht geschehen. So sagte Erdogan bei seinem Berlin-Besuch den lauschenden, jedoch kaum informierten deutschen Gesprächspartnern nach Agenturberichten, „dass der von vielen befürchtete Zusammenstoß der Zivilisationen beim EU-Beitritt der Türkei nicht stattfinden wird". Es ist schwer nachzuvollziehen, wie der Zivilisationskonflikt gelöst wird, wenn Europa als vermeintlicher „Christen-Club" die Türkei, die faktisch von einer islamistischen Partei regiert wird, die an der *Schari'a*-Vorschrift des Kopftuches festhält, als EU-Mitglied aufnimmt. Auf dieser politischen Bühne spielen die AKP-Abgeordneten, die das türkische Parlament beherrschen, die Rolle der Demokraten und befolgen die Spielregeln der Demokratie– wie lange, frage ich?

Die Fokussierung auf eine Europäisierung des Islam in der Türkei und ihrer Europa-Diaspora als Bedingung für die Aufnahme in die EU (vgl. Anm. 10) ist nicht kulturalistisch und übersieht nicht, dass die Türkei auch wirtschaftliche Probleme lösen und ihr politisches System international gültigen Menschenrechtsstandards anpassen muss, um europafähig zu werden. Türkische Eliten und religiöse Führer müssten jedoch an einem Islam arbeiten, der Reformen zulässt und einer Europäisierung kulturell den Weg ebnet. Erst wenn dies gelingt, könnte die Mitgliedschaft in der EU diskutabel werden.

Bietet die Türkei als ein islamisches Land kein Modell der Europäisierung auf der Basis eines Reform-Islam, dann wird sie wie die Parallelgesellschaften der *hidjra*-Migranten eine Enklave innerhalb Europas sein, vergleichbar etwa mit den Berliner Stadtteilen Kreuzberg und Neukölln und anderen in Deutschland. Wenn der Geist eines europäischen Islam in der Diaspora zugelassen wird, kann sich ein islamischer Migrant im Rahmen einer europäischen Bürgeridentität als Euro-Muslim fühlen, der voll zu Europa steht. Nach eigenem Empfinden leben viele Türken in Europa als im Gebiet der *gurbet*/Fremde und nehmen sich als *gurbetçi*/Fremdlinge wahr. Diese Beobachtung könnte auf die Türkei in der EU übertragen werden, wenn das Land EU-Mitglied wird, ohne sich und den Islam zu europäisieren.

Wie verhält man sich in der Türkei zu dem Konzept des Euro-Islam? Wenige Monate vor dem Wahlsieg der AKP war ich als Freund der Türkei im Lande und habe in vielen öffentlichen, medienbegleiteten Vorträgen in Ankara, Izmir und Istanbul mein Konzept des Euro-Islam vorgestellt und erläutert. In einem Bericht von *Hürriyet* vom 20. Oktober 2002 wurde ich als „*fikir babaşi*/geistiger Vater" des „*avrupa Islam/*

Euro-Islam“ bezeichnet.[32] Damals habe ich in der türkischen Presse und im Fernsehsender CNN-Türk mein Verständnis von einem europäischen Islam erläutert und dabei vor dem Islamismus gewarnt. Europäisch gesinnte Türken waren ein dankbares Publikum, nicht aber die Islamisten.

Der institutionelle Islamismus der AKP ist keine europäische Orientierung: Sechs Vorbehalte

Meinem Misstrauen gegenüber einer EU-Aufnahme der Türkei liegen sechs Bedenken zugrunde, die ich in meiner für manch Deutsche fremden orientalischen und assoziativen Art (vgl. Vorrede) anbringen werde. In diesem Sinne bin ich stets bemüht, Sachliches anekdotisch, ja, auch unter Hinzunahme persönlicher Erfahrungen zu veranschaulichen, statt abstrakt-vergeistigt zu argumentieren.

Im Wesentlichen stützen sich die sechs Vorbehalte auf die Beobachtung, dass der AKP-Islamismus die Türkei entsäkularisiert, wodurch das Land Europa fremder statt näher wird. Meine Bedenken lassen sich folgendermaßen anführen:

Erstens: Die lückenhafte Laizisierung und das Fehlen der Religionsfreiheit. Auch ohne den AKP-Islamismus ist die türkische Gesellschaft nicht säkular. Ebenso vermisst man dort eine wirkliche Religionsfreiheit, die zur Demokratie gehört. Bei den bereits erwähnten Vortragszyklen über den Euro-Islam im September 2002 traf ich in Istanbul einen katholischen Priester, der dort seine Kirche und ihre Gläubigen vertrat; er beklagte, dass er in dieser Eigenschaft nicht offiziell anerkannt werde und nur verdeckt als Quasi-Diplomat auftreten könne. Als Türkei-Experte wusste ich den Grund, wollte ihn aber aus dem Munde der betroffenen Person hören. Dieser katholische Priester sagte: „Wenn mir das Ausüben eines christlichen Amtes als Ausländer nachgewiesen wird, würde ich sofort des Landes verwiesen werden.“ Diese Aussage weist klar und deutlich auf das Fehlen von Religionsfreiheit in der Türkei hin. Nicht nur Christen, auch nicht-sunnitische Muslime wie die Alawiten, die beinahe ein Drittel der Bevölkerung stellen, werden in der Türkei diskriminiert. Als Erdogan in Berlin war, empfing er keine Alawiten, dafür Vertreter der *Milli Görüş*, der größten islamistischen Organisation in der Bundesrepublik Deutschland. Ferner genießen Europäer, die als Residenten in der Türkei leben, nicht dieselben Rechte, wie sie die Türken in Europa haben. Selbst deutsche Ehefrauen von Türken, die dauerhaft in der Türkei leben, bekommen nur kurzfristige Aufenthaltsgenehmigungen; sie müssen jährlich zur Polizei gehen, um ihre Genehmigung verlängern zu lassen. In Istanbul traf ich mehrfach deutsche Frauen, die seit vielen Jahrzehnten dort leben und erwachsene türkische Kinder, ja teilweise sogar türkische Enkelkinder haben und dennoch auf diese Weise behandelt werden. All diejenigen in Deutschland lebenden Türken, die keine deutschen Bürger werden wollen, bekommen dagegen eine unbefristete Aufenthaltsgenehmigung. Es würde als „Rassismus" gelten, wenn die deutschen Behörden mit den Türken wie die türkischen mit den Deutschen verfahren würden. Dieses Vorgehen entspricht nicht den europäischen Grundsätzen.

Bleiben wir aber bei der Religionsfrage: Als ich im Oktober 2002 im Rahmen eines EU-Türkei-Dialoges erneut nach Istanbul zurückkehrte, traf ich in Zirkeln des Außenministeriums einen hochrangigen Beamten mit Botschafterstatus. Ich erzählte ihm die Geschichte des deutschen katholischen Priesters und fragte ihn: „Warum verhält sich die Türkei so?" Seine Antwort war: „Verstehen Sie, wir sind ein streng laizistisches Land; das von Ihnen beanstandete Verhalten bringt nichts anderes als unsere Treue zum Laizismus zum Ausdruck." Ich erwiderte sofort: „Wenn Sie so laizistisch sind, warum schicken Sie uns durch Ihre *Diyanet*-Behörde Tausende von orthodoxen bzw. islamistischen Imamen nach Deutschland?" Der türkische Diplomat schwieg, wechselte schnell auffällig das Thema und blieb mir auf diesem Wege die Antwort trotz seines orientalischen Wortschwalles schuldig.

Im Diskurs türkischer Politiker fällt eine Doppelmoral auf, um nicht offen Verlogenheit zu sagen. Das ist nicht europäisch. Ich betone meine Treue zur Türkei sowohl aus einem familiären Hintergrund heraus (mein Großvater war „*Osmanli Pascha*/General der osmanischen Streitkräfte") als auch auf der Basis meiner Bewunderung für das türkische säkulare Modell – trotz aller Mängel. Diese Treue wurde während vieler Türkeiaufenthalte zwischen den Jahren 1995 und 2003 erheblich durch die Beobachtung beeinträchtigt, dass die Türkei dabei ist, sich zu desäkularisieren und damit zu entwestlichen. Der politische Islam hat die säkulare Festung des Kemalismus in der Türkei massiv erschüttert.

Ein persönlicher Schock gehört zu meinen Erlebnissen, der nicht unerwähnt bleiben soll: Im türkischen Fernsehen erläuterte ich im September und Oktober 2002 mein Konzept des Euro-Islam und verwendete dieses öffentliche Medium, um eine sehr gut gemeinte Botschaft und Bitte an türkische Politiker zu adressieren: „Viele der von der *Diyanet*-Behörde entsandten Imame sind orthodoxe Salafi-Muslime; bitte senden Sie uns europäisch denkende Imame, die europäische Sprachen beherrschen und mit Europa vertraut sind; dies zu tun, wäre im größten Interesse der Türkei als eine Werbung für ein europäisiertes Land." Nach meiner Rückkehr nach Deutschland fand ich meine klagende Sekretärin vor; in Folge dieses Auftritts wurde mein Faxgerät – fast jede zweite Minute kam ein Fax mit Protesten – von zahllosen türkischen Moscheenvereinen in Deutschland, Belgien und auch den Niederlanden überschüttet. Diese Imame verbinden ihren türkischen Nationalismus mit einem Verständnis vom sunnitisch-orthodoxen Islam, das nicht europäisch ist, und verbieten mir (ebenso ein Sunni-Muslim) die zitierte Äußerung, die im türkischen Fernsehen und in *Cumhurriyet* erlaubt war. Wie diese Imame bin ich selbst Hanafi-Sunnit, trete aber für Toleranz gegenüber Andersdenkenden ein. Diese Toleranz fehlte jedoch bei den damals täglich eingegangenen Hunderten von Briefsendungen und Faxen, alle mit demselben Text, der nicht nur einen Protest gegen das, was ich in den türkischen Medien in Istanbul gesagt hatte, beinhaltete, sondern auch eine „Zurechtweisung" in orientalisch-autoritärer Form enthielt, die nicht nur besagte, dass ich mich besser informieren sollte; mir wurde „empfohlen", solche Aussagen zu unterlassen und besser auf mich zu achten!

Der Schluss liegt nahe: Irgend jemand in der Türkei musste den entsprechenden Imamen der türkischen Islam-Diaspora in Deutschland, Belgien und den Niederlanden die Weisung gegeben haben, in einer konzertierten Aktion, diesen immer gleichlautenden Text in zahlreichen Ausführungen an mich zu versenden. Diese Imame warfen mir vor: „Sie erzählen die Unwahrheit." Die orthodoxen Imame belästigten mich wochenlang, sprachen mir praktisch mein Recht auf Redefreiheit ab. Soll dies etwa europäischen Standards entsprechen? Eine Beschwerde bei der türkischen Botschaft hat nur zu einer höchst enttäuschenden Antwort des Botschafters geführt. Für mich war der Krug zerbrochen. Für eine von der AKP regierte Türkei setze ich mich seitdem nicht mehr ein.

Diesen ersten Punkt über Religionsfreiheit in der Türkei möchte ich mit einem Zitat aus einem Bericht der deutschen Botschafterkonferenz beenden, der parallel zu der in Deutschland geführten Debatte über die Europatauglichkeit der Türkei veröffentlicht wurde. Dieser befasst sich mit der „Lage der Christen in der Türkei". Das Ergebnis ist kristallklar: „Christen werden diskriminiert". Die *Welt am Sonntag* fasst diesen Bericht so zusammen:

„Offiziell bekennt sich die Türkei zwar zur radikalen Trennung von Kirche und Staat (Laizismus). Die Realität ist laut Bericht eine andere: Der Staat betrachte sich für die religiösen Belange des sunnitischen Islam als zuständig … Die religiösen Belange der Christen und anderer Glaubensgemeinschaften würden dagegen ignoriert – unter Berufung auf das Laizismusprinzip ... oder ... Rechtsvorschriften und Verwaltungspraktiken je nach politischer Opportunität erschwert oder unterbunden."[33]

Neben einer halben Million türkischer Kurden haben mehr als 50000 türkische Christen „Zuflucht in Deutschland gefunden". Das ist ein Tabuthema in der Türkei und noch mehr in der türkischen Islam-Diaspora in Deutschland. Ist es europäisch eine staatliche *Diyanet*-Behörde zu unterhalten (123000 staatlich besoldete Personen), die – nach meinem Dafürhalten – einen *un*reformierten Islam predigt und nach Westeuropa transportiert? Ist es richtig für diese nicht-europäische Behörde, volle Freiheit in Europa zu beanspruchen, während dasselbe Recht für Andersgläubige in der Türkei nicht gilt?

Zweitens: Die Korruption und die Schattenwirtschaft. Die Türkei ist ein stark etatistisch geprägtes Land mit schwacher Zivilgesellschaft und einer korrupten Ökonomie. Nach dem Sieg der AKP-Islamisten vom November 2002 traf ich in Bonn einen auch in Deutschland bekannten türkischen Professor, den ich bisher als kompromisslosen Kemalisten kannte. Sein Laizismus hinderte ihn nicht daran, sich über die Niederlage der kemalistischen Parteien und über den Sieg der AKP zu freuen. Auf mein Erstaunen über diesen Sinneswandel führte dieser türkische Laizist als Erklärung zu Recht die Tatsache an, dass die kemalistischen Parteien jede Chance verspielt hätten, die Türkei ökonomisch zu gesunden; einige ihrer Politiker hatten die Wirtschaft als Kleptomanen zugrunde gerichtet. Die vor dem 3. November 2002 regierenden Kemalisten hatten sich durch die Staatskorruption massiv bereichert. Der ohne Namensnennung zitierte türkische Wissenschaftler hat Recht mit seiner Kritik, aber dass seine Freude über die AKP als neuen Wegbereiter und Hoffnungsträger dauerhaft bleiben wird und begründet ist, bezweifle ich. Fakt ist: Die Türkei rangiert – auch unter den Islamisten – auf der Liste der Weltkorruption sehr weit oben.[34] Nach Angaben der *Welt am Sonntag* liegt der Bundesregierung ein Bericht der deutschen Botschaft in Ankara über das Ausmaß der korrupten Schattenwirtschaft vor, der einer „Warnung vor einem baldigen Beitritt gleichkommt."[35]

Unter diesen Bedingungen ist der Bedarf an sachlicher Argumentation und Fakten bei der EU-Türkei-Debatte sehr groß. Statt dies zu leisten, wird den Skeptikern in Bezug auf die EU-Aufnahmepolitik von Schröder und Fischer der Vorwurf des „Populismus" gemacht, wenn die Kritiker auf diese Fakten hinweisen. Bei der bestehenden demolierten und zugleich auf Staatskorruption basierenden Wirtschaft der Türkei wird bei einer Aufnahme in die EU ein Fass ohne Boden auf die Ökonomie der EU zukommen. Die jährlich erforderlichen, auf 14 Milliarden Euro geschätzten EU-Subventionen werden bei einem weiteren Ausbleiben der bitter benötigten Reformen versickern, so wie die US-Milliarden des Internationalen Währungsfonds unter Mesut Yilmaz und zuvor unter Tansu Ciller verschwanden. Die Türkei wäre als ein großer und dauerhafter Empfänger von EU-Strukturhilfen und Subventionen eine große wirtschaftliche Belastung. Anstelle der erhofften Brückenfunktion könnte eher das unterstellte „Feindbild Islam" bei der europäischen Bevölkerung zur „self-fulfilling prophecy" werden.

Die beschriebene wirtschaftliche Problematik darf weder mit der Bedeutung der Türkei als ein geostrategisch wichtiger Staat für den Westen (besonders für die USA) noch mit der kulturellen Dimension (Islamismus) verwechselt werden. Einerseits sollten westliche Politiker das Land in Krisenzeiten nicht fallen lassen, andererseits müssten sie erkennen, dass die Probleme sich nicht durch eine EU-Aufnahme lösen lassen. Als die türkische Wirtschaft unter dem ehemaligen Ministerpräsidenten Bülent Ecevit durch die Bankenkrise 2000 einen Tiefpunkt (eine über hundertprozentige Inflation) erreichte, kam der Westen seinem Verbündeten zu Hilfe. Ein international respektierter Ökonom türkischer Abstammung, Kemal Derviş, der zu jener Zeit ein hohes Amt bei der Weltbank in Washington bekleidet hatte, kam (als Gesandter nicht genannter Kräfte) als Retter in seine Ursprungsheimat zurück. Der Türkei wurde vom IWF eine Hilfe in Höhe von 7,5 Milliarden US-Dollar unter Derviş als Wirtschaftsminister gewährt. Mit ihm bekam die Türkei einen Minister von Kompetenz und Ehrlichkeit. Die Türken in Ankara staunten, als er seine Hilton-Hotelrechnung selbst bezahlte und nicht – wie es bei anderen oft die Regel war – den Staat damit belastete. Dennoch konnte er der total korrupten Wirtschaft des Landes nicht aus der Patsche helfen. Die Strukturen einer korrupten Schattenwirtschaft lassen sich nicht alleine durch einen einzigen ehrlichen und kompetenten Wirtschaftsexperten verändern, die Probleme sind struktureller Art und erfordern entsprechend strukturelle Reformen, die allerdings auch die AKP nicht unternimmt.

Heute gehört Derviş der oppositionellen CHP im Parlament an. Aber auch die Islamisten, die eine Besserung versprachen, setzen heute die korrupte Patronage und die wirtschaftlich-politischen Klientelsysteme fort; sie haben bestehende Strukturen zu ihren Gunsten umgestellt, nicht aber verändert (vgl. *Financial Times Deutschland*, verschiedene Ausgaben, Dezember 2002). Die aus Washington im Jahr 2000 zugeflossenen Milliarden – dies sagten mir in Ankara und Istanbul viele türkische Wirtschaftsprofessoren – sind in den Privattaschen der kemalistischen Politiker verschwunden. Dies würde ebenso mit den EU-Subventionen geschehen. In der Türkei ist korruptes Verhalten der Politiker allgemein die Regel. Die Kemalisten bekamen hierfür am 3. November 2002 die Quittung. Ich bezweifle, dass es unter der AKP anders sein wird. Europäischen Politikern scheint jedes Verantwortungsgefühl zu fehlen, wenn sie einem Land ohne religiöse Toleranz und ohne Menschenrechte, noch dazu mit solch korrupten Wirtschaftsstrukturen eine EU-Vollmitgliedschaft in Aussicht stellen.

Drittens: Keine demokratische politische Kultur und keine stabile Demokratie. Unter den 57 islamischen Ländern ist die Türkei eine der wenigen Demokratien. Dennoch kann man weder von einer demokratischen Kultur in der türkischen Gesellschaft noch von einer stabilen Demokratie auf verfahrensrechtlicher Ebene reden. Der Nachholbedarf ist immens. Wer in der Türkei gelebt und gelehrt hat, weiß, dass die vorherrschenden Muster der politischen Kultur dort alles andere als genuin demokratisch sind. Als Syrer aus dem Orient möchte ich der Türkei jedoch trotz der an ihr geübten Kritik einen höheren Zivilisationsgrad als manch anderen Ländern – etwa Syrien – bescheinigen. Diesen Vorsprung verdanken die Türken der kemalistischen Revolution; die Islamisten verfemen sie als „Kolonisation“ (vgl. Anm. 24); diese Ablehnung allein reicht als Grund aus, sie mit großer Skepsis zu beäugen. Wenn Europäisierung als Kolonisierung verfemt wird, kann die Türkei nicht zu Europa gehören. Islamisierung ist keine Alternative zur Europäisierung.

Viertens: EU-Interessen sind keine US-Interessen. Es gibt zwar eine transatlantische Gemeinschaft, aber die Interessen Europas und die der USA sind nicht identisch. Hinter dem selbstbewussten Auftreten der Islamisten Gül und Erdogan in Kopenhagen im Dezember 2002 stand die Rückendeckung durch Präsident Bush aus Washington: Die Türkei sei wichtig, so wurde damals mit dem Hinweis darauf argumentiert, da sie eine Grenze zum Irak hat und für den Krieg gegen Saddam zentral ist. Ich habe bereits angeführt, dass US-Interessen kein Grund für die EU als Wertegemeinschaft sein sollten, die Türkei aufzunehmen. Peter Scholl-Latour schrieb treffend in einem Kommentar, Erdogan habe es in Kopenhagen „an dem nötigen diplomatischen Gespür fehlen lassen. Offenbar wollte er den EU-Beitritt ähnlich stürmisch erzwingen, wie Sultan Mehmet II Fatih seinerzeit die Festungsmauer von Konstantinopel durchbrach.“ (*Welt am Sonntag* vom 15. Dezember 2002, S. 8). *Fatih* bedeutet Eroberer und ist auch der Titel von Sultan Mehmed II.[36] Zwei

Moscheen in Deutschland, in Pforzheim und Bremen, heißen *Fatih*-Moschee; ihre Träger stehen der AKP nahe. Ist Erdogan der neue *Fatih* Europas mit US-Hilfe?

Obgleich die geopolitischen Interessen der USA nicht den Inhalt der EU-Konvention ausmachen, ist die Türkei auch für die europäische Geopolitik von wichtiger Bedeutung. Das Interesse Europas, nicht das der Türkei oder der USA, muss aber hier im Mittelpunkt stehen.[37]

Diese Bemerkung betrifft auch die Türkei als NATO-Mitglied, das im Juni 2004 dem NATO-Gipfel als Gastgeber diente. Doch NATO und EU sind nicht identisch. Die USA haben Interesse an der Türkei als EU-Mitglied, weil sie als zukünftig bevölkerungsreichstes Land die stärkste EU-Vertretung haben würde. Die USA scheinen EU und NATO gleichschalten zu wollen, um auf diesem Wege Europa zu dominieren; die Türkei würden hier nur als US-Instrument dienen, auch wenn die Islamisten dies nicht mögen. Die USA machen aber die Rechnung ohne den Wirt. Die europäische Perspektive von der Türkei als Brücke zur Welt des Islam setzt eine interzivilisatorische Beziehung voraus, die ich in der US-Strategie nicht sehe.

Fünftens: Das Verhältnis von Militär, Staat und Zivilgesellschaft. Die Türkei ist eine parlamentarische Demokratie. Dort existiert jedoch ein von den Militärs dominierter Sicherheitsrat, der das Recht hat, in Staat und Gesellschaft am Parlament vorbei zu intervenieren. Säkularität wird in der Türkei nicht durch zivilgesellschaftliche Strukturen, sondern eben durch den Sicherheitsrat gewährleistet. Die Islamisten nutzen die Forderungen der EU, den Einfluss der Militärs auf das Parlament abzuschaffen, um jede Unterbindung einer Entsäkularisierung durch die kemalistischen Etatisten zu vereiteln. Seit dem 3. November 2002 kontrollieren die AKP-Islamisten das Parlament mit einer Zweidrittelmehrheit vollständig und können somit sogar nach Belieben die Verfassung ändern; in der Tat haben sie dies bereits getan. Wenn dieser Trend bis zur nächsten Wahl anhält, wird man die Türkei nur unter Vorbehalt eine parlamentarische Demokratie nennen können und eher dazu neigen müssen, von einem Einparteiensystem eines islamistischen Staates zu sprechen.

Die EU unterstützt die Islamisten in ihrer Bemühung, den säkular orientierten, also die Laizität der Türkei bewahrenden Sicherheitsrat zu schwächen. Ohne diese Institution wären die Islamisten in der Lage, die Macht im Staat uneingeschränkt zu erlangen, und ihre Politik wäre ohne jegliche Behinderung einer Kontrollinstanz durchführbar. Diese Gefahr wollen EU-Politiker nicht wahrhaben. Zwar ist die Kritik am

Missverhältnis zwischen demokratischen Institutionen und Sicherheitsrat aus einer demokratischen Perspektive formal richtig, aber in unserem Kontext ist dies doch zweischneidig. Es ist richtig, dass die Säkularität in der Türkei nicht zivilgesellschaftlich untermauert und geschützt wird. Immer wenn sie gefährdet schien sprang der Sicherheitsrat ein. Hypothetisch ist die Frage zu stellen: Was kann die EU tun, wenn das EU-Mitglied Türkei das Schweizer Recht von 1926 durch eine demokratische Prozedur nach Ausschaltung des Sicherheitsrates mit der *Schari'a* ersetzt? Diese Perspektive hat ein Islamist der Türkei-Expertin Howe anvertraut.[38] Mit dem Türkei-Historiker Feroz Ahmed lasse ich zwar die Frage zu, ob „die Türkei eine Militärgesellschaft“[39] sei, ohne jedoch das Problem zu übersehen, dass dieser Missstand nicht durch die AKP-Islamisten, die desäkularisieren wollen, behoben werden kann. Wenn die EU die Türkei als Vollmitglied aufnimmt, diese später auf demokratischem Wege die Einführung der *Schari'a* vornimmt, kann Europa dieses islamische Mitglied nicht mehr abstoßen. Wenn dies dennoch geschehen würde, brächte es die gesamte Welt des Islam gegen die „kreuzzüglerischen Christen Europas“ auf. Gewiss ist dies auch Futurologie, aber man sollte den langfristigen Blick auf die Zukunft keinesfalls abwenden.

Sechstens: Das demographische Problem in der Türkei. In der heutigen Welt darf man die Tatsache der Vergreisung Europas und der Verjüngung und Verdoppelung der Bevölkerung in der islamischen Welt nicht tabuisieren.[40] Diese demographische Problematik ist eine zentrale Dimension innerhalb der Thematik des EU-Beitritts der Türkei. Hier steht zuvorderst das Zwangsthema von Migration durch Freizügigkeit an. In der Einleitung habe ich die Prognose des Historikers Lewis, „Europa wird am Ende des Jahrhunderts islamisch sein“, vorgetragen. Wenn türkische Politiker die „junge Bevölkerung“ ihres Landes als ein Vorteil für die EU preisen, dann weckt das im Westen eher Angst.

Wenn Migranten als Individuen in der Eigenschaft von *citoyen* integriert werden, kann die Entstehung dieser Probleme verhindert werden. Wenn sie sich aber als Volksgruppen – oder noch schwerwiegender als *Umma*-Muslime – als Gegengewicht zur Integration organisieren, dann ist die Folge eine Balkanisierung. Sowohl Kemalisten als auch Islamisten – wenngleich aus unterschiedlichen Motiven – sind gegen die volle Integration der Türken in der europäischen Diaspora. „Einmal Türke, immer Türke“ heißt ein kritischer Artikel über diese Problematik in der *Tageszeitung* vom 23. Oktober 2002. Türkische Politiker wollen, dass Auslandstürken Türken bleiben, so dass sie sich selbst nach der Einbürgerung in erster Linie der Türkei zugehörig fühlen.

Handelt es sich bei diesem Anspruch um reinen Nationalimus, oder gibt es noch andere Beweggründe? Der Fall Zypern als Parallele veranlasst in dieser Hinsicht zu Befürchtungen, die dann zum Ausdruck kommen, wenn türkische Politiker aller Couleur sich artikulieren. Hinter der Ablehnung einer vollen Integration steht das unausgesprochene Ziel, eine in Deutschland wohnhafte türkisch-sunnitische Volksgruppe als „Politikmasse" zu etablieren, mit deren Hilfe türkische Politiker – gleich ob Kemalisten oder Islamisten – nach dem Modell Zypern politische Entscheidungen in Europa erzwingen können.[41]

Das beschriebene Szenario wäre fatal für die EU und der Anfang ihrer Balkanisierung. Politiker müssen in langfristigeren Strategien und Zeiträumen denken, die mehr als nur eine Wahlperiode umfassen. Hierbei spielen die Stimmen eingebürgerter Migranten eine Rolle, wie dies im Wahljahr 2002 in Deutschland der Fall war. Wenn aber Minderheiten die Politik eines Landes bestimmen, wie etwa ein islamischer Bevölkerungsanteil von 10 Prozent in Frankreich, dann ist das folgenreich für Europa.

Ein prinzipielles Ja zur EU-Aufnahme der Türkei, aber unter welchen Bedingungen?

Trotz der angeführten sechs Vorbehalte halte ich unbeirrt daran fest, dass zwischen dem Islam und Europa Brücken gebaut werden können. Eine EU-Mitgliedschaft der Türkei wäre eine solche Brücke, allerdings nur, wenn sich das Land auch wertebezogen europäisieren kann und den Willen dazu hat. Wenn der kemalistische Elitetraum von der Europäisierung der Türkei – allerdings ohne Etatismus – Wirklichkeit wird, dann steht kein Hindernis mehr auf dem Weg zur EU. Das ist aber eine sehr langfristige Perspektive und nicht eine Sache der Festsetzung von Daten für die Aufnahmeverhandlungen. Seit ich im Mai 2004 eine Rede des französischen Außenministers im Parlament hörte, erkenne ich einen Unterschied zwischen der Politik der Regierungen Frankreichs und Deutschlands in Bezug auf die Türkei. Beide sagen ja zur Türkei in der EU. Aber während Schröder völlig unverantwortlich den AKP-Politikern große Hoffnung auf eine baldige Aufnahme macht, sind sich die Franzosen bewusst, dass der Weg in die EU ein zeitlich langer Weg sein wird und muss. Chirac sagte einmal: „Wir wissen nicht, wie die Türkei in zehn Jahren aussehen wird."

Nach der grundsätzlichen Zustimmung zu einer EU-Zugehörigkeit der Türkei will ich im Folgenden die Diskussion vertiefen, wie und unter welchen Bedingungen die Türkei diese Position in die Wirklichkeit umsetzten kann. Mit Präsident Chirac bin ich der Auffassung, dass dies ein langer Prozess sein wird und ein sehr fernes Ziel ist. Bei dieser angestrebten Diskussion darf die Tatsache nicht übersehen und tabuisiert werden, dass beide Partner zivilisatorisch nicht zueinander gehören, ja, sogar miteinander konkurrieren, wenngleich Brücken zwischen ihnen möglich sind. Die Geschichte der europäischen und der islamischen Zivilisation umfasst nicht nur Brückenbildung, sondern auch Kreuzzug und *Djihad*.[42]

Zu den primären Bedingungen gehört die Aufarbeitung historischer Belastungen. Zudem haben Europäer das Recht, von der Türkei eine Islam-Deutung zu verlangen, die von *Schari'a* und *Djihad* frei ist. Die Beschimpfungen wie die Europas als „Christen-Club" und die Titulierung von respektablen Politikern wie Giscard d'Estaing als „christlichen Fundamentalisten" durch AKP-Islamisten bewirken, dass bei Europäern alle Alarmglocken läuten, weil eine solche Polemik nicht zu einer Bildung von interzivilisatorischen Brücken beiträgt, sondern darin vielmehr die unerwünschte Sprache von *Djihad* und Kreuzzug zum Ausdruck kommt. Erdogan ist wegen der Rezitation eines militanten Gedichtes vorbestraft, das zu Beginn dieses Kapitels zitiert wurde. Wer Moscheen in Kasernen verwandeln will, ruft zum *Djihad* auf und hat kein Recht, die säkularen und postchristlichen Europäer als „Christen-Club" zu beschimpfen.

Im Hinblick auf die Aufnahme der Türkei steht Europa vor einer wichtigen Schicksalsfrage. Die mehrmalige Verzögerung der Entscheidung bringt keine neue Perspektive. Offenheit und Klarheit verlangen auch aufgeklärte Türken, sie finden ein ehrliches „Nein" besser als das alte Spiel der Verzögerung. Hasan Unal schrieb in der *Zeit*: „Im Moment wäre ein Nein besser als ein Ja, das in Wirklichkeit nein bedeutet."[43]

Die an eine Vollmitgliedschaft der Türkei in der EU anzuknüpfenden Bedingungen sind facettenreich und reichen von ökonomischen Fragen, politischer Interaktion, der türkischen Diaspora bis hin zu gegenseitigen zivilisatorischen Beziehungen, die auch große Belastungen enthalten.

In der Diskussion werden die vier Millionen Türken, die in den EU-Ländern leider vorwiegend nicht integriert sind und in Parallelgesellschaften leben, als Argument für die Aufnahme angeführt. Die Selbstethnisierung der türkischen Migranten ist als eine Verweigerung der Europäisierung zu deuten und würde langfristig den innereuropäischen Frieden gefährden, wenn die Integration nicht doch noch gelingt. Daher muss im langwierigen Prozess der Aufnahme der Türkei in die EU die Bedingung eines türkischen Beitrages gestellt werden, an der Europäisierung der Migrantengemeinde überzeugend mitzuwirken. Allein aus der Tatsache einer türkischen Diaspora können keine Beitrittsansprüche abgeleitet werden; täte man dies, dann könnte man auch in Anbetracht der ca. 7 bis 8 Millionen maghrebinischen Migranten in Frankreich fordern, dass Algerien, Tunesien und Marokko in die EU aufgenommen werden müssen. Wenn die Europäisierung der in Deutschland lebenden Türken durch Integration scheitert, könnte man angesichts der sich vermehrenden Parallelgesellschaften der Diaspora-Türken keine Europäer überzeugen, dass das Ursprungsland dieser Zuwanderer europäisch werden kann. Migration im traditionellen Islam (*hidjra*) ist an eine Islamisierung gebunden. Europa darf dies keineswegs zulassen.[44]

Wenn europäische Politiker die *Europäisierung* der Türkei als Bedingung akzeptieren, müssen sie sich Wissen darüber aneignen, ob diese Voraussetzung erfüllt wird. Von den Fakten her handelt es sich bei der Türkei und Europa um unterschiedliche zivilisatorische Größen. Die Türkei als Kern des Osmanischen Reiches und Europa als einstiges christliches Abendland haben sich in ihrer Geschichte gegenseitige Eroberungen in Form von Kreuzzug und *Djhad* geliefert. Damit spreche ich religiös-zivilisatorisch legitimierte Eroberungskriege an, die beide gegeneinander geführt haben (vgl. Anm. 42). Wenn diese Geschichte vorüber ist, warum verwendete der einstige Oberbürgermeister von Istanbul, Erdogan, dann eine solche Sprache in dem diesem Kapitel vorangestellten Zitat? Ist die Türkei nach der Auflösung des *Djihad*-orientierten, expansiven Osmanischen Reiches und zuvor durch die osmanischen Reformen des 19. Jahrhunderts und die auf sie folgende kemalistische Revolution europäisch geworden? Haben die Islamisten, die legal zur Macht gelangt sind und heute die Türkei regieren, diese osmanische Tradition der *Djihad*-Expansion wirklich zugunsten einer substantiellen Europa-Orientierung im Sinne einer Zustimmung zur Europäisierung aufgegeben? Bei der Diskussion über Türkei und Europa dürfen diese zentralen Fragen nicht tabuisiert oder übergangen werden. Bekanntlich darf der *Djihad*, der die Islamisierung zum Ziel hat, auch mit friedlichen Mitteln verfolgt werden, zum Beispiel durch die *hidjra*. Diese islamische Doktrin habe ich an anderer Stelle erläutert (vgl. Anm. 44). Die Geschichte der Türkei ist seit dem 8. Jahrhundert eine Geschichte von Wanderungen gen Westen,[45] die bis heute durch Migration anhält. Bei einem Beitritt der Türkei zur EU gegen 2015 (dann wird die Türkei 90 bis 100 Millionen Einwohner haben) kann sich die Zahl der in Westeuropa lebenden Türken vervielfachen.

Nochmals, die Bedingungen an die Türkei bei einem EU-Beitritt betreffen die Kopenhagener Kriterien, die facettenreich sind. Zentral bleibt die Europäisierung – dieser Begriff ist in den genannten Kriterien nicht enthalten. Es muss zudem ein anderes Verwestlichungsmuster als das bisherige sein. Denn der säkulare Kemalismus des türkisch-osmanischen Generals Mustafa Kemal Pascha, der heute „*Atatürk*/Vater der Türken“[46] genannt wird, ist nicht europäisch genug. Das Wirken Kemal Paschas ging aus der Krise des Osmanischen Reiches hervor; Kemal begeisterte sich für den säkularen Westen und wollte die Türkei europäisieren, aber nicht durch Anpassungen christlich werden lassen, wie es heute die antikemalistische Propaganda der Islamisten unterstellt. Die kemalistische Türkei orientiert sich am säkularen Europa.[47] Es geht also um Europäisierung, die keine Christianisierung bedeutet. Damit will ich nicht alle Kemalisten verteidigen, weil ich weiß, dass unter ihnen nicht nur Demokraten sind, sondern sich auch „Generäle und Demagogen“[48] befinden.

Doch im Gegensatz zu den heutigen Islamisten, auch jenen um Erdogans AKP, wollte Atatürk sein Land europäisieren. Im Jahr 1980 hatte ich das Glück, in Tunis mit dem irakischen Ex-Premierminister Fadil al-Djamali – der während der Monarchie amtierte und Kemal Pascha Atatürk persönlich kannte – ein langes Gespräch zu führen. Djamali lebte nach dem Sturz der irakischen Monarchie 1958 im tunesischen Exil. Er berichtete von einem Abend mit Atatürk, bei dem dieser sein Credo folgendermaßen darlegte:

> „Heute gibt es keinen Orient und keinen Okzident mehr, sondern nur Rückschritt oder Fortschritt. Wir leben im Rückschritt und Europa verkörpert den Fortschritt; wir haben die Wahl, wohin wir gehören wollen. Wenn wir uns dem Fortschritt anschließen möchten, wenden wir uns hin zu Europa.“

Für Atatürk war das säkulare Europa die Wahl, nicht das Christentum. Aus diesem Grund hat er nach dem Sieg seiner Revolution eine umfassende Politik der Säkularisierung[49], die an eine Europäisierung gekoppelt ist, betrieben; die türkische Sprache und Schrift wurden lateinisiert, die islamischen *Schari'a*-Gerichte per Dekret abgeschafft, das Kopftuch verboten und viele ähnliche Maßnahmen durchgeführt. So wurden alle religiösen *waqf*-Einrichtungen und religiösen Derwisch-Orden abgeschafft. Leider beruhte diese angestrebte Europäisierung der Türkei, wie eingangs kritisch bemerkt, auf einer „Revolution von oben“ (vgl. Anm. 2). Zudem fand sie nur in den Großstädten statt, noch dazu ohne eine kulturelle Reform der dominierenden religiösen Weltanschauung.

So musste die Europäisierung einer zutiefst orientalischen Gesellschaft misslingen. Der Rückschlag ist heute – sozusagen als Ergebnis – der Aufstieg der AKP. Wäre die Türkei auf der Basis eines europäisierten Islam wirklich europäisch geworden, würde ich mit ganzem Herzen dafür eintreten, dass dieses islamische Land als Vollmitglied in die EU aufgenommen wird. Wenn die EU trotz des Sieges der AKP-Islamisten die Türkei, die noch kemalistisch ist, ohne die laut gemeldeten Vorbehalte aufnimmt, muss sie darauf achten, dass das historische Erbe des Kemalismus nicht durch die AKP-Islamisten zunichte gemacht werden wird. Unter einer AKP-Herrschaft erfüllt die Türkei die Bedingung der Europäisierung als zentralem Kriterium für die Aufnahme in die EU eindeutig nicht.

Islamismus versus Kemalismus: Anatolien siegt über Istanbul

Symbolisch steht Anatolien für die traditionalistische Türkei, wie sie in der Diaspora von Kreuzberg und Neukölln reflektiert wird, und somit im Kontrast zum modernen europäischen Istanbul[50] als europäischem Teil der Türkei. Historisch war Istanbul jedoch ein Symbol der Osmanen bei ihren *Djhad*-Eroberungen. Dies war der Grund, warum Atatürk Ankara als Hauptstadt aufbauen ließ, um eine moderne europäische Türkei[51] zu signalisieren. Natürlich gibt es keine faktische Grenze zwischen der kemalistischen und der anatolischen Türkei. Aber es ist leider Anatolien, nicht Istanbul, das innerhalb der Türkei seit den 80er Jahren des vergangenen Jahrhunderts expandiert. Diese Feststellung ist nicht nur räumlich, sondern auch demographisch zu verstehen. Europäisierte Türken haben – wie Westeuropäer und im Gegensatz zu den anatolischen Türken – wenig Kinder.

In den zurückliegenden vierzig Jahren sind anatolische Bauern nicht nur als Migranten (früher „Gastarbeiter“) nach Deutschland gekommen, sondern auch in die Höhle des kemalistischen Löwen, also nach Istanbul und Ankara gezogen und haben dort ihre Slums (*Gece Kondu*) aufgebaut. In diesem Rahmen hat sich die Bevölkerung Istanbuls zwischen 1980 und 2000 auf 12 Millionen verdoppelt. In den zu Slums verkommenen Vororten der großen türkischen Städte wohnen anatolische Bauern und träumen davon, nach Europa überzusiedeln. Diese Tatsache des demographischen Faktors bildet den Hintergrund eines meiner sechs Vorbehalte, die oben erläutert worden sind. Inzwischen ist die Schleuserei mit diesen Menschen lukrativer als der Schmuggel mit

Rauschgift geworden, weshalb dieses Geschäft türkischer Mafia-Banden wirtschaftlich expandiert; es sei am Rande bemerkt, dass man sich in Europa verbietet auch hierüber zu reden. Die *Gece-Kondu*-Bewohner bilden ferner die Wählerschaft der AKP. Heute ist die kemalistische urbane Türkei zutiefst von der anatolischen Türkei durchdrungen. Die Anatolier werden nicht urbanisiert, sie ruralisieren Istanbul und Ankara zunehmend.

Symbolisch formuliert: Bei den Wahlen vom 3. November 2002 hat Anatolien über Istanbul gesiegt. Dieser Prozess scheint sich fortzusetzen. Zuvor schaffte es Anatolien sogar mit der Person Erdogans, der Anatolier und Absolvent einer islamistischen *Imam-Hatip*-Schule ist, den Oberbürgermeister von Istanbul zu stellen. Er musste 1998 das Amt wegen des zitierten Gedichtes aufgeben und wurde zu einer viermonatigen Gefängnisstrafe verurteilt; er ist also vorbestraft, weshalb Abdullah Gül nach dem Wahlsieg vorläufig den Posten des Ministerpräsidenten erhielt. Die Islamisten machten es aber möglich, die Verfassung so zu ändern, dass die Vorstrafe Erdogans kein Hindernis für seinen weiteren Aufstieg bildete. Der säkulare Präsident Ahmet Sezer hatte zwar seine Unterschrift unter die Verfassungsänderung verweigert, das Parlament hat sie im Dezember 2002 aber erneut bekräftigt und gegen Sezer durchgesetzt. Auf diese „demokratische Weise“ konnte Erdogan schließlich zum Premierminister der Türkei aufsteigen und hält seitdem die Fäden in der Hand. Er hat es auch geschafft, als Partner westlicher Politiker akzeptiert und respektiert zu werden.

Der AKP, in der die neuen Islamisten versammelt sind, dient das Kopftuch als Symbol. Mit diesem wollen die AKP-Islamisten nach Europa, sie unterteilen Europa in ein Wirtschafts- und ein Wertegebilde. Das reiche Europa bietet wirtschaftliche Vorteile (vor allem Agrarzuschüsse, aber auch die Freizügigkeit für die Migration der türkischen Überbevölkerung nach Westeuropa) sowie Schutz vor den Kemalisten. Europäische Werte lehnen sie allerdings ab, weil Europäisierung für sie eine „interne Kolonisation“ ist. Die Täuschung der Europäer über Wertegemeinsamkeiten erfolgt auf Pressekonferenzen sehr erfolgreich; ihre Akzeptanz beweist die moralische Schwäche Europas, das heute Probleme mit seiner zivilisatorischen Identität hat.

Unter den Motiven für einen EU-Beitritt rangiert der Wunsch der Islamisten, mit Hilfe Europas den autoritären Kemalismus zu schwächen an höchster Stelle. Damit geht die Entsäkularisierung der Weltsicht mit dem Aufstieg der neuen, in den *Imam-Hatip*-Schulen islamistisch sozialisierten Gegeneliten einher. Bei dem Wandel vom Neo-Osmanismus zur Bejahung Europas ist diese nur instrumentelle Europa-Orientierung vorrangig.

Wenn europäische Politiker über diese Gegeneliten[52] informiert wären, hätten sie große Vorbehalte gegenüber den AKP-Islamisten. In Deutschland ist die vom türkischen Parlament verabschiedete Gesetzgebung vom Mai 2004 zur Aufwertung der islamistischen *Imam-Hatip*-Schulen fast unbemerkt geschehen. Unter dem Kemalismus ist eine moderne, europäisch-säkulare Bildung eingeführt worden, die mit dem „anatolischen" Instrument der *Imam-Hatip*-Schulen im Kampf zwischen Europäismus und Islamismus in der Türkei rückgängig gemacht werden soll. Ob Anatolien oder Istanbul siegt, ist für Europa existentiell.

Zivilcourage und Freiheit in der Diskussion der Türkei-Thematik

Im Dezember 2002 hat man im Bundestag über den Islam, die Türkei und die EU gesprochen. In den gehaltenen Reden habe ich viel parteipolitische Polemik der Pro-Contra-Kultur, aber nur sehr wenig Sachinformation und keinen themenbezogenen politischen Streit über den anstehenden Gegenstand vernommen. Die türkischen Islamisten und ihr Verhältnis zur EU wurden schlicht ausgeklammert. Warum? Verfolgt Europa seine Interessen, bewahrt es seine Identität, und was verstehen die Abgeordneten bei der angeführten Bundestagsdebatte, seien sie von der Regierung oder Opposition, unter Islam? Oft genug frage ich mich als Wahldeutscher, warum es in Deutschland so schwer ist, über die Türkei und Europa offen zu reden, ohne heftigsten Anschuldigungen ausgesetzt zu sein. Eine Vermutung ist die zunehmende – auch moralische – Schwäche Europas, das nicht mehr die Zivilcourage hat, zu seiner zivilisatorischen Identität zu stehen.[53]

Giscard d'Estaing sprach offen das aus, was – laut einem Kommentator der britischen *Financial Times* – viele europäische Politiker denken, aber angstbeladen für sich behalten oder nur hinter vorgehaltener Hand artikulieren, nämlich folgende Tatsachen: Die Hauptstadt der Türkei liege nicht in Europa und 95 Prozent der Bevölkerung jenes Landes bestehe nicht aus Europäern. Giscard d'Estaing zieht hier bedauerlicherweise eine ethnische Kategorie heran. Für mich ist ein Mensch ein Europäer, wenn er/sie eine europäische Werte-Orientierung hat. Aber auch aus dieser Perspektive gesehen ist die politische Kultur der Türkei nicht europäisch. Im Gegensatz zu Giscard d'Estaing geht Hans-Ulrich Wehler in die Tiefe und bringt in der Wochenzeitung *Die Zeit* sowie in einem Interview in der *Frankfurter Allgemeinen Zeitung* historische Argumente zur Geltung, die ich in der Einleitung näher erläutert habe. Als ein Muslim, der zugleich europäischer Bürger ist, bin ich bemüht, Brücken zwischen der Welt des Islam und Europa zu schlagen, statt Grenzen zu ziehen oder zu polarisieren; diese Arbeit gilt auch für die Türkei. Der Grenze, die Giscard d'Estaing und Wehler zwischen Europa und dem Islam ziehen, stimme ich nicht zu; das bedeutet jedoch nicht, dass ich zum Gegenextrem des Propagandisten für den EU-Beitritt der Türkei werde. Ich weiß, dass die Mehrheit der Europäer und ihre Politiker wie Giscard d'Estaing und Wehler denken, obwohl dies nicht öffentlich artikuliert wird. Eine Umfrage des Instituts für Demoskopie Allensbach hat ergeben, dass nur 12 Prozent der Deutschen den Beitritt der Türkei (zur EU) befürworten. Zwei Drittel sind dagegen und sie trauen sich nicht, dies öffentlich zuzugeben. In den Medien dominieren Vertreter dieser 12 Prozent und verfemen jeden Gegner als Populisten. Das Ergebnis ist Schweigen. John Stuart Mill hat in seinem klassischen Essay *On Liberty* die Diktatur der öffentlich herrschenden Meinung beklagt. Er schreibt:

„Der Schutz gegen Obrigkeit (erfordert) ... einen Schutz ... vor der Tyrannei der herrschenden Meinung und Gesinnung, vor der Neigung der Gesellschaft, ihre eigenen Ideen ... durch andere Mittel als bürgerliche Strafen den Widerstrebenden aufzunötigen, ... zu fesseln und wenn möglich zu ersticken."[54]

Aus der Perspektive Mills beobachte ich in Europa mit Sorge, wie die Debatten, die sachlich, rational und unter Berücksichtigung der europäischen Interessen zu führen sind, erstickt werden. Neben Mill ist der islamisch-arabische Denker al-Kawakibi, der sich als Syrer in seinem Werk *taba'i al-istibdad* (Die Wesensmerkmale der Despotie) gegen die türkisch-osmanische Vorherrschaft erhob, meine Autorität. Kawakibi erklärt den Mangel an Zivilcourage aus der *istibdad*/Despotie; dies gibt es auch in der Demokratie, wenn die Ausübung der Redefreiheit nicht möglich ist. Eine freie Meinungsbildung wird heute durch die in den Medien vorgegebene Meinung nicht zugelassen, ja sogar unterdrückt.

In diesem Buch bestehe ich allerdings auf das Recht auf Meinungsäußerung. Jenseits der Selbstzensur sowie der Pro-Contra-Kultur schreibe ich es nach Forschung und Lehre in der Türkei zwischen 1995 und 1998 und regelmäßigen Besuchen danach bis zum Wahlsieg der AKP und auch danach. Ich habe den Konflikt zwischen Kemalisten und Islamisten vor Ort beobachtet. Das erste Ergebnis war mein Buch *Aufbruch am*

Bosporus. Die Türkei zwischen Europa und dem Islamismus (1998). Nach sieben Jahren stelle ich fest, dass der die Identität der Türkei betreffende Konflikt noch nicht entschieden ist. Auch halte ich fest, dass der Wahlsieg der Islamisten nicht unbedingt auf Zustimmung zu ihrer Ideologie beruht, denn es gab viele Protestwähler bei der Stimmabgabe, die keine Islamisten sind. Aber selbst diese Protestwähler müssen Verantwortung für die Konsequenzen ihrer Stimmabgabe tragen, weil der Islamismus die Antithese zu Europa ist, und eine von Islamisten regierte Türkei somit nicht in die EU aufgenommen werden kann.

In dem angeführten Türkei-Buch von 1998 habe ich die neo-osmanische Weltpolitik der damaligen türkischen Islamisten unter Erbakan dargestellt. Diese vertritt die Erdogan-Garde der neuen Islamisten heute nicht mehr. Sie treten politisch für eine Europa-Orientierung, nicht aber für Europäisierung ein; dass beides nicht dasselbe ist, scheinen viele europäische Politiker nicht zu verstehen, die mit ihren medialen Auftritten die öffentliche Meinung prägen und blenden. Hierbei wird die von J. S. Mill beschriebene Denkfreiheit durch diese „Diktatur der öffentlichen Meinung" gefährdet.

Auf der Basis der Fakten lässt sich folgende Entwicklung in der Türkei rekonstruieren, die zu der Europa-Orientierung geführt hat: Es geht um die zeitgeschichtliche Entwicklung der Türkei nach der Absetzung Erbakans von 1997. Die türkischen Islamisten um Erdogan und Gül haben aus der Erbakan-Erfahrung viel dazu gelernt. Der Kreis der „neuen Islamisten" hat erkannt, dass sich der Weg nach Europa lohnt, um den Islamismus institutionell zu verankern. Europa kann den Islamisten helfen, sich gegen die kemalistischen Säkularisten zu wehren. So können sie im Namen der Forderung nach demokratischen Reformen den kemalistisch orientierten Sicherheitsrat schwächen und westeuropäische Politiker für sich gewinnen. Die Rechnung ist dermaßen gut aufgegangen, dass die Islamisten mit ihrem Widerstand gegen den Kemalismus in Europa massive Unterstützung gegen die unbeliebten Generäle des Sicherheitsrates gefunden haben.

Ich habe keine Sympathie für die etatistisch-kemalistisch orientierten Generäle, aber ich staune, wie die deutsche Presse über den Widerstand der säkularen Türken (wie die Protestaktionen von Studenten und Professoren im Mai 2004 vor dem Parlament in Ankara), die mit diesen Generälen nichts zu tun haben, schweigt. Protestiert wurde gegen das Gesetz für den Ausbau der Geltung der *Imam-Hatip*-Schulen. In einigen deutschen Zeitungen war diesbezüglich zu lesen, dass es sich um einen Konflikt zwischen der demokratisch gewählten Regierung und den Militärs des Sicherheitsrates gehandelt habe. Auf diese Weise manipuliert die öffentlich gedruckte Meinung die Öffentlichkeit. Welcher Deutsche würde sich denn tatsächlich auf die Seite der Generäle stellen? Niemand! Und so gewinnt die AKP in Europa an Ansehen. Die Europa-Orientierung lohnt sich für die Islamisten der AKP sehr. Was aber in der Türkei geschieht, ist eine Ent-Europäisierung. Gegen jene richtete sich der Protest säkularer Türken vom Mai 2004.

Bei dieser verfolgten in Europa positiv wirkenden Strategie erweisen sich die Islamisten als die Gewinner und die Kemalisten als die Verlierer. Der Franzose Jean-François Revel nennt diesen europäischen Umgang mit den Islamisten „Demokratie gegen sich selbst".[55]

Natürlich ist einzuräumen, dass die Kemalisten in der Türkei vor ihrem Machtverlust harsch mit den Islamisten umgegangen sind. Hierfür reicht das Argument der „orientalischen Demokratie" als Erklärung nicht aus. Ich entsinne mich an eine Diskussion mit dem damaligen türkischen Ministerpräsidenten Ecevit auf dem Weltwirtschaftsforum in Davos 2000. Er entgegnete auf die Kritik wegen der Härte gegen die Islamisten folgendes: „Bei uns in der Türkei ist die Säkularität nicht so tief verankert wie in Westeuropa, und deshalb müssen wir die Trennung zwischen Religion und Politik entschlossen schützen". Viele Westeuropäer verstehen diese Position nicht und argumentieren einseitig gegen den türkischen Sicherheitsrat, der über die Säkularität der Türkei wacht, und so auch gegen die Islamisten gerichtet ist, die entsäkularisieren wollen. In diesem Zusammenhang ist die Aussage des ehemaligen Erweiterungs-Kommissars Verheugen einzuordnen: „Obwohl sich die Generäle als Garanten einer säkularen Türkei verstehen, muss Schluss mit der Dominanz des Sicherheitsrates sein." Also Schluss mit der Garantie für eine säkulare Türkei? Bei Verheugen findet man keinen einzigen Vorbehalt gegenüber den Islamisten, die die Wahl gewonnen haben. Ich habe mehrfach die Erfahrung gemacht, dass europäische Politiker nicht wissen, wie totalitär die politischen Anschauungen des Islamismus sind.[56]

Zusammenfassend möchte ich festhalten, dass die folgende Erkenntnis hinter der Europa-Orientierung der Islamisten steht: Der instrumentelle Weg nach Europa würde die AKP von der Hürde des Kemalismus befreien, eben weil die EU die Schwächung der kemalistischen Kontrollorgane als Bedingung stellt. Die Entwicklung von Erbakans pantürkischem Neo-Osmanismus zu Erdogans Europa-Orientierung wird von dieser Einsicht untermauert. Bei dieser Opportunität bleiben die europäischen Werte der kulturellen Moderne als Orientierung auf der Strecke, sie werden nicht von der AKP geteilt. Wenn die AKP-Politiker solche Werte der kulturellen Moderne vertreten würden, dann wären ihre Politiker tatsächlich keine Islamisten mehr.

In AKP-Kreisen, ebenso wie bei allen ihrer Vorgängerparteien, fehlt jedoch jede Bemühung, Islam und Demokratie durch Religionsreformen in Einklang miteinander zu bringen. Weder gestern unter Erbakan noch heute unter Erdogan wurden solche Reformen angestrebt oder erwogen. Den einzigen bekannten türkischen Reformtheologen, Yasar Nuri Öztürk[57], finden wir heute neben dem Wirtschaftsreformer Kemal Derviç bei der CHP, also in der Partei der leider in sich zerstrittenen und somit machtlosen türkischen Sozialdemokratie. Die AKP-Partei bietet keine politische Heimat für einen Reform-Islam, der mit Europa wirklich kompatibel wäre. Eine von der AKP geprägten Türkei wäre für Europa als EU-Vollmitglied nicht nur eine Belastung, sondern auch eine Behinderung für die Integration der in Europa lebenden Türken zu europäischen Bürgern.

Der Durchschnitts-Europäer vernimmt die beschriebenen Zusammenhänge besser als manche vermeinen. In Europa scheinen die Menschen nicht so dumm zu sein, wie ihre Politiker und die Medien sie halten; deshalb weicht die tatsächliche europäische öffentliche Meinung in Bezug auf eine von AKP-Islamisten regierte Türkei als EU-Vollmitglied von jener, die die Politiker und die Medien vertreten, ab. Die Ergebnisse einer in Schlüsselländern der EU durchgeführten, in Brüssel im Juli 2005 veröffentlichten Umfrage belegen diese Beobachtung. Die Londoner *Financial Times* gab dieses Ergebnis zusammenfassend in diesen Worten wieder: „Mehr als die Hälfte der befragten Europäer (30000) sind gegen einen EU-Beitritt der Türkei als Vollmitglied, und nur kaum ein Drittel darunter dafür …" (FT vom 19. Juli, 2005, S. 6). Die FT schlussfolgert: „Die Türkei sollte den Traum einer EU-Vollmitgliedschaft aufgeben … stattdessen ist eine privilegierte Partnerschaft anzubieten" (ebd.).

II. Die Türkei entsäkularisiert sich: Ein Land zwischen Islamismus und säkularer Republik in einem inneren Zivilisationskonflikt

Der politische Islam[1] ist keine türkische, sondern sowohl eine gesamtislamische als auch eine globale Erscheinung der Politisierung der Religion. Sie hat die Türkei bereits erreicht;[2] die Kraft des Kemalismus vermutete Immunität des säkularen Staates erwies sich als falsche Annahme, weil die Säkularität der Türkei brüchig geworden ist. Die Staatsideologie des Kemalismus befindet sich in einer Legitimitätskrise. Das anstehende Phänomen wird falsch mit der Formel „Kampf der Kulturen" angesprochen, wobei die ins Deutsche falsch übersetzte Formel Samuel Huntingtons über den „*Clash of Civilizations*/Zusammenprall der Zivilisationen"[3] herangezogen wird. Die hiermit verbundene Erklärung krankt nicht nur daran, dass sie aus in der Realität binnendifferenzierten Zivilisationen nicht vorhandene „Monolithen" konstruiert, sie übersieht darüber hinaus auch, was innerhalb einer Zivilisation selbst geschieht. So wie der Islam selbst von einem Land zum anderen variiert[4], ist auch der Islamismus entsprechend vielfältig. Anders formuliert: In der Türkei nimmt die Politisierung der Religion die Gestalt eines türkischen Islamismus an, deren Formen zugleich spezifisch türkisch sind, auch wenn sie zu einer globalen Erscheinung des Zivilisationskonflikts gehören.

Weltpolitisch ist die neue Erscheinung in den existierenden und historisch tief verwurzelten westlich-islamischen Zivilisationskonflikt eingebettet. Zusätzlich zu der weltpolitischen Dimension findet hierbei eine innerzivilisatorische Auseinandersetzung statt. In der Türkei nimmt diese die Form eines Konflikts zwischen den Kräften des Kemalismus und des Islamismus an. Bei diesem inneren Konflikt geht es auch um die Neubestimmung der zivilisatorischen Identität des Landes, das eine islamisch-imperiale Vergangenheit der Osmanenzeit hat. Bei seinem Versuch die Türkei zu europäisieren, hat der Kemalismus dem Land nicht nur eine moderne säkulare Ordnung, sondern äußerlich eine neue Identität gegeben.[5] Der türkische Islamismus strebt an, beides rückgängig zu machen.

In der Türkei gibt es alte und neue Islamisten. An der Oberfläche der Politik treten die neuen, das Land regierenden Islamisten unter dem Banner ihrer neuen Partei (AKP) vehement für Europa ein, so dass der Kontrast zum Kemalismus verwischt wird. Heißt dieser Wandel, dass der angeführte Konflikt zwischen türkischen Islamisten und Säkularisten überwunden ist? Es fällt auf, dass die neuen Islamisten bei ihrer Selbstdarstellung als eine islamisch-konservative Kraft auftreten, die vorgibt, säkular – etwa vergleichbar mit der christlichen Gesinnung der europäischen Unionsparteien – zu sein. Ob dies der Wirklichkeit entspricht, will ich in diesem Kapitel anhand der Entwicklung der Islamistenparteien seit der Gründung der Türkei untersuchen. Meine Beobachtungen in der Türkei veranlassen mich zu der Annahme, dass das Land sich unter dem Einfluss des Islamismus entsäkularisiert. Auch diese Hypothese wird im Rahmen einer Darstellung der Entstehung des politischen Islam in der Türkei auf dem Boden der Legitimitätskrise des Kemalismus zu überprüfen sein.

Vom säkularen Kemalismus zum politischen Islam

Verbal bekennen sich die türkischen neuen Islamisten auch öffentlich zu Europa sowie zur kemalistischen Trennung von Religion und Politik als Legitimität der türkischen Republik. So besteht scheinbar kein Abstand zum Kemalismus und zu seiner Laizität. Wenn diese Lippenbekenntnisse zutreffen, dann wäre es falsch, die Politiker der AKP (Partei für Gerechtigkeit und Entwicklung) als Islamisten einzuordnen. Denn der Islamismus steht im Gegensatz zum Kemalismus, weil er sich gegen jede säkulare Orientierung richtet. Wenn die Forderung nach einer islamischen Ordnung aufgegeben wird, können wir nicht mehr von politischem Islam sprechen. Doch einen solchen findet man auch in der Türkei und gerade in der AKP vor. Die Unfähigkeit der Kemalisten, die Wahlen vom November 2002 und zuvor vom September 1995 zu gewinnen, um eine dauerhafte stabile Regierung zu bilden, geht einher mit einer faktisch stattfindenden Islamisierung der türkischen Politik. Dieser Prozess ist schon lange im Gange, wird aber erst heute sichtbar, weil er immer mehr Auswirkungen zeigt. Doch diese Politisierung des Islam, die in einen religiösen Fundamentalismus mit dem Anspruch auf eine religiös legitimierte politische Ordnung resultiert, wollen manche Europäer nicht erkennen.

Das zur Analyse anstehende aktuelle Phänomen der Politisierung der

Religion ist weder spezifisch islamisch, noch eine auf die Türkei beschränkte Erscheinung. Der religiöse Fundamentalismus ist global und die *Macht der Religionen*[6] in der Weltpolitik ist heute in der postbipolaren Zeit zu einer unübersehbaren Erscheinung geworden. Auch in Indien haben die Hindu-Fundamentalisten, die in einer auf ihrer Hindu-Religion basierenden politischen Partei, der BJP, versammelt sind, das Land bis zur Wiederkehr der Kongress-Partei nach deren Wahlsieg im Mai 2004 für mehrere Jahre regiert. Im Kaschmir-Konflikt prallen Hindu-Fundamentalisten auf islamische *Djihadisten*. Im Gegensatz zu den *Djihadisten* sind die türkischen Islamisten institutionell orientiert, agieren also friedlich; sie machen sozusagen das Spiel mit der Demokratie mit. Beim Vergleich mit dem politischen Hinduismus muss hervorgehoben werden, dass der Islamismus eine politische Religion mit universellen Ansprüchen ist. Zwar strebten auch die alten Osmanen mit ihren *gaza*/Eroberungen eine islamische Weltordnung an, doch ist der Universalismus des religiösen Fundamentalismus im Islam ein modernes Phänomen[7] unserer Zeitgeschichte; seine Forderungen beruhen nicht allein auf der Neubelebung des universellen Charakters des Islam, sie stehen auch im Kontext der Auseinandersetzung mit der Moderne. Die Türkei hat eine große osmanische Vergangenheit. Der Rückgriff hierauf – etwa durch die bisherige Politisierung des Islam unter dem alten Islamisten Neçmettin Erbakan und seiner damaligen *Refah*-(Wohlfahrts-) Partei – kann täuschen, weil es sich hier nicht um eine islamische Tradition, sondern um ein modernes Phänomen handelt; religiöse Fundamentalisten erfinden die bisherige Tradition neu,[8] sie lassen neuen Wein in alte Schläuche fließen.

In unserem Zusammenhang steht die Analyse der Entwicklung in der Türkei vom Kemalismus zum Islamismus im Mittelpunkt. Die neuen Islamisten mit ihrer Nachfolgepartei der *Selamet*-(Heils-), *Refah*-(Wohlfahrts)- und *Fazilet*(Tugend)-Parteien, der AKP, haben die islamistische sowie neo-osmanische Rhetorik aufgegeben und bekunden sehr aufdringlich, dass sie nach Europa wollen. In ihren Reden klingt die Rhetorik des fundamentalistisch geprägten Neo-Osmanismus, die Erbakan gepflegt hat, nicht mehr nach. Bedeutet dies, dass die Gefahr des Fundamentalismus, der den Kemalismus ablöst, in der Türkei nicht mehr besteht? In diesem Kapitel werde ich schrittweise dieser Frage nachgehen. Im Mittelpunkt steht der Prozess der Politisierung des Islam in der Türkei.[9] Ich wende mich dabei gegen jene Europäer, die glauben, mit der Aufnahme der Türkei unter der AKP-Regierung könne der allmähliche Niedergang des laizistischen Kemalismus aufgehalten werden.

Sie übersehen nämlich, dass diese neuen Islamisten auf die Entkemalisierung, und somit die Entsäkularisierung der Türkei hinsteuern.

Säkularisierung ist – anders als Säkularismus – keine Ideologie, sondern ein sozialer und politischer Prozess, der in der Gesellschaft stattfindet und auch parallel zum strukturellen Wandel eine kulturelle Dimension hat. Im Wesentlichen bezieht sich Säkularisierung als Prozess auf eine Binnendifferenzierung innerhalb der Gesellschaft, bei der die Religion zu einem Teilsystem wird;[10] sie gibt ihre dominierende Rolle über dem Politischen und Sozialen auf. Um erfolgreich zu verlaufen, muss dieser Prozess von Religionsreformen begleitet werden, die helfen, die Trennung zwischen Religion und Politik zu verarbeiten, zu legitimieren und auch zu verinnerlichen. Nichts dergleichen fand in der Türkei unter dem Kemalismus statt. Die Trennung von Religion und Politik wurde per Dekret (ganz im alt-osmanischen Geist) verordnet. Kopftuch und *Fes*/Turban wurden verboten. Ähnlich geht die Entsäkularisierung vonstatten: Männer, vor allem Klerikale, veranlassen ihre Frauen dazu, demonstrativ das Kopftuch als Opposition zum laizistischen Kemalismus zu tragen. Das Kopftuch wird auf diese Weise zum Symbol einer kulturell-religiösen Provokation. Als die NATO 2004 ihren Gipfel in Istanbul abhielt, wurde die Ablehnung des Westens durch Demonstrationen von Frauen für das Kopftuch artikuliert. In diesem Rahmen ändert sich die Türkei nicht nur politisch, sondern auch in ihrer äußeren Erscheinung. Dies kann ein Reisender schon bei einem Gang durch die großen türkischen Städte feststellen. Weil dieses Buch in Kapitel III eine Analyse des Kopftuchs enthält, wird hier nur en passant auf diese auffallendste äußerliche Veränderung eingegangen. Ein fundiertes Urteil ist noch zu fällen; die in Istanbul und Ankara gewonnenen Impressionen reichen hierzu nicht aus. Doch gibt die äußere Veränderung Grund zu der Annahme, dass eine „post-kemalistische" Entwicklung in der Türkei bereits begonnen hat.[11] Dort prallen zwei Welten aufeinander, die des aufsteigenden Islamismus und die des kriselnden säkularen Kemalismus. Es verwirrt, dass sich beide zu Europa bekennen. Aber wie verträgt sich die Kopftuchgesinnung mit europäischen Werten, z.B. der Gleichheit von Mann und Frau? Wie glaubwürdig ist die Europa-Orientierung der türkischen AKP-Islamisten? Was ist ihr Motiv bei der Hinwendung zu einer Europa-Orientierung?

Bei der Analyse muss man mit den Fakten einer veränderten Türkei beginnen. Dort hat sich das Erscheinungsbild der Menschen noch vor zwei Jahrzehnten anders dargestellt. Dieser Wandel hängt nicht allein mit der durch Landflucht veränderten Zusammensetzung der urbanen

Bevölkerung der Türkei zusammen. Inzwischen lebt mehr als die Hälfte der ca. 70 Millionen Türken in den Städten, die zudem durch die Landflucht stark verslumt sind. In den großen türkischen Städten, wie Ankara und Istanbul, gehören die im Türkischen als *Gece Kondu* (über Nacht ohne Baugenehmigung errichtete Elendshütten) bezeichneten Slums inzwischen zum Stadtbild. Die Islamisten mobilisieren die ursprünglich ruralen und nun formal zur städtischen Bevölkerung gehörenden Türken für ihre Politik; in ihrem Geist sind diese neuen Stadtbewohner weder Kemalisten noch urban.

Es muss hinzugefügt werden, dass die neue islamistische uniformartige Bekleidung der türkischen Frauen auch einen Wandel im öffentlichen Leben zum Ausdruck bringt. Vor wenigen Jahrzehnten wäre der Anblick einer orientalisch verschleierten, also nicht nur mit einem Kopftuch bedeckten, sondern dazu noch mit einem langem Mantel bekleideten Frau eine Seltenheit in der stark urban geprägten Innenstadt von Istanbul oder Ankara gewesen. Heute gehört diese importierte, also nicht-türkische Uniform der Frauen ebenso zum regulären Bild der Stadtzentren wie die *Gece Kondu*-Vororte selbst. So sind sie nicht nur am Stadtrand, sondern auch im Zentrum wahrzunehmen. Meine türkische Kollegin B. Toprak machte ironisch bei einem Treffen bei der *Turkish Democracy Foundation* in Istanbul folgende persönliche Bemerkung über die neue „Frauenuniform“: „Das ist doch keine türkische Tracht; der „*hidjab*/osmanische Schleier“ war im Gegensatz hierzu ästhetisch.“ Die türkische Soziologin Nilüfer Göle schreibt in ihrem Buch über das Kopftuch, dass das zeitgenössische, noch relativ junge Phänomen der islamistischen Verschleierung der türkischen Frauen „eher ein Ausdruck des Konfliktes mit der Moderne als einer Loyalität gegenüber der Religion des Islam“[12] sei. Diese Aussage bestätigt die Annahme, dass das veränderte Erscheinungsbild des öffentlichen Lebens den Wandel vom Kemalismus zum Islamismus in der Türkei wiederspiegelt. Die Kopftuch-Uniform als neue Kleidung bringt den Konflikt zwischen einer laizistischen Türkei und dem politischen Islam zum Ausdruck; sie gilt symbolisch als „Emblem des Islamismus“. Über die Türkei hinaus ist dieser Konflikt auch ein solcher zwischen der islamischen und der westlichen Zivilisation, zunächst findet er aber innerislamisch und innertürkisch statt. Der Schleier als ein weltanschauliches, also nichtmilitärisches Symbol im weltanschaulichen *Krieg der Zivilisationen* (vgl. Anm. 3) führt uns in das Zentrum der anstehenden Problematik, nämlich die der Abgrenzung gegenüber Europa. Daraus ergibt sich die Frage, die im Titel dieses Buches gestellt wird. Kemalisten, die ihr Land kulturell europäisieren und vor diesem Hintergrund politisch in die Europäische Union bringen wollten, sind heute gescheitert; aber diejenigen, die für die Verschleierung der Frauen sind, also die Islamisten, werden – trotz des Symbols der zivilisatorischen Abgrenzung – von europäischen Politikern besser behandelt. Ist das nicht ein Widerspruch? Bringt dieser Sachverhalt nicht auch einen inneren Zustand Europas, den ich am Ende der Einleitung dieses Buches angesprochen habe, zum Ausdruck?

Heute kann man in der Türkei auf allgemeiner Ebene von kemalistischen Eliten und von islamistischen Gegeneliten, die im Wettbewerb zueinander stehen, sprechen. Bisher ließ sich nur bei der kemalistischen Elite eine Europa-Orientierung vorfinden. Dadurch, dass die neuen Islamisten ihr Land in die EU bringen wollen und sich pro-europäisch äußern, werden die Grenzen verwischt. Die jahrhundertelange Geschichte der Türkei deutet auf eine Zugehörigkeit zur islamischen Zivilisation hin. Unter dem Kemalismus wurde jedoch ein Prozess der Europäisierung des Landes eingeleitet, den die Islamisten bereits aufzuhalten versuchen. Hierdurch lebt die Türkei heute „zwischen zwei Welten“[13]. Die Fragen, ob die Türkei europäisch geworden ist sowie die nach der Wirkung der angeführten inneren Veränderungen dort, betreffen Europa mehr als die USA. Die Zugehörigkeit der Türkei zum Westen wird aus der US-Perspektive allein an strategischen Überlegungen gemessen. US-Strategen benötigen die Türkei für ihre Nahost-Politik, sie sind jedoch im Vorfeld des Irak-Kriegs 2003 von den Türken geopolitisch enttäuscht worden. In der Tat hat das Land ein bedeutsames Gewicht. Bereits im Jahre 1984 hat der bekannte Princeton-Gelehrte für Internationale Beziehungen, Carl Brown, noch vor Huntington argumentiert, dass der Nahe Osten als Subsystem einen Kernstaat benötigt, der ihn systemisch ordne. Huntington unterstellte ein Jahrzehnt später, dass die Türkei die islamische Zivilisation anführen könnte. 1984 meinte noch Carl Brown:

> „Der geeignetste Kandidat für die Führung wäre die Türkei. Denn der Kemalismus hat die Türkei immun gegenüber Wind aus dem Osten gemacht.“[14]

Beide Amerikaner gehen von einer säkularen Türkei aus. Inzwischen hat der Wind des politischen Islam die Türkei jedoch erreicht; dieser Wind war dermaßen stark, dass die vermutete Immunität ihm nicht standhalten konnte.[15]

Für Europa sind die Richtungskämpfe in der Türkei weit mehr als eine geostrategische Angelegenheit. Sowohl die Entscheidung über die zivilisatorische Identität des Landes als auch die Frage, ob die Türkei eine Brücke zur islamischen Zivilisation sein kann, sind für Europa von enormer Wichtigkeit. Spätestens seit der Wahl vom November 2002 weiß man, dass der Islamismus eine politische Kraft in der Türkei geworden ist, die nicht mehr übergangen, geschweige denn durch Verbote aus der Welt geschafft werden kann. Aber wie erklärt sich der Umstand, dass die Islamisten nicht mehr wie bisher als die „Neuen Osmanen" auftreten, sondern sich als „Europäer" darstellen? Sind sie wirklich eine islamisch-konservative Partei? In der Tat muss man heute die „Moderne" in Bezug auf die nationale Identität der Türkei neu durchdenken.[16]

Im Westen stößt man heute auf Arbeiten von Islam-Experten, die den Islamismus als Ausdruck einer „islamistischen Version der Demokratie"[17] deuten. Die Tatsache, dass die neue islamistische Partei der Türkei behauptet, lediglich konservativ und ebenso demokratisch wie die christdemokratischen Parteien Europas zu sein, veranlasst zu der Frage, ob sie sich zu Trägern des demokratischen Establishments entwickeln könnten.

Lassen wir uns nicht täuschen: Konservatismus im Islam als Religion und Fundamentalismus als politische Ideologie sind nicht deckungsgleich. Alle religiösen islamischen Fundamentalisten vertreten einen politischen Islam; sie können institutionelle Parlamentarier wie Erdogan, Gül oder deren Ziehvater Erbakan sein und auf diese Weise zur Macht kommen. Aber sie können gleichermaßen auch *Djihadisten* sein, die sich zur Gewalt bekennen. Die ständige Gleichsetzung von Islamismus und Terrorismus ist daher falsch, wenngleich alle Islamisten von ihrer Weltsicht her als religiöse Fundamentalisten einzuordnen sind, auch wenn ein Teil von ihnen sich für die Beteiligung an demokratischen Wahlen als friedlichen Weg zur Macht ausspricht. Im Gegensatz zu den europäischen christdemokratischen Parteien haben die Islamisten religio-politische Ordnungsvorstellungen, sind also nicht säkular, so dass der Vergleich der AKP Erdogans mit christdemokratischen Parteien Westeuropas nicht zu halten ist. Keine einzige christdemokratische Partei will eine christliche Ordnung für Europa.

Der Aufstieg der AKP-Islamisten zur Macht auf demokratischem Wege ist durch die kemalistischen Parteien begünstigt worden, die durch Korruption dermaßen in Misskredit geraten sind, dass es viele Protestwähler gegeben hat, die die Islamisten aus Trotz wählten. Hiermit soll jedoch nicht die Tatsache bestritten werden, dass ein erheblicher Teil der türkischen Wählerschaft islamistisch geworden ist. Experten und Beobachter vor Ort bestätigen, dass die populistische Politik der Islamisten bei der Bevölkerung großen Anklang findet. Die neuen türkischen Islamisten wollen nicht mehr das US-Spiel von der Türkei als Kernstaat der islamischen Zivilisation spielen und suchen alternativ den Zugang zu Europa. Trotz dieser Option geht der Kampf zwischen beiden Alternativen, säkular oder islamistisch, im politischen Leben weiter, und von seinem Ausgang wird die Zukunft der Türkei abhängen. Wenn die Türkei vor dem Ausgang dieses Konfliktes der EU beitritt, wird es der europäischen Identität substantiell schaden, einen Staat als Mitglied zu haben, der nicht europäisiert ist und keine Europäisierung anstrebt.

Es ist besorgniserregend, dass der innere Prozess der Entwestlichung der Türkei übersehen wird und in den Hintergrund gerät; er betrifft Europa sehr. Im Zuge der kemalistischen Revolution wurde für die Türkei Säkularität angestrebt; diese ist aber oberflächlich geblieben. Im Mittelpunkt der folgenden Teile dieses Kapitels werden die Entwicklungen erläutert, die den Wandel vom Kemalismus zum Islamismus begünstigen. Es bleibt aber noch zu klären, ob – parallel zu seiner proeuropäischen Proklamation – der Islamismus in der Türkei (gleich ob alt oder neu) die klassische europäische Bedrohungswahrnehmung der Osmanen[18] verändert hat. Die Kemalisten haben dies mit der Verwestlichung der Türkei angestrebt.[19] Noch haben die Europäer laut Umfragen Ängste vor der EU-Aufnahme der Türkei.[20]

Was schreckt die Europäer ab? Zu den geschichtlichen Belastungen kommt noch die demographische Wachstumsrate in der Türkei, die 1992 noch eine Bevölkerung von 58 Millionen Menschen hatte, heute aber bereits 70 Millionen umfasst. Das Land wird bis zu einer möglichen Aufnahme um das Jahr 2015 ungefähr 100 Millionen Einwohner haben. Entsprechend wird dieser ungeheuer starke Wachstumstrend einen großen demographischen Druck, also eine massive türkische Zuwanderung in alle westeuropäischen Länder sowie eine entsprechende Belastung der Arbeitsmärkte und der Sozialstaatssysteme mit sich bringen. Wenn alle Türken gleichberechtigte europäische Bürger werden würden, könnte trotz des Bedarfs an gesteuerter Migration die Norm der Freizügigkeit gelten. Mit einer von den Islamisten übernommenen Position des Multikulturalismus, die sich Kommunitarismus nennt, wird der Begriff der Gemeinschaft (*community*) im multikulturellen Sinne auf die europäische Islam-Diaspora übertragen und mit der Beanspruchung eines Grundrechts auf die Bildung von islamistischen Parallelgesellschaften als Enklave des *Dar al-Islam* in Europa verbunden. Weil Islamisten jedoch keine Multikulturalisten sind, liegt es näher, dass dieser Schritt als eine Etappe bei der anvisierten Islamisierung Europas angesehen wird.

Im Schatten der Politisierung des Islam: Die Zukunft der Türkei und ihre Berechenbarkeit

Im Vorfeld der Entscheidungen über die Vergabe eines EU-Beitrittsverhandlungstermines äußerten sich die Politiker der wichtigsten EU-Länder, also Deutschlands und Frankreichs, sehr positiv. Im Gegensatz zu Schröder und Fischer hat jedoch der politisch ausgewogene französische Staatspräsident zu der positiven Äußerung die verhaltene Einschränkung hinzugefügt, dass sich die Verhandlungen über einen viele Jahre währenden Zeitraum erstrecken müssten, weil man nach seiner Auffassung heute, im Jahr 2004, nicht wissen könne, wie die Türkei in 10 Jahren aussehen wird, und wo sie dann stehen werde. Ein solches strategisches Denken sucht man beim deutschen Bundeskanzler Schröder vergeblich. Sein Außenminister nimmt den Prozess der Entwicklung vom Kemalismus zum Islamismus nicht in sein fragwürdiges strategisches Kalkül auf. Fischer hat eine Vision von Europa, zu dessen Stärke die zukünftige Türkei beitragen soll. Nun geht es in der Außenpolitik nicht allein um Visionen, sondern um Wahrscheinlichkeiten und Berechenbarkeit.

Klärung bringt eine Analyse der Politisierung des Islam in der Türkei, die zu einem Konflikt zwischen der islamistischen und der kemalistischen Orientierung führt. Ein Beitritt der Türkei zur EU neutralisiert keinesfalls diesen Prozess. Das ist eine pure Illusion.

Trotz der Unterschiede zwischen Islamisten und Kemalisten lässt sich eine nationale Orientierung beider festhalten; beide Segmente der türkischen politischen Elite lehnen die Funktion der Türkei als westlichen Erfüllungsgehilfen ab. Im Zeitalter des Zivilisationskonfliktes müssen westliche Politiker lernen, Vertreter nicht-westlicher Zivilisationen zu verstehen und zu respektieren. Der Dialog mit der Türkei kann als ein Beispiel dienen. Natürlich spielen geostrategische Überlegungen und wirtschaftliche Interessen eine Rolle, sie dürfen aber nicht mit interzivilisatorischen Beziehungen verwechselt werden. Die fortschreitende Politisierung des Islam durch die Fundamentalisten ist eine Gefahr für einen demokratischen Frieden zwischen den Zivilisationen. Wenn dieser Prozess in einem EU-Mitgliedsland stattfindet, ergibt sich eine Katastrophe für Europa.

Unter dem Deckmantel der Bekämpfung des Militärs[21] betreiben Islamisten eine Politik der „Entwestlichung der Türkei“. Europa, das mit der islamistischen Führung der Türkei Dialog führt, wird von den Islamisten missbraucht. Diese wagen keine Konfrontation mit den Militärs, hoffen aber auf Europas Hilfe, um den von den Militärs dominierten Sicherheitsrat auszuschalten. Mir liegt es fern, die türkischen Islamisten zugunsten der Militärs zu inkriminieren. Ich trete für „Inklusivismus“, also für die Einbeziehung der Islamisten in die Institutionen ein. Dies ist aber nicht damit gleichzusetzen, dass Europa ein von einer islamistischen Partei regiertes Land in die EU aufnimmt. Auch wenn der Islamismus in der Türkei nicht mit der *djihadistischen* Kategorie des Islamismus von *al-Qaida* gleichzusetzen ist – d. h. er ist nicht gewalttätig – gehört er nicht in die EU. Die Bestrebung der Islamisten nach einer Entwestlichung der Welt sowie die anvisierte Ordnungsvorstellung der Einheit von Staat und Religion, türkisch: *din-ü-devlet*, sind mit Europa und seiner zivilisatorischen Identität nicht vereinbar. Der türkische Islamismus, obwohl gemäßigt, hat sich bisher von diesen Inhalten nicht überzeugend frei gemacht. Inwieweit das nicht näher substanziierte Bekenntnis zur Demokratie auf Täuschung beruht, bleibt offen. Ich halte Islamismus und Demokratie für unvereinbar.[22]

Die Politisierung des Islam läuft auf eine De-Säkularisierung auch in der Türkei hinaus, und dies bringt sie weg von der Demokratie hin zu einem *Schari'a*-Staat. Daher entfernt die Politisierung des Islam die Türkei von Europa. Der türkische Islamismus ist eine der vielen Spielarten des religiösen Fundamentalismus im Islam. Generell ist das Phänomen durch zwei Eigenschaften gekennzeichnet:

1. Der Islamismus ist gleichermaßen eine spezifisch politisch-soziale und kulturelle Erscheinung. Zudem ist er
2. ein Bestandteil des allgemeinen, also internationalen Phänomens der islamischen Revolte gegen den Westen, und gehört somit zum globalen Phänomen des religiösen Fundamentalismus.[23]

Die Politisierung des Islam nimmt im türkischen Kontext vorwiegend die Gestalt einer Entwicklung vom europäisch orientierten Kemalismus zum Islamismus an. Deswegen, und auch durch seinen relativ friedlichen Charakter sowie seine Einbindung in die Institutionen unterscheidet sich der politische Islam in der Türkei von anderen, oft gewaltförmigen, also *djihadistischen* Ausprägungen, die vorwiegend im Untergrund als illegale Bewegungen agieren. Es ist wichtig, die historischen, sozio-kulturellen und politischen Hintergründe der Politisierung des Islam in der Türkei zu beleuchten, weil uns dies helfen kann, das spezifisch Türkische an dieser Spielart des Islamismus zu erkennen.

In der Türkei hat der Prozess der schleichenden Entwestlichung parallel zu dem Phänomen der Politisierung des Islam in den 70er Jahren begonnen. Nicht-Experten, die sich aber für Experten halten, nennen diesen Prozess fälschlicherweise „Re-Islamisierung". Doch dieser Begriff ist falsch, weil die Vorsilbe „Re" die Bedeutung „wieder" hat und somit die Wieder-Islamisierung bedeutet. Durch diesen Sprachgebrauch wird unterstellt, dass die *Re*-Islamisierung nach einer vorausgegangenen *Ent*-islamisierung der islamischen Welt erfolgt. Das entspricht weder im Falle der Türkei noch anderswo den Tatsachen. Selbst unter dem streng säkularen Atatürk hat es keine Entislamisierung gegeben. Der Islam wurde nach der Auflösung der islamischen Ordnung des Osmanischen Reiches (Abschaffung des Kalifates 1924) lediglich ent*politisiert*. In der Türkei hat der Islam nie aufgehört zu existieren und das Leben der Türken als Alltagskultur zu bestimmen; er blieb, sieht man von der verwestlichten Elite der Kemalisten ab, stets die religiös-kulturelle Identitätsquelle der Mehrheit der Türken. Inhaltlich kann daher von einer „Re-Islamisierung" keine Rede sein. Wohl aber hat der Islam unter Kemal Pascha, genannt Atatürk, aufgehört, die politische Legitimität der Herrschaft zu bilden. In einem früheren Buch habe ich systematisch gezeigt, wie falsch der im deutschen Sprachraum weit verbreitete Begriff der „Re-Islamisierung" ist und vor seiner Verwendung gewarnt.[24] Kurzum: Hier geht es um die Politisierung des Islam in der Türkei, nicht um seine Wiedereinführung nach einer vermeintlichen Abschaffung.

Kemal Pascha Atatürk strebte für die Türkei eine europäische Identität an, wobei der Islam zu diesem Zwecke entpolitisiert, aber leider nicht durch Reformen europäisiert wurde. Dabei entfernte man – nicht immer mit Erfolg – die Religion aus dem öffentlichen Leben. Die gegenwärtige Krise der kemalistisch, also säkular und westlich orientierten Türkei, trägt dazu bei, dass die Türken sich nunmehr auf alternative Identitäten besinnen. Der Islam scheint hier die erfolgversprechendste Alternative zu sein, die sich anbietet. Die Politisierung des Islam parallel zur Rückbesinnung auf die osmanische Größe hat zur Entstehung des türkischen Islamismus der alten Varianz geführt. Diese Spielart des politischen Islam unterscheidet sich erheblich von ähnlichen und vergleichbaren Erscheinungen in den benachbarten nahöstlichen und auch anderen islamischen Ländern. Von vorrangiger Bedeutung ist die Tatsache, dass die politische Wiedergeburt des Islam in der Türkei mit der Sehnsucht nach einer Rückkehr zum Glanz der ruhmreichen osmanischen Vergangenheit verbunden war. Diese osmanische Nostalgie nenne ich in einem früheren Türkei-Buch, von dem eine türkische Ausgabe in Istanbul erschien, Neo-Osmanismus.[25] Die heutigen Erdogan-Islamisten haben sich zwar von jener Nostalgie abgewendet, doch die türkisch-osmanische Geschichte[26] bietet auch nach dem Wandel weiterhin Symbolfiguren für die Türken. Daran sieht man, wie der türkische Islamismus zwar spezifisch türkisch, gleichsam aber auch in das allgemeine Phänomen des religiösen Fundamentalismus eingebettet ist.

Die neuen Islamisten, die heute mit der AKP die Türkei regieren, haben drei Vorgänger-Parteien. Alle hatten, wenn auch nicht explizit, politische Ordnungsvorstellungen, die an der *Schari'a* (Gottesgesetz) orientiert waren. Dies kommt schon im Namen der 1970 gegründeten ersten Partei, „*Milli Nizam Partisi*/Nationale Ordnungspartei", zum Ausdruck. In meinen Arbeiten über den Fundamentalismus habe ich gezeigt, dass der Begriff *nizam Islami* die Ideologie der islamischen Spielart dieses Phänomens manifestiert. Das Wort *nizam*/System (sprich Ordnung) ist, wie ich belege, neoislamisch. Die Übernahme der Vorstellung, dass der Islam *din-ü-devlet* (türkisch für: Einheit von Staat und Religion, arabisch: *din-wa-daula*) vorschreibe, gibt die zentrale Überzeugung der fundamentalistischen Ideologie wieder. Das spezifisch Türkische an dem Phänomen ist die Verknüpfung dieser Ideologie mit der alten osmanischen Größe, weshalb türkische Fundamentalisten früher als „Neue Osmanen" bezeichnet werden konnten. Das ist eine Politisierung des Islam, aber keine „Re-Islamisierung", also auch keine wie auch immer geartete religiöse Renaissance! Spezifisch türkisch ist jedoch die „Wiedererfindung" (re-invention) der osmanischen Geschichte[27] und ihrer *fatih*/Eroberer und Sultane, deren Namen heute als Moscheenamen auch in Deutschland (Pforzheim, Bremen, Mannheim) verwendet werden.

Auf das Verbot der *Milli Nizam Partisi* folgte seinerzeit gleich die neue „*Milli Selamet*/Nationale Heilspartei". Nachdem auch diese 1980 verboten wurde, entstand die *Refah*-/Wohlfahrtspartei, die schließlich 1998 ebenfalls verboten wurde, worauf die *Fazilet*/Tugendpartei folgte. Auch der Name der zweiten Partei, *Selamet*/Heil, bringt die fundamentalistische Ideologie zum Ausdruck: Der Fundamentalismus als Heilsideologie. Zum Vergleich ist anzuführen, dass die algerischen Fundamentalisten ihre Partei „Islamische Heilsfront" nennen. Der Name *Refah*/Wohlfahrt zeigt, dass Fundamentalisten die Vorstellungen des westlichen Wohlfahrtsstaates mit dem Islamismus verbinden und somit natürlich auf ein im Islam vorhandenes Dogma zurückgreifen. Der Erfolg der *Refah*-Partei begann nicht erst mit ihrem Wahlsieg im Dezember 1995. Bei den Kommunalwahlen 1989 und 1994 hatte die *Refah*-Partei bereits über die linken Parteien gesiegt und die kemalistischen Zentrumsparteien „ANAP/Mutterlandpartei" und „DYP/Partei des rechten Weges" fortan herausgefordert. Im März 1994 erlangten die Islamisten nicht nur landesweit 19 Prozent der Stimmen, sie waren auch in der Lage, den Oberbürgermeisterposten in 29 Städten zu erobern. Recep Tayipp Erdogan wurde als erster Islamist Oberbürgermeister von Istanbul.

Die neuen Islamisten unter der Führung von Erdogan und Gül, die anstelle des politisch verbannten Erbakan aufgetreten sind, haben aus den bisherigen Parteiverboten gelernt. In diesem Zusammenhang entdeckte Erdogan Europa und die Menschenrechte als einen Schutz für den Islamismus. Mit einem Rückgriff auf europäische Werte kann Erdogan nun Toleranz für die AKP fordern und erlangt hierfür europäische Unterstützung. Das ist der Hintergrund seiner Europa-Orientierung. Das Spiel von Gründung, Verbot, und Neugründung benötigt man heute nicht mehr.

Bei den türkischen Islamisten stößt man auf eine eigentümliche Mischung aus dem traditionellen Islam der *Tarikat*-Bruderschaften, religiösem Fundamentalismus sowie türkischem Nationalismus. Das Ergebnis unter Erbakan war ein pantürkischer Neo-osmanismus. Die folgenden Ausführungen enthalten den Versuch einer Rekonstruktion, wie der Kemalismus mit dem islamischen Erbe umgegangen ist, um in diesem Zusammenhang die Politisierung des Islam, die zur Entstehung des Islamismus geführt hat, zu erklären. Die taktisch begründete Europa-Orientierung der AKP ändert nichts an diesem Hintergrund, sie gehört zu seinen Bestandteilen.

Die Neubelebung der osmanischen Geschichte

Mit der kemalistischen Revolution hat die Türkei einen Bruch mit ihrer osmanischen Vergangenheit vollzogen. Die heutige Türkei kann man ohne das Osmanische Reich nicht wirklich verstehen. Nach der Herrschaft der Omayyaden (Damaskus) und der Abbasiden (Bagdad) bildete das Osmanische Reich die dritte Manifestation islamischer Ordnung in der Geschichte des Islam. Die Spuren des Reiches sind auch in der kemalistischen Türkei vorhanden.

Nach der Invasion der Mongolen unter Hülagu Khan 1258 ging das zweite Kalifat-Reich der Muslime, also jenes des Kalifen von Bagdad, nieder. Danach geriet die Welt des Islam in Unordnung; sie verwandelte sich in eine Welt der Kleinstaaterei vieler Emire und Lokalfürsten. Als der türkische Emir und Stammesführer Osman (1281–1326) mit seinem aus Zentralasien gen Westen zugewanderten Stamm seine *gaza*/Eroberungen begann, legte er den Grundstein für ein Imperium, das später als „Osmanisches Reich“ seinen Namen trug. Osman legte sich den Beinamen *gazi* (arabisch. *ghasi*)/Eroberer zu, um seine Verbreitung des Islam durch *gaza*, also mit Waffengewalt, als Legitimitätsquelle für das von ihm gegründete Reich heranziehen zu können. Diese Eroberungstradition erreichte ihren Höhepunkt durch den osmanischen Sultan Mehmet II, genannt al-Fatih (bedeutet ebenfalls Eroberer), als dieser Konstantinopel 1453 einnahm und Byzanz zu Fall brachte. Die daraufhin vorwiegend in Europa unternommenen Eroberungen von Sultan Mehmet II. veranlassten den von den türkischen Historikern als „Meister“ geachteten Halil Inalcik (vgl. Anm. 27) dazu, in diesem Herrscher den eigentlichen Begründer des Osmanischen Reiches zu sehen. Zu seinen Lebzeiten wirkte Osman faktisch nur als Emir, er war noch kein Sultan. Aber Mehmet II etablierte sich als Sultan.

Die osmanische Geschichte vom Aufstieg bis zum Niedergang des Osmanischen Reiches bildet die Vorgeschichte des Kemalismus, der aus der Krise des Osmanischen Reiches hervorging. Diese Krise hat mit der Niederlage der Türken vor Wien im Jahre 1683 begonnen. Darauf folgten weitere militärische Niederlagen. Das ist der Hintergrund für Anleihen beim Westen, die aber keine Europäisierung waren.[28] Die erniedrigenden Verträge von Carlowitz (1699) und Passarowitz (1718) zwangen die türkischen Sultan-Kalifen zu erkennen, dass etwas in der Geschichte an den Türken vorbeigegangen war. Aus diesem Grunde entsandten sie die ersten islamischen Diplomaten faktisch als Spione nach Europa, zum Beispiel nach Paris, um das Geheimnis der militärischen Überlegenheit der Europäer zu erkunden.[29] Die Gesandten kehrten mit der einfachen Botschaft zurück: Die Industrialisierung der Kriegsführung auf der Basis der modernen Wissenschaft und Technologie sei das Geheimnis der Christen. Daraufhin starteten die osmanischen Herrscher ihre institutionell-militärischen Reformen, die militärische Anleihen bei Europa einschlossen.[30] Diese resultierten jedoch in einem Prozess schleichender Säkularisierung mit einer zunehmenden Unterhöhlung der islamischen Legitimität des Reiches. Der Kemalismus war die logische Folge dieser Entwicklung und wäre ohne sie undenkbar.

Mit ihrer Übernahme von moderner Technologie wollten die osmanischen Sultane die Errungenschaften der europäischen Armee einführen, jedoch den Anschluss an die Moderne hierauf beschränken. Die positive Einstellung heutiger islamischer Fundamentalisten gegenüber Wissenschaft und Technologie bei gleichzeitiger kultureller Ablehnung des Westens steht in dieser Tradition eines islamischen Traumes von der halben Moderne.[31] Die heutigen Islamisten haben jedoch wie die osmanischen Sultane des 19. Jahrhundertes nicht begriffen, dass es unmöglich ist, Militärtechnologie zu übernehmen, aber deren Auswirkungen auf Staat und Gesellschaft als Nebeneffekte zu ignorieren. Die osmanische Reformgeschichte war der Anfang vom Ende des Osmanischen Reiches. Denn aus dem Kreis der durch Modernisierung und Verwestlichung der Bildung im Osmanischen Reich hervorgegangenen Offiziere und Intellektuellen gingen neue soziale Schichten als Gegenkraft zum Reich hervor; zunächst die Jung-Osmanen, später die Jung-Türken und schließlich der Offizier Kemal Pascha, der sich nach seinem Sieg zum „*Atatürk*[32]/Vater der Türken" erhob und mit seinem Kemalismus die Identität der Türkei durch den Versuch der Europäisierung radikal veränderte.

Wie einst Osman als *gazi*/Eroberer die Verbreitung des Islam mit Waffengewalt auf seine Fahnen geschrieben hatte und so zum Vorbild für die auf ihn folgenden osmanischen Sultane wurde, wollte Kemal Pascha Atatürk auf eine andere Art Vorreiter sein; die Europäisierung der Türkei sowie der Anschluss seines Landes an Europa waren für ihn, den „Vater der Türken", das anzustrebende Ziel. Kemal Pascha wollte als Erzieher für sein Volk gelten und seine westliche Orientierung auf alle Türken übertragen.

Während der beiden letzten Jahrzehnte des 20. Jahrhunderts haben Islamisten damit begonnen, mit ihrem islamistischen Ordnungsmodell die säkulare Republik herauszufordern. Wie alle Islamisten sind sowohl Erbakan als auch seine Ziehkinder Gül und Erdogan Laien und keine Mullahs. Der Prototyp des fundamentalistischen Türken ist ein westlich gebildeter Laie, der ohne Turban als Ersatz für den Kleriker dient. Erbakan beispielsweise hat als Ingenieur in Aachen promoviert. Während der elfmonatigen Amtszeit Erbakans als Ministerpräsident war dieser darum bemüht, eine neue Tradition in der Türkei einzuführen und den Kemalismus faktisch auszuhöhlen und wurde deshalb vom Sicherheitsrat aus seinem Amt entfernt. Ob die neuen Islamisten um Erdogan sich nun aus Opportunismus oder durch die sunnitische Übernahme der schiitischen *Taqiyya*-Praxis (Verschleierung des Glaubens durch Verstellung) von Erbakan in der Öffentlichkeit distanzieren und stets zu Kemal Atatürk bekennen, lasse ich offen. Im sunnitischen Islam ist *Kutman* (Verheimlichung des Glaubens) im Kontrast zur schiitschen *Taqiyya* eine Sünde.

Wichtiger ist die Frage, ob die unter Kemal Atatürk und seinen Nachfolgern voran getriebene Säkularisierung Schwächen aufweist, die die heutige Entsäkularisierung begünstigen. Diese zentrale Frage, die sich in unserer Gegenwart, jedoch auch für die Zukunft der Türkei stellt, berührt Europa, weil die Türkei darauf drängt, in die EU aufgenommen zu werden. Es fällt in bedauerlicher Weise auf, dass die offizielle türkische Politik die in diesem Buch angesprochenen Fragen nicht nur nicht aufwirft, sondern sogar tabuisiert.

Die Neubelebung der osmanischen Geschichte in der Türkei geschieht in einem Rahmen, in dem die Islamisten parallel zu ihren öffentlichen Lippenbekenntnissen zum Kemalismus den Islam unentwegt politisieren und die säkulare Ordnung aushöhlen. Die kemalistische Elite wird durch die neuen türkisch-islamistischen Eliten[33] abgelöst; diese vertreten eine Mischung aus politischem Islam, neo-osmanischer Nostalgie und Pantürkismus. Früher hat Erbakan diese neuen Eliten repräsentiert, heute sind es Erdogan und Gül. Im Gegensatz zu den arabischen Fundamentalisten sind die türkischen Islamisten Realpolitiker, die in den Institutionen arbeiten, anstatt sich in Rhetorik zu verlieren.

Die Kemalisten haben die Säkularisierung von oben, die Islamisten die Desäkularisierung von unten betrieben

Die türkische Erfahrung zeigt, dass in Bezug auf die Welt des Islam zwischen Säkularisierung und Säkularismus inhaltlich unterschieden werden muss. Während die Säkularisierung ein Prozess ist, kann Säkularismus als eine Ideologie gedeutet werden.[34]

Herrscher haben sich in der islamischen Geschichte[35] stets religiös legitimiert. Die Geschichte der islamischen Welt seit dem 19. Jahrhundert bildet den Ausgangspunkt dafür, dass Reformen durchgeführt wurden, die eine Unterhöhlung der bestehenden traditionellen islamischen Institutionen bedingten. So hat eine Modernisierung der islamischen Gesellschaften stattgefunden, die auf Importen aus dem Westen basierte. In diesem Sinne haben die Reformen als Beiprodukt wohl Säkularisierungseffekte gehabt, ohne einen gesellschaftlich umfassenden Prozess der Säkularisierung begründen zu können. Islamische Säkularisten – gleich ob Türken oder Araber – waren hingegen verwestlichte Intellektuelle wie Ziya Gökalp in der Türkei, Taha Hussein in Ägypten u. a.; sie hatten sich in Gesellschaften, die keine dementsprechenden Strukturen aufwiesen, einer Ideologie des Säkularismus verschrieben. In dieser Tradition stand auch Kemal Atatürk und in diesem Lichte ist sein Erbe zu bewerten.

Islamischen Gesellschaften fehlten die strukturellen Voraussetzungen sowie die Rahmenbedingungen für eine erfolgreiche Säkularisierung im Sinne eines gesellschaftlichen Prozesses. Unter diesen Bedingungen hatte die geistige säkulare Orientierung der Eliten keine Entsprechung in den realen Zuständen und Entwicklungen gefunden. Das genau war und ist das Problem des säkularisierten Kemalismus in der Türkei. Säkularisierung bedarf Religionsreformen, nämlich solcher, die die Trennung von Religion und Politik begründen und kulturell untermauern. Der Kemalismus aber hat solche Reformen nicht erbracht. Die Religion aus dem öffentlichen Leben zu entfernen kommt eher einem Verbot als einer Säkularisierung gleich. In solchen Fällen geht die Religion in den Untergrund, wofür in der Türkei die „*Tarikat/Sufi*-Bruderschaften“ den Rahmen geboten haben. Auch die türkischen Islamisten von heute, die sich verbal zur Säkularität bekennen, haben nichts unternommen, um dieses verbale Bekenntnis religiös-kulturell überzeugend zu begründen und sind infolgedessen nicht glaubwürdig.

Nach diesen Klärungen wird deutlich, dass der Kemalismus als Ideologie der an die Macht gelangten Eliten, die sich den Säkularismus zu eigen gemacht hatten, per Dekret von oben die Trennung zwischen Religion und Politik für die Realität verordnete. Auf diese Weise lässt sich kein gesellschaftlicher Prozess der Säkularisierung erfolgreich durchsetzen. Eine Ideologie kann den sozialen, kulturellen und politischen Wandel nicht ersetzen. Ich räume ein, dass unter kemalistischer Herrschaft *partiell* eine gesellschaftliche Säkularisierung als Beiprodukt der Entwicklung stattgefunden hat, schränke diese Feststellung aber ein. Im Wesentlichen wurde eine Ideologie, hier der Kemalismus, von oben verbindlich vorgeschrieben, für die in der türkischen Gesellschaft die sozialen Voraussetzungen fehlten. Es ist zu bedauern, dass die Kemalisten nicht einmal eine entsprechende Politik der kulturellen Reform angestrebt haben. Realität und Wunschdenken wurden und werden von den Kemalisten oft verwechselt.

Die amerikanische Sozialwissenschaftlerin Ellen Kay Trimberger hat den Begriff der „Revolution von oben“ geprägt, der auch für den Kemalismus angemessen ist. Nach Trimberger ist der Kemalismus eine Ideologie des säkularen türkischen Nationalismus, deren

„Betonung auf Republikanismus, Säkularismus, Etatismus und Populismus liegt. Er versuchte, ein gemeinsames nationales Bewusstsein zu schaffen, das mit traditionellen Werten – vor allem dem Islam als Basis politischer Identität und Legitimität – brach. Doch die universellen Werte des türkischen Nationalismus fanden bei den Bauern keinen Anklang … Die türkische Revolution versuchte nicht, die

> Bauern zu verändern oder sie in die neue politische Ordnung zu integrieren … Vielmehr implizierte das republikanische Programm, dass die Bauern ‚rückständig' waren und nur durch eine Transformation des Landrechtes geändert werden könnten: Integration von oben durch die Auferlegung von Verordnungen … Indem er diesen bürokratischen Stil fortfuhr, war der Kemalismus, ungeachtet seiner populistischen Themen, ausgesprochen unrevolutionär … Der Kemalismus versuchte nicht einmal, die jahrhundertealte Abneigung, die Dorfbewohner gegenüber dem Zentralstaat und seinen Repräsentanten hegten, zu durchbrechen … Tatsächlich war einer der wesentlichen Effekte des kemalistischen Programms die Schaffung von zwei Nationen: die eine rural, traditionalistisch und unterentwickelt, die andere urban, modernistisch und entwickelt.[36]

Die von Trimberger beschriebene Unterteilung der Türkei in „zwei Nationen" spiegelt sich auch in der Migration in den Westen wieder. Moderne, städtische Türken wandern in die USA aus, wohingegen ostanatolische Türken nach Deutschland und in andere Teile Europas kommen. Die unterschiedlichen Integrationsmöglichkeiten haben somit nichts mit „den Türken", sondern mit dieser Zweiteilung in eine europäisierte und eine islamisch-traditionelle Türkei zu tun. Auf die Türkei selbst bezogen lässt sich hiermit der Aufstieg des Islamismus mit dem Fehlen einer substanziellen Säkularisierung erklären. Dazu kommt die rapide Verstädterung der Türkei in den vergangenen Jahrzehnten. In der Sozialwissenschaft verbindet man Urbanisierung in der Regel mit Modernisierung. In der Türkei wachsen die Städte durch Slums – genannt *Gece Kondu* –, in denen in die Stadt gezogene Bauern unter Beibehaltung ihres ländlichen Lebensstils in ärmlichsten Verhältnissen leben. Dies ist auch das Reservoir für die Migration nach Europa. Zieht man die Zwei-Nationen-These heran, dann wird verständlich, dass sich gerade, wenn diese städtische, aber nicht urban gewordene bäuerliche Bevölkerung durch Migration nach Europa kommt und nicht integriert wird, in dieser Diaspora Islam-Ghettos bilden, die man heute Parallelgesellschaften nennt.[37]

Die vorgebrachte Kritik, dass der Kemalismus nicht ausreichend zwischen Säkularismus und Säkularisierung unterschieden hat, darf nicht als Antikemalismus gedeutet werden. Denn ich verhehle meine Bewunderung für Kemal Atatürk nicht und ziehe entschieden eine kemalistische einer islamistischen Türkei vor. In der Tat war Atatürk ein großer Revolutionär, der einen deutlich positiven Wandel in der Türkei herbeigeführt hat. Er hat 1924 das Kalifat abgeschafft und somit eine entscheidende Wende herbei- und wichtige Reformen durchgeführt, die jedoch nicht in die Tiefe gingen. Zwischen 1925 und 1928 verbot er die islamische Erziehung durch Schließung der *Qur'an*-Schulen, schaffte die *Şchari'a* (türkisch: *Seriat*) und somit die religiösen Gerichte ab, löste die frommen Stiftungen *waqf* (türkisch: *Evkaf*) auf und verbot schließlich alle religiösen Orden der Derwische. All diese Maßnahmen bewundere ich als Laizist, der für die Trennung zwischen Religion und Politik eintritt, ohne deshalb meine islamische Identität aufzugeben. Doch unter Säkularisierung verstehe ich etwas mehr als eine „Revolution von oben". Nicht die Abschaffung der Religion, sondern ihre liberale Deutung als eine Ethik ebnet den Weg zur Trennung zwischen Religion und Politik. Und am wichtigsten: Säkularisierung bedarf gesellschaftlicher Veränderungen, die zum Wandel des traditionell islamischen Weltbildes und seiner Anschauungen beitragen. Diese fehlten der kemalistischen Revolution fast völlig. In einer „Zwei-Nationen-Gesellschaft", in der sich der eine Teil religiös bestimmt, kann keine erfolgreiche Säkularisierung stattfinden; stattdessen entstehen neue Konfliktpotenziale, zu denen der politische Islam gehört.

Unter Kemal Atatürk wurde die Infrastruktur für die Ausbildung islamischer Eliten, also der „*Ulema*/islamischen Schriftgelehrten" nahezu vernichtet. Dennoch fand *keine* Entislamisierung der Türkei statt, und dementsprechend erfolgt heute auch keine „Re-Islamisierung". Nach seiner Entfernung aus dem Staat lebte der Islam in der Türkei bis heute als unreformierter Volksislam fort; er blieb die zentrale Quelle der soziokulturellen Identität der Türken. Ich wiederhole es: Säkularisierung erfordert Religionsreformen, die die Trennung von Religion und Politik kulturell untermauern. Ein Religionsverbot, verbunden mit einer verordneten Entfernung der Religion aus dem öffentlichen Leben, kann einen solchen Prozess in der Kultur nicht ersetzen.

Im Jahre 1925 wurde das dem Ministerpräsidenten untergeordnete „Amt für religiöse Fragen" (DRA) gegründet, das seinerzeit die Aufgabe hatte, den Islam aus den bestehenden Institutionen zu verdrängen und diesen eine weltliche Orientierung zu geben. Dieser von oben verordnete geistige Säkularismus, der nicht durch eine strukturelle und kulturelle Säkularisierung untermauert war, wirkte sich lediglich oberflächlich aus. Unter der Oberfläche des säkularistischen Staates lebte die islamische, quasi-traditionelle Identität der Türkei fort. Hierzu trugen die religiösen *Sufi*-Orden, die *Tarikat*, äußerst tatkräftig bei. Besonders hervorzuheben ist der Orden der *Nakschibendi* (türkisch: *Naksibendi*), dessen Funktionen mit denen der Freimaurerlogen im Westen vergleichbar sind. Jedoch ist der *Naksibendi Tarikat*[38] durch seine weniger elitäre, dafür aber populistische Ausrichtung (Volksislam) auf der gesellschaftlichen Ebene in der Türkei weit wirksamer. Es ist keineswegs gewagt zu behaupten, dass in der säkularen Türkei der *Nakschibendi*-Orden in der Gesellschaft mächtiger ist als der Kemalismus, der sich staatlicher Institutionen bedient. Mit anderen Worten: In der Türkei gibt es einen säkularen Staat und eine volksislamische Gesellschaft. Den Islamisten ist es gelungen, die *Tarikat*-Orden zu unterwandern.

Der kemalistische Staat hat der türkischen Gesellschaft durch das bis zu Beginn der siebziger Jahre bestehende Verbot der religiösen Schulen und aller Anstalten zur Ausbildung der *Ulema* die Fähigkeit geraubt, eine institutionelle Infrastruktur zur Pflege der eigenen Lokalkultur zu bewahren. In diese Lücke sprang der *Sufi*-Islam mit seinen *Tarikat*-Orden ein. Es ist wichtig, hier den grundsätzlichen Unterschied zwischen dem *Schari'a*-Islam der *Ulema* und dem *Sufi*-(Volks-)Islam der *Tarikat* hervorzuheben.

In der islamischen Geschichte waren die beiden angeführten Ausrichtungen des Islam niemals Freunde. Die islamischen *Ulema* pflegen die *Schari'a* und damit die Tradition des schriftgläubigen Islam, wohingegen der mystische *Sufi*-Islam von dem Glauben ausgeht, dass es viele Wege (arab.: *tariqa*) zu Gott gebe und daher eine Pluralität – so wie diese im Alltagsleben besteht – zulässt. Der *Sufi*-Islam ist weniger schriftgläubig und respektiert die Sitten und Gebräuche vieler Lokalkulturen; somit ist er für die kulturelle Vielfalt innerhalb der islamischen „*Umma*/Gemeinschaft aller Muslime" offen. Der *Schari'a*-Islam vertritt die Schriftgläubigkeit und erfordert die Kenntnis der arabischen Quellen. Der Volksislam basiert dagegen auf – oft vorislamischen – Sitten und Gebräuchen. Es wundert daher nicht, dass der Volksislam bei nichtarabischen, zum Beispiel bei türkischen Muslimen – allerdings auch in Afrika und Südostasien – eine Aufnahme fand. Trotz der Unterschiede fordern weder die *Ulema* noch die *Sufis* einen „islamischen Staat". Dies ist als Forderung neu; diese geht auf den Fundamentalismus als Folge der Politisierung der Religion zurück.

Die gesellschaftlichen Voraussetzungen für die strukturell und kulturell untermauerte Trennung von Religion und Politik fehlen bis heute. Der Islam blieb ein wichtiger Faktor in der politischen Entwicklung der Türkei.[39] Die kemalistischen Verordnungen einer Revolution von oben haben den Islam zwar aus den Institutionen des Staates verdrängt, unterhalb dieser Institutionen gedeiht dieser jedoch weiter und die *Tarikat* waren und sind die Heimat des verdrängten Islam.[40]

Als Ersatz für die islamische Legitimität wollte Kemal Atatürk, der von der Comte'schen Ideologie des französischen Positivismus beeinflusst war, eine „religion civile" einführen. Dies eben war der Kemalismus. Der britische Türkeiexperte Richard Tapper führt aus:

„Hierbei sollte der kemalistische republikanische Nationalismus die dominante Ideologie sein. Aber dieser konnte nicht die Anziehungskraft des Islam auf vielen Ebenen ersetzen. Deshalb war der Kemalismus keine Alternative zum Islam, der ja eine Identität bietet und Ordnungsprinzipien für das Leben vorschreibt.“[41]

Kemal kannte sich zwar mit dem Positivismus des französischen Soziologen Auguste Comte aus, aber religiöse Themen waren ihm eher unbekannt. Die wichtigste Quelle für Kemal Pascha (und früher für die Jungtürken) war hingegen der türkisch-kurdische Soziologe Ziya M. Gökalp (1875–1924), der den französischen Positivismus in die Türkei eingeführt hatte.

Die dem Comte'schen Positivismus – der davon ausgeht, dass die Religion im modernen Zeitalter ausstirbt – anhängenden Kemalisten schienen in den Anfängen nicht zu wissen, dass es in ihrem Land zwei Formen der Aufrechterhaltung und Pflege islamischer Identität gab, nämlich die *Schari'a*-Interpretation der *Ulema* und die *Sufi-Tarikat.* Es war leicht, die *Schari'a* als Rechtsislam zu verbieten und sie durch die Verbannung ihrer Institutionen aus dem öffentlichen Leben zu beseitigen; dies gelang aber nicht mit den *Tarikat*-Orden des *Sufi*-Islam. Der bereits zitierte Tapper schreibt kurz und bündig: „Die *Tarikat* starben nie, sie gingen in den Untergrund.“[42] Ich habe zwar eingeräumt, dass der Volksislam der *Tarikat* kein Fundamentalismus ist. Jedoch bedienen sich die Islamisten in der heutigen Türkei der Einrichtungen der *Tarikat*, um ihre Strategie der Politisierung des Islam voranzutreiben. Die heute in der Türkei regierende AKP hat die *Tarikat* völlig unterwandert und die bis dato erreichte mangelhafte Säkularisierung weiter geschwächt. Dennoch bleibt die Türkei (noch) säkular.

Islamisierung und die volksislamischen *Tarikat*-Orden

In den fünfziger Jahren war bereits eine deutliche Stärkung der Position der *Tarikat* in Wirtschaft und Gesellschaft der Türkei zu beobachten. Ähnlich wie bei den westlichen Freimaurerlogen gab es in der Türkei massive Verstrickungen zwischen *Tarikat*, Wirtschaft, Bildung und Politik. Dies blieb von der Öffentlichkeit unbemerkt. In den achtziger Jahren kam dieser Prozess unter dem türkischen Ministerpräsidenten Turgut Özal zum Vorschein. Özal gehörte dem *Nakschibendi*-Orden an, zu dem er sich auch öffentlich bekannte. Als Özal Ministerpräsident war, dienten in seinem Kabinett stets drei bis vier Minister, die ebenfalls *Nakschibendi* waren; die „ANAP/Mutterland-Partei“ wurde zur Lobby der *Nakschibendi*. Nach dem Tod Özals hat sein Nachfolger in der Führung der ANAP, Mesut Yilmaz, eine Säuberungspolitik betrieben, bei der säkulare Einflüsse wieder die Oberhand gewannen. Die Folge des Kurswechsels waren deutliche Stimmenverluste bei den Wahlen. Derselbe Yilmaz ist im Juli 1997 Nachfolger von Erbakan geworden und war in seiner Amtszeit bemüht, mit dem Erbe des Islamismus aufzuräumen. Erdogan macht jene Bemühungen von Yilmaz heute rückgängig.

Es ist wichtig zu betonen, dass der *Nakschibendi*-Islam kein fundamentalistischer Islam ist. Die *Sufi*-Muslime sind keine Freunde der *Schari'a*, weil sie Vielfalt (also verschiedene volksislamische Wege zu Gott) befürworten und in ihrer Weltanschauung Religion gewöhnlich von politischen Ordnungsvorstellungen trennen. Am Beispiel des einstigen *Nakschibendi*-gebundenen türkischen Staatspräsidenten Özal lässt sich zeigen, dass eine säkulare Orientierung mit einer *Sufi*-Identität vereinbar ist. In den neunziger Jahren war dies jedoch nicht mehr so einfach, denn die *Tarikat* wurden (inzwischen) durch die *Refah*-Fundamentalisten unterwandert.

Trotz der positiven Einschätzung des *Tarikat*-Islam in der Türkei ist die Verflechtung der *Nakschibendi* mit Gesellschaft, Wirtschaft und Politik in unserer Gegenwart nicht zu übersehen. Aus dem *Nakschibendi*-Orden sind Nachfolgeorganisationen hervorgegangen, die in der Politik der Türkei heute höchst einflussreich sind und auch mit der inzwischen verbotenen *Refah*-Partei zusammengearbeitet haben. Vor allem sind hier die *Süleymanci*- und mehr noch die *Fethullahci-Sufi*-Gemeinschaft anzuführen, die dank ihres Vermögens weitreichende Verbindungen in Wirtschaft und Politik zur Durchsetzung ihrer Interessen etabliert haben. Letztere wurde von Fethullah Gülen (einem Schüler von Said Nursi, dem Begründer der *Nur-Sufi*-Sekte) aufgebaut. Durch die Vergabe von Stipendien an arme Studenten und ihre Versorgung mittels Wohlfahrtsmaßnahmen (z.B. Studentenhäuser und die Bereitstellung von Büchern, Kleidung und Nahrung) hat der *Fethullahci-Tarikat*-Zweig eine Basis unter den zukünftigen Eliten der Türkei aufgebaut, die nicht länger säkular orientiert sind. Der *Fethullahci*-Orden hat sogar einen kleinen privaten Fernsehsender.

Die bisherigen Ausführungen verdeutlichen: Die *Tarikat* betreiben eine Entsäkularisierung von unten als Gegenstrategie zu der von oben verordneten Säkularisierung. Im Gegensatz etwa zu den Untergrundfundamentalisten, die ihren Weg zur Macht durch Djihad frei bomben wollen, gehen die türkischen Islamisten den institutionellen Weg. Das bereits oben angeführte traditionelle islamische Spannungsverhältnis zwischen *Schari'a-* und *Sufi-*Islam scheint heute in der Türkei durch die gegenseitige Annäherung beider zu schwinden. Unterhalb der Ebene der staatlichen Institutionen haben die türkischen *Tarikat* in den vergangenen dreißig Jahren die Gesellschaft durch ihre Vernetzung und Verfilzung schleichend, aber massiv islamisiert, wenn auch bisher ohne vergleichsweise direkte große politische Auswirkung. Dies ändert sich in unserer Zeit. Diese Realität zwingt zu dem Urteil, dass der *Tarikat-*Islam in der Türkei nicht mehr wie bisher traditionell abseits der Politik steht, sondern vielmehr wirksame Verbindungen zum politischen Islam unterhält.

Es fällt auf, dass die Islamisten und ihre AKP-Partei versuchen, sich die Erfolge der *Tarikat* zu eigen zu machen, indem sie die beschriebene fortschreitende Islamisierung bestimmter Sektoren der Gesellschaft politisieren. Genau dies meine ich, wenn ich von einer Politisierung des Islam in der Türkei spreche. Fundamentalismus ist die Politisierung der Religion bei gleichzeitiger Entfaltung von Ordnungsvorstellungen (vgl. Anm. 23 oben). In diesem Sinne ist die AKP-Partei eine fundamentalistische Partei; sie hat in den vergangenen Jahren in zwei Bereichen große Erfolge erzielen können: In der Bildungspolitik und in der Einflussnahme auf das „Amt für religiöse Angelegenheiten" (DRA).[43]

War dieses Amt unter Atatürk und seinen Nachfolgern ein Instrument zur Verdrängung des Islam aus den Institutionen der Türkei, so ist es heute ein Vehikel zur Politisierung des Islam. Aus meinen eigenen Forschungen in der Türkei weiß ich, dass das Kultusministerium und das DRA seit vielen Jahren weitgehend von Islamisten-Kadern infiltriert sind. Es wundert nicht, dass eine der ersten Handlungen des Islamisten Erbakan nach Übernahme des Amtes des Ministerpräsidenten 1995 die Neueinstellung von ca. dreißigtausend Beamten in die entsprechenden Ministerien war. Darauf folgte eine systematische personalpolitische Um- und Neubesetzung von Richter- und Beamtenstellen, die nur formal rechtsstaatlich war; sie reichte an die Grenze des Psychoterrors. Die Regierungsübernahme der AKP nach dem Wahlsieg von 2002 setzte diesen Prozess fort. Der Einfluss der Islamisten im Kultusministerium erklärt das schnelle Wachstum und die Ausbreitung der Institution der „*Imam-Hatip-Lisesi*/Gymnasien der predigenden Imame". Diese werden als Alternative zum säkularen Schulsystem verstanden. Es dürfte den Leser interessieren schon jetzt zu erfahren, dass die *Imam-Hatip-*Schulen durch die Entsendung von Lehrern auch in der Bundesrepublik im türkischen Diaspora-Islam Einfluss nehmen. Damit wird die Integration der Diaspora-Türken verhindert.

Seit den fünfziger Jahren haben die *Tarikat* mit großem Erfolg eine Islamisierung der Gesellschaft – etwa durch die Bildung islamistischer sozialer Einrichtungen als eine Parallelstruktur im säkularen Staat – betrieben. Insgesamt entstanden islamisierte gesellschaftliche Sektoren, die als Parallelgesellschaften und auch als Vorbild für die Diaspora fungieren. Mit Hilfe dieser Substruktur versuchen die Islamisten die Politisierung des Islam voranzutreiben und ihre Version einer politischen Ordnung in der Türkei als *din-ü-devlet*, also als einer Entsprechung von religiöser und staatlicher Ordnung, durchzusetzen.

Viele frühere *Refah*- und heutige AKP-Islamisten sind machterfahrene Pragmatiker; sie wissen deshalb nur zu gut, dass es kontraproduktiv ist, wenn sie ihre Absichten offen legen. Aus diesem Grund umhüllen sie ihre Politik mit einem kemalistischen Gewand; ja, sie behaupten sogar, im Einklang mit Atatürk zu stehen. Hinter diesem Lippenbekenntnis steckt jedoch ihr Traum von einer islamischen Ordnung für die Türkei. Die Realpolitik einer Europa-Orientierung geht einher mit politischen Träumen, die nicht mehr verbalisiert werden.

Demokraten müssen sich mit den Islamisten in den Institutionen auseinandersetzen, und hier schließe ich mich meinem türkischen Kollegen von der Bilkent University, Metin Heper,[44] an, dass man durch eine „inklusivistische" Politik weiterhin die türkischen Islamisten in die demokratischen Institutionen einbinden muss und sie nicht durch Verbote in die Illegalität treiben darf. Diese inklusive Politik gilt nur für „institutionelle Islamisten", nicht für *Djihadisten*. Letztere sind unbelehrbar und auf ihre *Djihad*-Gewalt kann man nur mit einer Sicherheitspolitik antworten. Zwar sind die AKP-Politiker „institutionelle Islamisten", die die Regeln der säkularen Demokratie hinnehmen, doch als System und als Lebensform akzeptieren sie die Demokratie über Lippenbekenntnisse hinaus nicht. Die Islamisten – auch die der AKP – haben *Nizam*/Ordnungsvorstellungen, die mit der Substanz der säkularen Demokratie, individuellen Menschenrechten, Zivilgesellschaft und Pluralismus nicht vereinbar sind.[45] Aus diesem Grund ist darauf zu insistieren, dass nur eine laizistische, nicht bloß formal rechtsstaatlich-demokratisch regierte Türkei in die europäische Staatengemeinschaft der EU aufgenommen wird. Die Islamisten strebten diese Aufnahme bisher ohnehin nicht an; sie haben ihren Kurs unter Erdogan jedoch geändert, weil sie im EU-Beitritt eine Option sehen, die Kemalisten zu schwächen. Diese Vision einer islamistischen, von den Institutionen der EU gegen den Kemalismus geschützten Türkei ist eine Perversion der Idee Europas als ein säkulares, an der europäischen Aufklärung orientiertes und inklusives Gebilde. Demokratie ist eine politische Kultur.

III. Die Türkei, Europa, der Islam und das Kopftuch: Zwischen Religionsfreiheit, *Djihad* für die Anwendung der *Schari'a* und zivilisatorischer Abgrenzung

Das Thema dieses Kapitels zwingt zu einem persönlichen, lebensgeschichtlichen Beginn, weil das Kopftuch für mich weder ein politischer noch ein akademischer Gegenstand der Islam-Studien ist. Als ein Mensch, der in Damaskus zwischen 1944 und 1962 aufgewachsen ist, bin ich mit dem Kopftuch bereits in der Kindheit vertraut gewesen. Als Sohn einer Mutter mit Kopfbedeckung habe ich die lebensbestimmenden Jahre der Bildung meiner Persönlichkeit in einer islamischen Umgebung in Damaskus verbracht. Mein Großvater Sadiq Pascha von Banu al-Tibi (unsere *Ashraf*/Notabeln-Familie) war ein osmanischer General (*Osmanli Pascha*), der 1907 im Jemen für das Osmanische Reich gefallen ist. Seine Gattin – meine Großmutter – trug ebenso wie die Mutter ein Kopftuch. Durch diese Herkunft stehe ich der Türkei schon aus familiärem Hintergrund nahe. Meine Vorfahren waren – laut der Stadtgeschichte – die *Kadis* und *Muftis* der Stadt Damaskus, wo ich in diesem Milieu von meiner strenggläubigen, sehr frommen Mutter Nahida im Geiste des toleranten Islam erzogen wurde. Ich erwähne meine Mutter in einem Buch mit dem Titel „Mit dem Kopftuch nach Europa?“, eben weil sie bis zu ihrem Tod im Januar 2004 ihren Kopf bedeckte. Nahida war die wichtigste Orientierungsquelle meines Lebens; von ihr lernte ich bereits vor der Schule den Islam im Geiste der Liebe zu den Menschen kennen sowie den Respekt gegenüber anderen, und ich wurde von ihr natürlich auch in den Text des Koran eingeführt. Warum bin ich trotz dieser Lebensgeschichte gegen dieses Kopftuch?

Bei dem Versuch, diese für die vorliegende Thematik – über das Persönliche hinaus – zentrale Frage zu beantworten, gehe ich interkulturell vor: Ich verbinde die narrative Argumentationsweise, die ich im Orient verinnerlicht habe, mit der sachlich-objektivierenden Denkweise, die ich beim Philosophiestudium in Frankfurt gelernt habe.

Der Kopftuch-Konflikt als Nebenschlacht: Welches Kopftuch? Unterschiedliche Formen

Meine Mutter hatte ihren Kopf – jedoch sehr ästhetisch, nicht uniformartig – mit einem Seidentuch bedeckt; dies machte aus ihr allerdings keine Kopftuch-Islamistin; ihre Kopfbedeckung erfolgte aus Pietät/*Taqwa*. Sie hatte weder Interesse an der Politik noch am Lagerdenken. Die Haushälterin meiner Eltern in Damaskus kam vom Land und trug ebenfalls ein Kopftuch, wenngleich ein anderes als das meiner Mutter. So habe ich bereits als Kind in Damaskus den Unterschied zwischen dem städtischen, auf Religiosität fußenden Kopftuch meiner Mutter und dem ländlichen Kopftuch als Volkstracht kennen gelernt. Vor diesem Hintergrund erkenne ich im Kopftuch des politischen Islam, das es damals noch nicht gab, eine dritte, völlig neue Spielart der Kopfbedeckung, die eine Art politische Uniform darstellt, hinter der eine bestimmte Gesinnung oder Weltanschauung steht. Dieses Kopftuch ist somit weder ein Ausdruck von Religiosität noch eine Tracht. Die Verbindung dieses Kopftuchs mit einem langen Mantel ist die politische Frauen-Uniform des Islamismus. Besonders in der europäischen Islam-Diaspora bringt diese Kopftuch-Uniform ostentativ eine Weltanschauung der Abgrenzung zum Ausdruck, die im Widerspruch zu den inklusiven europäischen Werten der „offenen Gesellschaft“ steht. Das islamistische Kopftuch ist eine zeitgeschichtliche Erscheinung, die mir als Muslim vor 1962, das heißt vor meiner Übersiedlung nach Europa, in der Öffentlichkeit weder in Damaskus noch in Istanbul bekannt war. Erst mit dem Gedeihen des politischen Islam hat sich diese islamistische Kleidung als Quasi-Uniform, die sich vom traditionellen Kopftuch unterscheidet, ausgebreitet. Kurz zusammengefasst gibt es drei Formen der Kopfbedeckung: eine aus Pietät getragene, dann eine als Volkstracht und eine als politische Uniform.

Im Zeitalter globaler Migration, bei der Muslime im Mittelpunkt stehen, wird vieles, was in der Welt des Islam geschieht, nach Europa exportiert. Dies gilt auch für den Konflikt um das Kopftuch, hinter dem auf tieferer Ebene andere signifikante Konflikte stehen. Die Diaspora spielt auch hier eine Rolle. Mein Leben in Deutschland nach 1962 fiel mit der durch Anwerbung der Arbeitskräfte eingeleiteten türkischen Migration zusammen. Kenner dieser Erscheinung wissen, dass mittelständige Türken aus dem urbanen Dreieck Istanbul-Ankara-Izmir nicht von Deutschland angezogen werden. Diese Angehörigen der türkischen Mittelklasse bevorzugen es, nach Nordamerika auszuwandern, weil für sie ein „Gastarbeiterleben“ in Deutschland zu Recht nicht reizvoll ist. Bis auf sehr wenige Ausnahmen kamen zu Beginn der türkischen Migration ländliche Türken aus Ost-Anatolien nach Deutschland. Das Kopftuch ihrer Frauen ähnelt sehr dem der Haushälterin meiner Eltern, die vom Land kam. Um es kurz zu fassen: Die türkischen Frauen der ersten Generation in Deutschland trugen eine Tracht, keine islamistische Uniform.

In der Türkei lässt sich ein Wandel in der Kleidung besonders seit den 80er Jahren feststellen, der auch in der Diaspora seinen Ausdruck findet. Die nach Deutschland gekommenen bäuerlich gekleideten Türken der ersten Generation bekleiden ihre Frauen heute mit einer Diaspora-Uniform, die aus einem langen Mantel (auch im heißen Sommer) verbunden mit einem ostentativen, uniformartigen Kopftuch besteht. Dies ist die äußere Erscheinung von Teilen der zweiten Generation und ein Beweis für die gescheiterte Integration. Dies kann man nicht alleine als Merkmal der Islam-Diaspora in den Berliner Stadtteilen Kreuzberg oder Neukölln, sondern überall in Europa beobachten. Es handelt sich um einen Import des Islamismus aus der Welt des Islam. Generell kann man überall in den städtischen Zentren der islamischen Welt seit den späten 70er Jahren beobachten, wie Frauen demonstrativ ein islamistisches Kopftuch tragen. Dies wird zu einer Identitätsfrage ideologisiert. Diese neue Uniform kann man sogar auf der europäischsten Straße Istanbuls, der Istiklal-Avenue, wahrnehmen, wo das Kopftuch inzwischen das Straßenbild parallel zur Landflucht und Verslumung der Stadt prägt. In der Türkei ist dieser Prozess, bei dem das Kopftuch zum Kennzeichen der Polarisierung innerhalb der türkischen Gesellschaft geworden ist, ungefähr seit Beginn der 80er Jahre deutlich wahrnehmbar. So trennt das Kopftuch nicht nur die Türkei von Europa, es polarisiert auch massiv innerhalb der türkischen Gesellschaft selbst, die heute in miteinander rivalisierende Segmente zweigeteilt ist. Es gibt viele europäisierte Türken, die – wie ich – die *Schari'a* und deshalb auch das Kopftuch, das als Symbol für ihre Geltung steht, ablehnen, weil sie eine umfassendere *Schari'a*-Orientierung befürchten. Mit der Kenntnis dieses Hintergrundes ist die Frage verbunden: Kommt die *Schari'a* jetzt im Namen der Toleranz und der Öffnung gegenüber anderen Kulturen nach Europa? Der Streit um die Zulassung des Kopftuches ist ein Streit über die Geltung der *Schari'a*.

Gesellschaftlich und weltanschaulich hat das Kopftuch über die *Schari'a*-Problematik hinaus besonders in der Diaspora die Funktion, die zivilisatorische Abgrenzung zwischen dem Westen und der Welt des Islam zu symbolisieren. Früher wäre ein Europäer niemals auf die Idee gekommen, dass die Bedeckung des Kopfes (und manchmal überstreng sogar des Gesichtes mit einer bis auf die Augen verdeckenden Maske) durch ein Stück Textil, so wie dies in Klischees von der Welt des Islam allgemein dargestellt wird, derart wichtig für Europa sein würde. Dieser Gegenstand hat im Jahre 2003 den französischen Staat und seine Institutionen zentral beschäftigt, ebenso wie das Bundesverfassungsgericht in Deutschland. Französische Politiker erkennen die bereits vorgetragene Tatsache richtig, nämlich dass es sich beim Kopftuch nicht nur um ein Kleidungsstück, sondern um ein islamistisches Symbol der *Schari'a* handelt, welches die revolutionäre Errungenschaft der *Laïcité* als Trennung von Religion und Politik herausfordert, ja sogar bei zunehmendem islamischen Anteil an der Gesamtbevölkerung (zur Zeit 10 Prozent) bedroht. Informierte Beobachter wissen, dass Frankreich in den 90er Jahren des 20. Jahrhunderts (parallel zum Fall der Berliner Mauer, wenn auch natürlich unabhängig davon) einen „Guerre de Chador"[1] zu führen hatte. In diesem Rahmen musste der französische Staatspräsident im darauf folgenden Jahrzehnt, im Dezember 2003, sogar eine Rede an die Nation über das Kopftuch als Bedrohung für Frankreich halten. In ihrer antifranzösischen Polemik sprechen US-Kommentatoren diesbezüglich sehr ignorant von „säkularem Fundamentalismus". Deutsche reden in Zusammenhang mit dem Kopftuch positiv von Toleranz und Religionsfreiheit, die sie Frankreich vorhalten. In aller Kürze kann man diese Zusammenhänge mit einem Satz erklären: Es geht nicht um das Kopftuch als Kleidung, sondern um das Kopftuch als Symbol für die Geltung der *Schari'a*. Das ist der wirkliche Inhalt des Konflikts. Die Frage ist: Reagiert man hierauf mit dem Bewusstsein einer Bedrohung oder mit der beschwichtigenden Einstellung der Toleranz im Sinne von Indifferenz?

Parallel zur aufgezeigten Differenzierung zwischen den drei unterschiedlichen Formen des Kopftuchs müssten Europäer klar wissen, dass sie es mit dem Kopftuch nicht als Kleidung, sondern als *Schari'a*-Vorschrift zu tun haben. Wenn sie diese zulassen, müssten sie konsequenterweise analog hierzu auch die Duldung der körperlichen Strafen der *Schari'a* (Peitschen, Handabhacken, etc.) im Namen der Religionsfreiheit hinnehmen. Diese Strafen stehen im Koran-Text, nicht aber die Kopftuch-Vorschrift, die nur auf einer falschen Interpretation beruht. Wo sind die Grenzen zu ziehen? Diese Fragen sind in einen übergeordneten Kontext einzuordnen. Dieser betrifft Europa, seine zivilisatorische Identität und somit zentral die Thematik dieses Buches, also die Aufnahme eines islamischen Landes in die EU.

Die bisherigen Erläuterungen machen deutlich, warum die Beschäftigung mit dem Kopftuch – entsprechend des Buchtitels – nicht im ersten Kapitel, sondern erst hier, im dritten Schritt erfolgt. Ich habe zuvor die wichtigeren Probleme erörtert und den Kontext hergestellt, wodurch klar geworden ist, dass sich meine Untersuchungen trotz des Buchtitels nicht auf das Kopftuch als solches fixieren und beschränken lassen.

Die *Schari'a*-Herausforderung an die zivilisatorische Identität Europas: Der Kopftuchstreit in Frankreich

In Frankreich empfand die Regierung die Kopftuchangelegenheit als dermaßen brenzlig, dass 2003 eine Kommission einberufen wurde, die die Problematik des Kopftuches aus der Perspektive der Erhaltung der Errungenschaften der Französischen Revolution untersuchen sollte. Diese von Bernard Stasi geleitete zwanzigköpfige Experten-Kommission legte dem französischen Staatspräsidenten Jacques Chirac ihren Bericht vor, in dem das Verbot des Kopftuches[2] an staatlichen Schulen, das dort als Symbol des Islamismus praktisch eine Infragestellung der *Laïcité* beinhaltet, empfohlen wird. Daraus folgt, dass es in diesem Konflikt darum geht, ob die *Laïcité* oder die *Schari'a* als Werte-Orientierung in Frankreich gilt. Dies kann man nicht oft genug wiederholen. Die *Laïcité* gehört zum Herzstück der Französischen Revolution und somit zur zivilisatorischen Identität Europas. Die Pariser Korrespondentin der *New York Times* Elaine Sciolino kommentierte, dass es in dieser Diskussion nicht um das Grundrecht der Religionsfreiheit gehe, sondern um

> „Herausforderungen, mit denen sich das säkulare Frankreich – wie ein Großteil von Europa – konfrontiert sieht, nämlich mit dem Islam zurecht zu kommen ... Die organisierten Gruppen des Islam testen das säkulare Frankreich dadurch, dass sie Forderungen stellen ... Muslime werden von diesen Gruppen unter Zwang gesetzt, zuerst über ihren Glauben ihre Identität zu definieren, und sich erst an zweiter Stelle durch Citoyennité zu identifizieren.[3]

Die *Neue Zürcher Zeitung* unterstreicht diese Sichtweise, indem sie herausstellte:

> „Im Grunde geht es indes um die Verteidigung der laizistischen Ideale der Republik gegen eine zunehmend aggressive Infragestellung durch radikale Islamisten, die das Kopftuch für ihre ideologischen Absichten instrumentalisieren."[4]

Bei den angesprochenen Absichten ist das Anliegen deutlich, nämlich die Geltung der *Schari'a*[5] als politische Ordnung auch in Europa durchzusetzen. Der Kommissionsvorsitzende Bernard Stasi kommentierte gegenüber der Presse den islamischen Protest gegen die französisch-laizistische Entscheidung mit folgenden Worten:

> „Frankreich hat keine Wahl ... Frankreich kann es den Muslimen nicht gestatten seine elementaren Werte zu unterminieren, die eine strikte Trennung von Religion und Politik, die Gleichstellung der Geschlechter und Freiheit für alle mit einschließen. Es ist kaum zu übersehen, dass bestimmte Muslime oder Gruppen von ihnen Frankreichs Widerstandsfähigkeit testen wollen. ... Diese wollen, dass Frankreich nicht länger Frankreich ist ...Das können wir nicht tolerieren."[6]

In einer im französischen Fernsehen im Dezember 2003 ausgestrahlten Rede hat der französische Präsident entschieden, die Empfehlung der Stasi-Kommission zu übernehmen, und kündigte damals ein Gesetz als *code de la laïcité* für 2004 an, das das Tragen von Kopftüchern in den öffentlich-staatlichen Schulen – sowie auch von christlichen und jüdischen Symbolen als Ausdruck der Gleichbehandlung – verbietet.[7] Daraufhin wurde dieses Gesetz vom französischen Parlament später unbeirrt und ohne Beachtung islamistischer Proteste verabschiedet und ist inzwischen in Kraft getreten. Ein Nachspiel blieb jedoch nicht aus: Im August 2004 entführten islamistische *Djihadisten* im Irak zwei französische Journalisten und drohten mit deren Enthauptung, sollte die französische Regierung das demokratisch verabschiedete *Laïcité*-Gesetz nicht zurücknehmen. Frankreich bewies Courage und Durchhaltevermögen. Das Gesetz blieb. Die *Djihadisten* mussten eine Niederlage einstecken, die Journalisten kamen frei!!

Anders als Chirac dachte der ehemalige deutsche Bundespräsident Johannes Rau, der sich, als er noch im Amt war, anlässlich des Lessing-Festaktes in Wolfenbüttel im Januar 2004 zur Kopftuchproblematik äußerte – auffälligerweise, ohne die französische Debatte zu beachten. Ich bedaure es sehr, dass Rau sich weigerte, den Konflikt zu erkennen, und stattdessen gesinnungsethisch kontextfrei von Religionsfreiheit sprach; er schien hierbei nicht nur schlecht informiert, sondern auch ebenso miserabel beraten. In dieser Kopftuchrede sagte Rau, er wisse, dass es „muslimische Frauen gibt, die ein Kopftuch als Ausdruck ihrer fundamentalistischen, religiös-politischen Haltung tragen", und auch, dass manche Frauen durch „Druck ... dazu gezwungen werden, ein Kopftuch zu tragen". Dann fügte er hinzu, dass er bei gleichzeitigem Eintreten für eine „klare Trennung von Staat und Religion, die in den meisten

Staaten der westlichen Welt gilt", dazu rät, von jeder staatlichen Verordnung in Bezug auf das Kopftuch abzusehen.[8] Rau sagte zwar: „Wir müssen die Auseinandersetzung mit dem Fundamentalismus führen", verriet aber nicht, wie er sich dies vorstellte. Wenn Islamisten *Djihad* für das Kopftuch als *Schari'a*-Vorschrift führen, sind sie hierbei nicht etwa durch „Religionsfreiheit" motiviert, wie Rau meint, sondern verfolgen eine Strategie. Ein Journalist schrieb richtig, dass das Kopftuch für sie „eine Frage der Macht"[9] symbolisiert. In diesem Sinne wird im vorliegenden Kapitel die Haltung der Islamisten bezüglich des Kopftuches entschleiert, indem gezeigt wird, wozu der Schleier wirklich dient und mit welcher Geisteshaltung die türkischen AKP-Islamisten nach Europa wollen.

Die Bedeutung der Verschleierung der Frau in der Türkei und Deutschland

Bei einer sachlichen Erörterung des anstehenden Gegenstandes ist es erforderlich, eine historische Perspektive zu entwickeln, um die Bedeutung des Schleiers in der Vergangenheit von seiner Funktion in unserer Gegenwart zu unterscheiden. Es ist bekannt, dass die Frauen im Osmanischen Reich traditionell verschleiert waren. Dies gilt allerdings nicht überall in der Welt des Islam, die erheblich größer und vielfältiger ist. Hinzu kommt, dass im Gegensatz zu dem Kopftuch von damals die islamistisch bekleideten Frauen von heute keine traditionelle Kleidung, sondern eine totalitär aussehende Uniform tragen. Im Zuge der Transformation der türkischen Gesellschaft im Rahmen der kemalistischen Revolution wurde von Kemal Pascha das Ziel verfolgt, die neu gegründete türkische Republik in jeder Hinsicht, auch in Bezug auf Frauenrechte, zu europäisieren. Zentral war die Intention, äußerliche Unterschiede, die die Türkei von Europa zivilisatorisch abgrenzen könnten, zu beseitigen. Das Land sollte hierdurch ein europäisches Gesicht bekommen und Europa nahe gebracht werden. Es versteht sich von selbst, dass das Verbot der Verschleierung der Frauen zu dieser neuen Politik gehörte. Es blieb nicht bei den Frauen, auch der *Fes*/Turban der Männer wurde verboten.

Die Politik der neuen AKP-Regierung in der Türkei steht unter anderen Vorzeichen, eben weil sie diese kemalistische Verordnung des Kopftuchverbotes schleichend unterlaufen will. Beim Streit um das Kopftuch wird ein politischer Konflikt ausgetragen, der Inhalte, aber auch Symbole hat. Entsprechend wird bei dieser Auseinandersetzung in der Türkei zwischen den Islamisten und den Kemalisten darüber gestritten, ob jenes Land säkular bleibt, oder im Rahmen einer Ent-Europäisierung von den islamistischen Ordnungsvorstellungen einer *din-ü-devlet* (türkisch: Einheit von Staat und Religion) geprägt sein wird. Dieser Streit wird faktisch ohne Artikulation ausgetragen, weil die Islamisten – ein Verbot des Verfassungsgerichts befürchtend – sich nach außen täuschend als Säkularisten präsentieren. Als Symbol des Konfliktes dient die islamistische Verschleierung der Frauen, und die Islamisten setzen sich hierfür in der „europäischen" Sprache der Menschenrechte ein.

Heute kann man in der Türkei trotz der öffentlich demonstrierten rituellen, aber nur scheinbaren Verehrung Atatürks – zum Beispiel bei Staatsbesuchen – feststellen, dass die AKP den Kemalismus ablehnt. Entsprechend ist es angemessen von einer post-kemalistischen Türkei unter „demokratischer Herrschaft" der Islamisten zu sprechen. In der heutigen Türkei ist das Kopftuch eines der zentralen politischen Themen.[10] Die Bedeutung dieser Problematik erfährt unter den AKP-Politikern eine Steigerung. Viele Vorschriften sind bereits gelockert worden. Frauen können heute im öffentlichen Leben der Türkei wieder verschleiert auftreten. Im Mai 2003 haben sie eine Aufwertung der islamistischen *Imam-Hatip*-Schulen vorgenommen; ihre Vertreter im Parlament verabschiedeten ein Gesetz, das diese religiös-doktrinären Einrichtungen fördert. Die weiblichen Absolventen dieser Schulen tragen Kopftuch als Symbol ihrer Gesinnung, die Männer einen Bart. Somit werden beide Themen, islamistische Erziehung und fundamentalistische Kopfbedeckung, in Verbindung gebracht; ich werde noch zeigen, dass die vom Islamismus gepriesene Uniform nicht von der Religion des Islam vorgeschrieben ist. Die Knaben müssen noch ein wenig älter werden, ehe ihnen der vorgeschriebene Bart wächst, aber es bestehen keine Hemmungen, die jungen Mädchen ihrer Kindheit durch Kopfbedeckung und Geschlechtertrennung zu berauben. Die islamistische Frauenuniform sieht ländlich aus, ist es aber nicht, weil der Islamismus eine städtische Erscheinung der unbewältigten Moderne ist. Die neue Kopfbedeckung hat mit Traditionalismus wenig zu tun. Aus diesem Grund ist es falsch, hier – wie manch schlecht informierter Sozialwissenschaftler es tut – von „Re-Traditionalisierung" zu sprechen. Vielmehr geht es um einen innertürkischen politischen Konflikt, der die Zukunft der Türkei ebenso wie die anvisierte EU-Aufnahme des Landes unter der Herrschaft einer Kopftuch-Partei angeht.

Wie in Frankreich gilt in der Türkei jedoch (noch) das Kopftuchverbot für Schulen und öffentliche Einrichtungen. In großen Teilen der türkischen Islam-Diaspora Deutschlands hingegen, wo der politische

Islam in der Moscheevereinskultur gedeiht, ist es gänzlich anders. Hier fühlen sich die Islamisten, die in Wirklichkeit von Menschenrechten wenig halten, plötzlich dazu berufen, das Tragen des Kopftuches als ein „Grundrecht" zu verteidigen. Man konnte bisher zugleich deprimiert und ironisch fragen, ob dieses Menschenrecht zu der Weiterentwicklung der UN-Menschenrechtsdeklaration gehört, bis der Europäische Gerichtshof für Menschenrechte im Mai 2004 autoritativ entschieden hat, dass das Kopftuchtragen kein Menschenrecht ist.

Sowohl in der Türkei selbst als auch in der türkischen Diaspora in Deutschland ist das Kopftuch als ein Instrument zivilisatorischer Abgrenzung zu verstehen. Der iranische Sozialwissenschaftler Mehrzad Boroujerdi vertritt die Ansicht, dass Muslime ihr Anderssein (*Otherness*) parallel zur Abgrenzung vom Westen (*Othering the West*) dermaßen herauskehren, dass dies zu einem „Triumph des Nativismus"[11] führt. Im Sinne dieser Deutung sehen auch aufgeklärte Türken im Schleier einen Teil dieser „nativistischen" Abgrenzung, die in der türkischen Diaspora die Gestalt der Selbstethnisierung annimmt.

Bei der Kopftuchaffäre findet in Europa ein weltanschaulicher Konflikt der Zivilisationen statt.[12] In diesem Zusammenhang ist Toleranz nichts anderes als eine Rationalisierung der eigenen Schwäche, wie ich in der Einleitung gezeigt habe. Postmoderne Europäer wollen nicht begreifen, dass das Gebot der Toleranz nicht dazu verpflichtet, alles Abweichende und Andersartige zu dulden. Das ist eine falsche Auffassung von substantieller Toleranz[13], die die totalitäre Gefährdung der offenen Gesellschaft übersieht. Der demokratische türkische Migrant Murat Çakir warnt vor Islamisten als „Pseudo-Demokraten"[14], hinter deren Maske Gutmenschen nicht blicken können.

Türkische Islamisten geben Europäern vor, die Verschleierung der Frauen gehöre zur Ausübung der Religion. Der Islam-Reformer Mohammed Said al-Aschmawi begründet seine Ablehnung des Kopftuches auf religiöser Grundlage sehr überzeugend.[15] Manche bemühen in diesem Zusammenhang schablonenhaft den Begriff des „Rassismus"[16] – dieser wird übrigens ebenso wie der Begriff der Toleranz weit strapaziert. Das Abtun der Kritik am Islamismus als „Rassismus und Feindbild Islam" erinnert mich an einen Streit zwischen einem jüdischen Säkularisten und einem jüdischen Fundamentalisten in Jerusalem, bei dem letzterer seinem Rivalen vor laufender CNN-Kamera vorwarf: „Sie sind ein Rassist." Der Grund hierfür bestand darin, dass der jüdische Säkularist sich nicht an die von jüdischen Orthodoxen verordnete Sabbat-Ruhe in Jerusalem halten wollte; seine Antwort an seinen fundamentalistischen Widersacher war: „Was verstehen Sie von Rassismus?" Dasselbe könnte ich als Muslim zu gewissen deutschen, oft atheistischen Kritikern sagen, die meine islamische Aufklärung mit ihrer „Rassismus-Obsession" verwechseln und mich als Muslim nicht nur über den Islam belehren, sondern mir dazu noch arrogant vorwerfen, ein „Feindbild des Islam" zu verbreiten. Wie kann ein Muslim gegenüber Mitmuslimen, ein Jude gegenüber Mitjuden ein Rassist sein? Der Islam-Reformer al-Aschmawi fragte mich einmal bei einem Besuch in Kairo nach dem Befinden Europas. Er sprach in seiner Heimatstadt vor einer Reisegruppe von Studenten aus den Niederlanden, die ihm in seiner eigenen Heimat „Rassismus und die Verbreitung vom Feindbild Islam" vorwarfen, nachdem er ihnen seine Kritik am politischen Islam vorgetragen hatte. In Deutschland ist es nicht anders.

Jenseits der angeführten Dummheiten möchte ich eine Bemerkung zu jenen Deutschen machen, die mit linkem Anspruch auftreten und die Islamisten als sogenannte Vertreter außereuropäischer Kulturen gegenüber der Aufklärung bzw. als „Protest gegen die Globalisierung" verteidigen. Der linke französische Publizist Alain Finkielkraut nennt diese Romantisierung der Anderen die „Niederlage des Denkens"[17]. Er bezichtigt den Islamisten Tariq Ramadan des Antisemitismus und warnt die Linken davor, die islamistische Ideologie zu verniedlichen; dies ist ein Ausdruck einer solchen *Défait de la Pensée*. Dennoch sind es in Deutschland oft Linke, die das Kopftuch verteidigen. Warum tun sie das? In der Türkei verhalten sich die Linken anders, weil sie wissen, worum es geht. Wie kann ein Linker den Gottesstaat wollen?

Ehe ich mit meiner Argumentation fortfahre, will ich – dazu abschließend – von einer auf einem westlich-islamischen Dialog in Istanbul gemachten Aussage berichten. Dort sagte der am Dialog beteiligte syrisch-islamische Philosoph und Aufklärer Sadik Jalal al-Azm:

> „Wenn syrische Christen, die im Land Einheimische, also keine Migranten sind, im islamischen Damaskus mit dem offen um den Hals getragenen Kreuz öffentliche Schulen demonstrativ betreten würden und von diesem Symbol im Kontext der Religionsfreiheit sprächen, würde dies keine Polemik entfachen, es würde einfach Blut fließen."[18]

Wie al-Azm bin auch ich aus Damaskus, dort geboren und aufgewachsen; daher weiß ich, dass die Bewohner des Christenviertels Bab Tuma volle Toleranz genießen und solche Provokationen an Muslimen nie erwägen würden. Als gebürtiger Damaszener kann ich die zitierte Aussage al-Azms bestätigen und antizipiere die westliche Reaktion auf die Aussage von al-Azm, dies sei ein „Mangel an Toleranz von Seiten der Muslime". Manche Christen rühmen sich selbst gern der Toleranz, wenn sie mit dem Kopftuch am Brandenburger Tor demonstrieren. Doch Toleranz ist keine Selbstaufgabe. Der Verzicht auf die eigene europäische Identität wäre Selbstaufgabe und ein Ausdruck der zivilisatorischen Schwäche, nicht der Toleranz. Die Identität von Damaskus ist islamisch, und dies respektieren die dort lebenden einheimischen Christen. Im Gegensatz dazu ist die Identität Deutschlands europäisch, was auch wir zugewanderte Muslime – auch die Türken darunter – respektieren müssen. Die Islamisten tun dies aber nicht!!

Frauen im Islam: Ein geschichtlicher Rückblick

Die Verschleierung der Frauen prägt als uniformierte Bekleidung zunehmend das äußerliche Stadtbild, so auch in Istanbul. Als etwas Neues in der Türkei fällt besonders der als „Schleier" bezeichnete Umhang auf. Ich spreche bewusst von einem „Umhang", weil dieser nicht dem traditionellen *hidjab*, also dem Schleier als Kopfbedeckung der islamischen Frau, entspricht; er ist auch nicht türkisch, sondern importiert und wirkt wie eine Uniform mit doppelter Funktion: er soll gleichermaßen der Abgrenzung dienen und die Gegner provozieren. Das ist nicht unbedingt das Ziel der Frauen selbst, die diese Uniform tragen. Vielmehr ist dies die Intention derjenigen Männer, die es ihnen auferlegen. Es ist deshalb grotesk, wenn westliche Feministinnen ohne Sachkenntnis vom Kopftuch als Ausdruck des islamischen Feminismus sprechen.

Westliche Feministinnen behaupten, es gebe unter den Menschen geschlechtsspezifische Unterschiede, die sich auch in der Frage von Krieg und Frieden feststellen lassen. Unter Frauenherrschaft würde es keinen Krieg geben. Dieser Behauptung widerspricht die historische Tatsache, dass der erste (innerislamische) *fitna*-Krieg von einer Frau – Aischa, der Lieblingsfrau des Propheten (türkisch Ayse geschrieben) – erklärt und geführt wurde.[19] Aber der Islamismus unserer Gegenwart ist ein Männerphänomen; die heutigen „Ayses" sind nur Mitläuferinnen, auch in der Türkei findet man sie nicht unter den führenden Politikern.

Von diesem Hinweis auf die Frau des Propheten ausgehend möchte ich in diesem Abschnitt einen historischen Exkurs zur Rolle der Frau im Islam einfügen. Dieser Gegenstand soll jedoch stets auf die Thematik dieses Buches und des Aufstieges der nun regierenden Islamisten in der Türkei bezogen bleiben. Die Islamisten verstecken sich hinter der Maske des islamischen Konservatismus. In der islamischen Geschichte waren die hellenistischen Muslime (wie Avicenna und Averroës)[20] die Vertreter der „Aristotelischen Linken"[21], während Vertreter der *fiqh*/Sakraljurisprudenz wie Ibn Taimiyya[22] zu den Konservativen gehörten, auf die sich die heutigen Islamisten berufen. Ist der islamische Konservatismus eine neue Spielart der *salafiyya*/Salafismus? Das Thema der „Stellung der Frau im Islam" muss in den Kontext der islamischen Geschichte eingebettet werden; hierüber liegen grundlegende und autoritative Werke vor.[23]

Es ist höchst bedauerlich, dass sich die Islamkenntnisse vieler Menschen im Westen darin erschöpfen, diese Religion mit „verschleierten Frauen" und in Polygamie mit mehreren Frauen lebenden Männern zu verbinden, die weder Schweinefleisch verzehren, noch Wein trinken dürfen – dennoch letzteres insgeheim tun. Daraus erwachsen allgemeine Klischees, in denen Selbst- und Fremdbilder zum Ausdruck kommen.[24] Bei dem Versuch, einen Blick auf die Frauen im Islam zu werfen, fällt jedoch sogleich auf, dass es sich um ein sehr weitgestecktes Thema handelt. Wir müssen es auf drei Ebenen angehen, die hier nur kurz angeführt werden sollen:

1. *Frauen im Islam auf der textuellen Basis der islamischen Offenbarung.* Hier lautet die zentrale Frage, welchen Rang der Koran den Frauen einräumt. Die Tunesierin Ismatuladdin Haram al-Haila sowie die deutsch-amerikanische Islam-Wissenschaftlerin Barbara Stowasser haben diesen Gegenstand erschöpfend behandelt, indem sie alle Koran-Stellen über die Frau in ihren Werken untersucht und interpretiert haben.[25] Der Islam-Reformer und Menschenrechtler Abdullahi an-Na'im hat auf dieser textuellen Ebene eine Benachteiligung der Frauen festgestellt, da ihnen weniger Rechte als den Männern zugestanden werden.[26]

2. *Die Frauen in der islamischen Geschichte.*[27] Es versteht sich, dass die islamische Geschichte Realitäten zum Ausdruck bringt, die keine Entsprechung in den Vorschriften der religiösen für göttlich gehaltenen Doktrin des Islam finden. In der Realität handelt es sich um von Menschen aufgestellte Vorschriften. In der Anthropologie von Clifford Geertz[28] wird diese Spannung als solche vom Islam als Modell für die Realität (Doktrin) und Modell von der Realität (Wirklichkeit) konzeptualisiert. Das koranische „Modell für die Realität" gilt auch für die Frauen im Islam, jedoch nur als eine normative Orientierung, die in der Realität unterschiedliche Formen annimmt. Der Koran-Text ist überall derselbe, aber der Islam ist in der Realität in Indonesien anders als in Marokko oder der Türkei.[29]

3. *Die lokalkulturellen Unterschiede in Bezug auf die Stellung der Frau.* Innerhalb der islamischen Zivilisation existiert eine sehr große lokalkulturelle Vielfalt. So kennen islamische Frauen in den afrikanischen oder südostasiatischen Kulturen – im Gegensatz zu den islamischen Mittelmeerkulturen – keinen Schleier in Form eines den Körper verhüllenden Umhanges. Der Islam variiert von einer lokalen Kultur zur anderen, obwohl all diese Lokalkulturen in die islamische Zivilisation eingebettet sind.

Unabhängig von den mit diesen drei Ebenen korrespondierenden Differenzierungen lässt sich generell feststellen: Frauen haben in der Geschichte des Islam trotz ihrer schariat-rechtlichen Benachteiligungen stets großen politischen Einfluss gehabt, auch wenn sie in der Regel hinter Haremstüren blieben und in der Öffentlichkeit nicht in Erscheinung traten. Die „Feldfrau" Aischa lässt sich als ein Beispiel hierfür anführen. Aischa kämpfte gegen den Vetter und Schwiegersohn des Propheten, also gegen Ali, der zwar diesen Krieg gewann, aber drei Jahre danach (661) ermordet wurde. Auch im Osmanischen Reich hatten Mütter türkischer Sultane nach der Aischa-Tradition erheblichen Einfluss. Es ist nicht überzogen zu argumentieren, dass osmanische Harems-Frauen einen vergleichbaren Einfluss wie Aischa hatten. Denn in der osmanischen Geschichte waren diese Harems-Frauen diejenigen, die über ihre Söhne die Politik des Reiches mitbestimmt haben. Erst als Mutter bekommt eine islamische Frau Macht. Im Osmanischen Reich war die Mutter des jeweiligen Sultans das eigentliche Machtzentrum. Sie trug den Titel „*Valide Sultana*/Mutter des Sultans". Bestes Beispiel ist die Mutter des Reform-Sultans Abdul-Madjid (türkisch: Abdulmecid). Über sie schreibt der Historiker des Osmanischen Reiches, Alan Palmer:

„Die *Valide Sultana* hat entscheidend die Auswahl der Wazire/Minister bestimmt; sie beriet ihren Sohn; ihr Urteil über die Männer war scharfsinnig und wohlabgewogen; sie bewahrte ihren Einfluss bis zu ihrem Tod."[30]

Im Vergleich zur Vergangenheit, in der Frauen über Umwege politischen Einfluss ausüben konnten, lässt sich eine Verschlechterung der Situation bei den türkischen Fundamentalisten unserer Gegenwart beobachten. Frauen haben im Islamismus, der eine neopatriarchalische Männerbewegung ist, wenig zu sagen; sie stellen hier nur das Fußvolk und leisten als Kopftuchträgerinnen propagandistische Hilfsdienste. Anders ist es im traditionellen Saudi-Arabien und auch in der islamischen Monarchie Marokko, wo die Frauen in alter Tradition hinter den Kulissen noch viel Einfluss über ihre Söhne erlangen und ausüben können.

Wenn die Problematik der Frauen im Islam auf die heutige Türkei eingeengt wird, kann festgestellt werden, dass ein weiblich-islamistisches Parteimitglied als Parlamentsabgeordnete ohne Kopftuch auftreten müsste. Dies wird oberflächlich respektiert. Doch bei Zusammenkünften der Parteispitze herrscht die islamistische Uniform vor. Generell sieht man nur Männer bei der AKP-Führung. Die Erklärung hierfür ist, dass auch anderswo, gleich ob in islamischen oder nicht-islamischen Ländern (zum Beispiel in Israel und Indien), das Fundamentalismus-Problem[31] ein Männer-Phänomen ist. In allen fundamentalistischen Bewegungen bilden Frauen fast immer das Fußvolk. Dies gilt auch für die Türkei, wo das von Männern verordnete Tragen des Schleiers ein Emblem des Zivilisationskonfliktes darstellt. Dass diese Anordnung keine autoritative religiöse Vorschrift für die Frauen im Islam ist, werde ich später nachweisen. Generell und abschließend stelle ich fest, dass die Frau im traditionellen Islam einen besseren Stand hatte, als ihn die Frau im halb-modernen Islamismus (selbst in der Türkei) heute genießt.

Die Brüchigkeit der Behauptung, das Kopftuch sei eine islamische Vorschrift

Die Wahl der Kleidung ist stets kulturell bedingt. In der Welt des Islam (ca. 1,5 Milliarden Menschen) kleiden sich die Muslime entsprechend ihrer Lokalkulturen unterschiedlich. Die Formel „*al-zai al-Islami*/islamische Kleidung", zu der das Kopftuch gehört, ist eine islamistische Erfindung. Der Reisende kann vorwiegend in der Mittelmeerregion und auf der Arabischen Halbinsel, im Iran, teilweise auch in Pakistan sowie in Afghanistan (einst unter der Herrschaft der Taliban) Frauen mit Kopftuch beobachten. Hingegen ist im Senegal (85% Muslime) oder anderswo in den islamischen Ländern Westafrikas bzw. Südostasiens – vor dem Aufstieg des Islamismus – eine verschleierte Frau eine Seltenheit, jedenfalls nicht die Regel. In Indonesien ist das Kopftuch heute ein Import aus dem Nahen Osten. Über die Feststellung hinaus, dass das Kopftuch kulturelle Volkstracht bzw. politische Uniform sein kann, stellt sich die Frage, ob das Tragen eines Kopftuches eine religiöse Vorschrift ist. Der prominente ägyptische Islam-Reformer Mohammed Said al-Aschmawi hat unter dem Titel „*haqiqat al-hidjab*/Die Wahrheit über den Schleier" in Kairo ein bedeutendes Buch veröffentlicht, in dem er anhand der islamischen Quellen nachweist, dass es im Islam keine Pflicht zur Verschleierung der Frauen gibt. Al-Aschmawi diskutiert den

Text des Koran sowie den authentischen Teil der Überlieferung des Propheten und kommt dann zu dem Ergebnis:

„al-hidjab/der Schleier, so wie er heute dominiert, ist ein politisches Symbol und keine religiöse Vorschrift, wie die Quellen zeigen, seien sie der heilige Koran oder die Überlieferung des Propheten. Die Gruppen des politischen Islam [d.h. des Fundamentalismus] haben dieses Symbol den Frauen und jungen Mädchen, die sie in ihre Reihen eingruppiert haben, aufgezwungen, um sie von anderen Musliminnen und nicht-muslimischen Frauen abzugrenzen. Diese islamistischen Gruppen haben den Frauen dieses Symbol, ebenso wie die Djallabah den Männern, als Uniform unter der Behauptung aufgezwungen, es sei die Uniform des Islam ... Hiermit wollen sie symbolisch im öffentlichen Leben ihre Präsenz, ihren Einfluss und ihre Aktivitäten zur Schau stellen."[32]

Diese Deutung wird von Islamisten, die das Kopftuch verteidigen, nicht geteilt; sie widersprechen al-Aschmawi, indem sie sich auf den Koran-Vers berufen:

„Tretet nicht in die Häuser des Propheten ein, außer es wird euch erlaubt ... Und wenn ihr sie [d.h. die Frauen des Propheten] um einen Gegenstand bittet, so bittet sie hinter einem Vorhang! Das ist reiner für eure Herzen und ihre Herzen" (Koran, Sure 33/Vers 53).

Die marokkanische Feministin Fatema Mernissi ist der Auffassung, aus dieser Stelle lasse sich keine Vorschrift zum Schleier ableiten, vielmehr gehe es um:

„... gewisse Höflichkeitsregeln, die sie [die Muslime zur Zeit des Propheten] noch nicht zu kennen schienen ... wie z.B. nicht mehr in ein Haus einzutreten, ohne um Erlaubnis zu bitten."[33]

Den im Koran vorgeschriebenen Vorhang leite nach Mernissi nur:

„die Zweiteilung des Raumes ein ... Er bewirkte die Trennung des Öffentlichen vom Privaten oder des Weltlichen vom Heiligen und führte letztendlich zur Trennung der Geschlechter." (ebd.)

Im doktrinären Islam stößt man auf eine vorgeschriebene Trennung der Geschlechter; diese umfasst jedoch keine Pflicht zur Verschleierung. Ausgehend von dieser Feststellung stellt sich die Frage, wie die türkischen Islamisten dann das Kopftuch begründen? Diese können in der Regel kein – oder nicht genug – Arabisch, obwohl es als Sprache des Koran an den *Imam-Hatip*-Schulen unterrichtet wird. Oft handelt es sich um Laien, die mit den zitierten Quellen nicht vertraut sind.

Die Arbeit des Islam-Reformers al-Aschmawi ist in der Türkei nicht bekannt; dafür sind aber fundamentalistische arabische Autoren – vor allem der Begründer des politischen Islam Sayyid Qutb[34] – ins Türkische übersetzt worden. Hierbei fällt auf, dass es in der Türkei noch keine *von Türken* formulierte, autoritative fundamentalistische Ideologie gibt. Deshalb werden Anleihen bei dem Ägypter Qutb und dem Pakistani Abu al-A'la al-Mawdudi gemacht. Sie dienen als Ziehväter einer islamistischen Ideologie gegen den Kemalismus. Beide Autoren gelten überregional als geistige Väter des Islamismus.

Ohne die erforderlichen, im Vorfeld zu betreibenden islamwissenschaftlichen Studien zu berücksichtigen, vertritt die schon zitierte türkische Soziologin Nilüfer Göle die richtige Auffassung, dass das Kopftuch wenig mit der Religion zu tun habe. Sie argumentiert, dass die zunehmende Verschleierung moderner junger Türkinnen, oft mit Schul- oder gar Universitätsausbildung, eher als ein „Ausdruck des Konfliktes mit der Moderne als der Loyalität gegenüber der Religion des Islam"[35] zu deuten sei. Göle will, wie sie selbst schreibt, dieses Phänomen „studieren, ohne zu verurteilen". Aus diesem Grunde hatte sie in der Türkei, wo ihr Buch parallel zur zunehmenden Verschleierung erschienen ist, einen schweren Stand; sie hat die Feindschaft der kemalistischen Säkularisten auf sich gezogen, die ihr eine stillschweigende Akzeptanz der schleichenden Islamisierung der Türkei vorwarfen. Ebenso aber hat Göle als nicht-verschleierte Muslima, anlässlich einer öffentlichen Diskussion in Istanbul, die Feindschaft der Islamisten hinnehmen müssen, für die eine islamische Frau ohne Kopftuch als eine von der Religion Abgefallene gilt. Wer im Denken differenziert, sitzt in einer Welt des Pro und Contra zwischen allen Stühlen.

Im Wesentlichen geht es beim Kopftuch-Konflikt um Politik im Rahmen der Politisierung der Religion im Islam. Nilüfer Göle bemerkt sehr richtig, dass das „Verschleiern der Frau ein politisches Statement" geworden ist.[36] Eine andere, in Ankara und Istanbul lehrende Türkin, Ayse Kadioglu[37], vermerkt richtigerweise, dass es eine Ironie sei feststellen zu müssen, dass sich der Streit zwischen Islamisten und Kemalisten fast ausschließlich um das Kopftuch dreht, wo es in Wirklichkeit doch um grundverschiedene Weltanschauungen geht, die Staat und Gesellschaft betreffen. Diese Beobachtung gilt nach meinem Dafürhalten auch für die Türken in Westeuropa: Es geht nicht um den Schleier, sondern um die Verweigerung der Integration in eine westliche Gesellschaft.[38]

In der Türkei selbst habe ich mehrfach in der türkischen Presse und im Fernsehen über den Fundamentalismus gesprochen und dabei gezeigt, wie die Ideologie des Islamismus die Bestimmung des Menschen als ein Individuum zurückweist und einzig die Kollektividentität der

Muslime in der islamischen „*Umma*/Gemeinschaft aller Muslime“ zulässt.[39] In diesem Sinne wird von türkischen Soziologinnen die Beobachtung gemacht, wie sehr der Lebensstil der türkischen Fundamentalisten auf dem Kollektiv basiert. So schreibt Göle, „die Verschleierung als ein Zwangsemblem“ impliziere „in anderen Worten eine totalitäre Dimension“.[40]

Diesen Abschnitt zusammenfassend halte ich fest: Der heute in der Türkei um die Frauenköpfe gelegte Umhang entspricht weder der traditionellen türkischen Kopfbedeckung, noch ist er eine religiöse Vorschrift; er ist die islamistische Uniform einer neuen anti-westlichen Bewegung. Er ist das Emblem des Islamismus im Zivilisationskonflikt, welches der zivilisatorischen Abgrenzung dient. In der Diaspora gehört das Kopftuch als Verweigerung der Integration zur Selbstethnisierung. Noch schwerwiegender ist der Tatbestand, dass im Namen von „Religionsfreiheit“ und „Toleranz“ der Ruf nach einer graduellen Einführung einer politisierten *Schari'a* erfolgt. Das Phänomen des Kopftuches muss in diesem Kontext gesehen werden, wenn man verstehen will, worum es geht.

Türkische Frauen und das Kopftuch im Zivilisationskonflikt

Das Kopftuch dient nicht nur der Abgrenzung, es führt auch zu einer Polarisierung. Sowohl in der Türkei als auch in Deutschland gerät man zwischen die Fronten von Islamisten und Säkularisten, wenn der Gegenstand des Kopftuches erörtert wird, und sei es nur, wenn man dabei beschreibend vorgeht, ohne Stellung zu beziehen oder Wertungen vorzunehmen. Eine Konfliktsituation liegt dennoch zweifellos vor. Für muslimische türkische Frauen, die eine westliche Erziehung genossen haben, korrespondiert dieser Konflikt mit einem doppelten Problem, nämlich einerseits verwestlicht, andererseits jedoch einer nicht-westlichen Zivilisation angehörig zu sein. Positiv muss angeführt werden, dass die Türkei unter den islamischen Ländern den höchsten Prozentsatz städtischer, gebildeter und berufstätiger Frauen aufweist. Das gilt vor allem für Fachberufe mit akademischer Ausbildung. Folglich haben diese Frauen oft eine in der Regel moderne westliche Erziehung genossen, und viele unter ihnen pflegen einen säkularen Lebensstil. Gebildete Muslime haben eine komplexe, wenn auch ambivalente Beziehung zur westlichen Zivilisation, die besonders für die Frauen charakteristisch ist, weil hier in die Spannung zwischen den zivilisatorischen Weltsichten in Bezug auf Islam und Europa zu verortende Rollenkonflikte entstehen.

Dem autoritativen Werk von Norbert Elias *Über den Prozeß der Zivilisation*[41] ist zu entnehmen, dass Westler unter Zivilisation nur ihre eigene verstehen. Oft wird hierbei unter Zivilisierung eine Universalisierung der westlichen Weltanschauung im Rahmen einer Verwestlichung des Restes der Welt verstanden.[42] Auf einem weit niedrigeren Niveau vertreten die Globalisten heute Inhalte ihrer McWorld-Ideologie. Diese Ideologie unterstellt, dass die Welt nach westlichen Standards vereinheitlicht, also quasi „mc-donaldisiert" wird. Der Prozess, den Hedley Bull „die Revolte gegen den Westen" genannt hat, wird als *Djihad* gegen „McWorld" begriffen.[43] Der sozialhistorische Kontext dieses Anspruches auf Universalisierung westlicher Anschauungen ist die europäische Expansion, die westliche Herrschaft und Strukturen auf die ganze Welt übertrug. In diesem Zusammenhang wende ich den soeben angeführten Begriff der „Revolte gegen den Westen" (H. Bull), der den Widerstand gegen die globale westliche Vorherrschaft und den Aufstand gegen westliche Werte mit einschließt, auf das Kopftuch an. Das Kopftuch ist eine Erscheinung der Entwestlichung. Wenn dem so ist, wie verträgt sich Entwestlichung – in diesem Fall symbolisiert durch das Kopftuch – mit der EU-Mitgliedschaft eines Landes, dessen Regierung ebendiese Haltung vertritt?

Der Prozess der europäischen Expansion, begleitet von Europäisierung, wirkte sich in der Türkei als Modernisierungsprozess aus. Damit wurde das Land nicht nur in die westliche Herrschaftssphäre einbezogen, es durchlief auch einen Prozess der Verwestlichung.[44] Gegenwärtig kehrt sich dieser Prozess um, in dem die Verwestlichung durch ein Streben nach Entwestlichung abgelöst wird. Die islamistische Bewegung in der Türkei ist hierfür beispielhaft. Von einer „Wertegemeinschaft" à la Schröder plus Erdogan kann daher unter Berücksichtigung der Inhalte keine Rede sein. Denn die Islamisten der Türkei weisen die Werte der westlichen Zivilisation im Rahmen der Entwestlichung als Folge der Islamisierung zurück. Wiederum steht hierfür das Kopftuch als ein Symbol. Hierbei kommt ein Zivilisationskonflikt zum Ausdruck, den Nilüfer Göle folgendermaßen beschreibt:

> „Kein anderes Symbol kann mit gleicher Kraft das Anderssein des Islam gegenüber dem Westen demonstrieren wie das Kopftuch … Die zeitgenössische Verschleierung der Frauen dient der Unterstreichung, dass die Grenzen zwischen der islamischen und der westlichen Zivilisation unüberwindbar sind."[45]

Indirekt erklärt Göle damit das Phänomen, bei dem der Schleier zum „Emblem des Islamismus" im Konflikt mit dem Westen wird.

In der veränderten Weltpolitik gewinnen Weltanschauungen[46] als ein neuer Faktor eine immense Bedeutung. Weltanschauliche Konflikte sind weder mit militärischen Auseinandersetzungen noch mit einem Kampf der Kulturen gleichzusetzen. In Frankreich versinnbildlicht man den weltanschaulichen Zivilisationskonflikt mit den Islamisten auch als „*Guerre de Tshador*/ Kopftuch-Krieg". Es mag sein, dass der Begriff des Zivilisationskonfliktes (nochmals: dieser ist kein *Kulturkampf*) erst durch Samuel Huntington[47] populär geworden ist, aber der Konflikt ist real und keine Erfindung von Huntington. Was Huntington nicht verstanden hat ist die Tatsache, dass dieser Konflikt vor dem 11. September 2001 vorrangig innerhalb der islamischen Zivilisation stattgefunden hat. Das Interessante daran ist gerade der Tatbestand, dass der Konflikt in der Türkei nicht zwischen dem „Westen" und dem „Islam", sondern innertürkisch, also innerhalb der islamischen Zivilisation ausgetragen wird, wobei türkische Kemalisten mit ebenso türkischen Islamisten aufeinander prallen. Das ist alles andere als das, worunter bestimmte Deutsche *Kulturkampf* verstehen. Die Befürworter und Gegner des Kopftuches sind also gleichermaßen türkische Muslime, jedoch mit unterschiedlichen Weltanschauungen und Identitätsmustern, die zu einem Konflikt beitragen, bei dem Säkularisten und Islamisten aufeinander stoßen. Die Türkei kann im Prinzip in die EU aufgenommen werden, aber erst, wenn dieser Konflikt zugunsten europäischer Werte als Rahmen für die zivilisatorische Identität des Landes in Verbindung mit einem europäisierten Islam entschieden ist.

Bei näherer Beobachtung erkennt man schnell, dass weder der Islamismus noch der von ihm als Emblem vorgeschriebene Schleier einen islamischen Traditionalismus zum Ausdruck bringen. Die heutigen türkischen Islamisten sind weder Konservative noch Traditionalisten. Es ist eine Tatsache, dass die Mehrheit der Islamisten in der Türkei aus dem modernen Sektor kommt, ja sogar durch westliche Bildung geprägt ist. Der Ziehvater von Erdogan und Gül ist der in Aachen promovierte Ingenieur Erbakan. Erdogan ist dagegen Absolvent einer *Imam-Hatip*-Schule, allerdings sind diese islamistisch, nicht traditionell islamisch.

Erbakan und seine Sprösslinge Erdogan und Gül predigen das Kopftuch für die türkischen Frauen nicht als eine Art islamischen Feminismus. Alle Islamistenparteien sind Männervereine. In meinen bisherigen Ausführungen wollte ich mich nicht mit der wenig überzeugenden Antwort zufrieden geben, dass verschleierte Frauen in der Türkei nicht wählbar seien, weil sie mit ihrem islamistischen „Emblem" nicht im Parlament sitzen dürfen. Im Kontext der Türkei steht eindeutig fest, dass es bei dem Schleier auch um einen – sicher nicht in Huntingtons Sinne – stattfindenden Zivilisationskonflikt geht. Wie bereits erläutert dient dieses „Emblem“ als ein Symbol der Entwestlichung; es ist nicht nur ein Ausdruck des Widerstandes nicht-westlicher Zivilisationen gegen die Hegemonie des Westens. Vielmehr handelt es sich um eine „Revolte gegen den Westen“, die sich in der Ablehnung westlicher Werte ausdrückt und ein Entwestlichungsprogramm impliziert.

Die Verschleierung der Frauen korrespondiert mit der Neu-Rekrutierung der Eliten in der Türkei.[48] Das kann man am Beispiel der Wirkung der *Imam-Hatip*-Schulen beobachten. Heute erfolgt unter der AKP-Herrschaft eine massive Bildung von Gegeneliten. Schon zuvor schrieb Nilüfer Göle hierzu:

„Zusammen mit der radikalen islamistischen Bewegung entfaltet sich ein neues Profil islamischer Identität parallel zur Bildung neuer islamistischer Eliten.“[49]

Göle führt weiter aus, dass die Islamisten „einen Ersatz für die Identifikation der Nation mit der westlichen Zivilisation, mit Europa“ bieten, weil die „europäische Kultur ... nicht mehr das Modell für die türkische Gesellschaft ist“ (ebd.)

Will die AKP, die dies mitträgt, tatsächlich nach Europa? Wenn „europäische Kultur“ in der Türkei „nicht mehr als Modell für die Gesellschaft“ gilt, wie kann das Land dann ohne Europäisierung der EU beitreten?

In den großen türkischen Städten habe ich nicht so viele verschleierte türkische Frauen gesehen wie in der Bundesrepublik oder auch in anderen europäischen Ländern. Dies führt mich zu der Schlussfolgerung, dass das Kopftuch als „Emblem des Islamismus“ weit mehr ist als ein Phänomen der Selbstethnisierung in der Diaspora, wo es als Zeichen der Verweigerung von Integration wirkt. Das Phänomen ist von erheblicher Relevanz, weil es hier weiter als in der Welt des Islam selbst – in unserem Falle in der Türkei – verbreitet ist. Da die Türkei mit diesem Symbol nach Europa will, ist dies von großer Bedeutung.

Oft hört man das Argument, dass der Schleier traditionell die Frauen vor den Blicken der Männer schütze. Dieses Argument wird von den Islamisten vor allem dazu verwendet, die Frauen der muslimischen Diaspora von der europäischen Welt als Ganzes abzuschotten. Die Betonung der partikularen Eigenart der Muslime als ein *Umma*-Kollektiv dient vor allem dazu, jede Integration in das Gemeinwesen der Aufnahme-Gesellschaft zu verhindern. Hierdurch erweist sich das Kopftuch nicht nur als ein „Emblem des Islamismus“, sondern auch als ein Instrument des Ghetto-Islam, der sich gegen jede Europäisierung des Islam richtet.[50] Die oben zitierte feministische Deutung des Schleiertragens (Kopftuchtragens) wird schon dadurch Lügen gestraft, dass das Kopftuch den Frauen von den türkischen *hodjas*, also von Männern vorgeschrieben wird. In der Regel wird der Schleier also nicht freiwillig getragen. Selbst der ehemalige Bundespräsident Rau hat dies in seiner fraglichen Kopftuchrede eingeräumt, aber aus dieser Beobachtung nicht die nötige Schlussfolgerung gezogen.

Unter den Bedingungen des weltanschaulichen Konfliktes zwischen der islamischen und der westlichen Zivilisation bringt das Kopftuch als „Emblem des Islamismus“ auch eine defensiv-kulturelle Haltung[51] zum Ausdruck und ist zugleich in erster Linie eine neue Herausforderung an den Westen. Diese besteht darin, dass der Islamismus über das Kopftuch den Weg für die Akzeptanz der *Schari'a* ebnen will. Der Islamismus wird täuschend als islamischer Konservatismus präsentiert. Mit dieser Vorspiegelung falscher Tatsachen wollen die Islamisten der AKP nach Europa vordringen, aber nicht, weil sie Europa und seine Werte mögen. Die „Wertegemeinschaft“, von der Gerhard Schröder unwissend spricht, existiert in der Realität nicht. Die Islamisten wollen mit Hilfe Europas die türkischen Militärs, die die Säkularität als Erbe Atatürks streng bewachen, erst neutralisieren und dann entfernen. Daraufhin könnten ihre Vertreter auf eine institutionelle Weise – also durch friedlichen *Djihad* – ihre Ordnungsvorstellungen der *Schari'a* in die Tat umsetzen. Das ist ebenso wenig europäisch wie das Kopftuch als „Emblem des Islamismus“.

Die islamistischen Kopftuch-Befürworter der AKP sind zwar als gemäßigte Islamisten gegen den *Djihad*-Terrorismus; sie sind aber keine Traditionalisten und vertreten nicht die ältere türkische Generation. Vielmehr zählen sie auf die mehrheitlich junge Generation, die der Bremer Wissenschaftler Gunnar Heinsohn in seinem Buch *Söhne und Weltmacht*[52] als „Jugend des Islam“ bezeichnet hat. Allgemein beschreibt Heinsohn das Phänomen folgendermaßen:

> „Die Alternative zum Terrorismus lautet nicht Frieden, sondern Eroberung. Gewaltloses Eindringen durch Wanderung würden manche einem militärischen Einmarsch vorziehen.“[53]

Diese Haltung scheint auch für die AKP-Islamisten zu gelten. Europäisierte Türken sind Europäer, nicht aber die „Söhne“ der islamistischen *Imam-Hatip*-Schulen; sie kommen mit ihren Kopftuch-Frauen als friedliche Eroberer nach Europa, um es auf der Basis der *Schari'a* zu islamisieren.

Grenzen der Toleranz: Das Urteil des Europäischen Gerichtshofes für Menschenrechte

Unter den europäischen Politikern scheinen nur die Franzosen – gleich ob Sozialisten oder Gaullisten – zu verstehen, dass es beim Streit um das Kopftuch um einen weltanschaulichen Konflikt geht, in dessen Zentrum die Geltung der *Laïcité* in der Konfrontation mit dem Gottesrecht der *Schari'a* steht. Durch das Urteil des Europäischen Gerichtshofes in Straßburg vom Mai 2004 sind die Islamisten um eine Waffe schwächer geworden: Es gibt kein Grundrecht auf das Tragen des Kopftuches. Dadurch hat die französische Position eine Stärkung erfahren. Selbst die liberale *New York Times* hat der französischen Führung vorgeworfen, einen „säkularen Fundamentalismus" zu vertreten, eine Polemik, die auch von manch deutschem Publizisten und Kirchenvertreter übernommen wurde. Dies wird man sicherlich nicht dem Europäischen Gerichtshof für Menschenrechte in Straßburg vorwerfen können. Dieses Gericht war zuvor zur Anlaufstelle für türkische Islamisten geworden, die die Menschenrechte als Kampfinstrument für ihre Zwecke entdeckt haben. In diesem Zusammenhang haben sie sich erfolgreich der europäischen Öffentlichkeit bedient, um ihre Belange als Einsatz für die Rechte der Menschen auszugeben. Dies reiht sich in die Strategie der in der Türkei regierenden AKP-Islamisten ein, die sich als „islamisch-konservativ" präsentieren, um von Europa Schutz geboten zu bekommen. Mit dem Kopftuchurteil enttäuschte der Europäische Gerichtshof jedoch diese Islamisten. Dem Gericht lag die Klage einer „Kopftuch-Muslima" gegen den türkischen Staat vor. Diese Muslima behauptete, dass das Tragen des Kopftuches ein Menschenrecht sei und wollte, dass das Kopftuch-Verbot vom Gericht als eine Menschenrechtsverletzung verurteilt wird.

Vor der „Rechtsschlacht" in Straßburg hatte in Deutschland ebenso wie in Frankreich bereits ein „Kopftuchkrieg" stattgefunden. Die Angelegenheit der afghanischen Kopftuch-Muslima Fereshta Ludin, die darauf bestand, bei der Ausübung des Lehrberufes demonstrativ das Kopftuch zu tragen, ging durch alle Rechtsinstanzen bis hin zum Bundesverfassungsgericht. Bei diesen beiden in der Öffentlichkeit rechtlich ausgetragenen weltanschaulichen Kriegen spielten die Fakten und der übergeordnete Kontext des Kopftuches in den Medien keine zentrale Rolle; es wurde kaum sachlich über den Konflikt informiert. Im Gegensatz dazu hat Bernard Stasi, der Vorsitzende der bereits erwähnten französischen Expertenkommission, klar hervorgehoben, dass die Protagonisten des Schleiers, die ihn als Bestandteil einer religiösen Vorschrift des Islam darstellen, die demokratische Laizität Frankreichs in Frage stellen wollen; ihre Absicht ist es, die *Laïcité* mit der *Schari'a* zu konfrontieren. Bei dem Konflikt ging es den Islamisten also darum, das Durchhaltevermögen des demokratischen Staates zu testen. In diesem Zusammenhang haben sie in kämpferischer Art und Weise jede Beanstandung des Kopftuches als verfassungswidrige Verletzung des Grundrechtes auf freie Religionsausübung verfemt und angeklagt. Dies wird es nach dem Straßburger Urteil nicht mehr geben.

Im Koran kommt das Wort *hidjab*/Schleier an keiner Stelle vor. Eine für unseren Zusammenhang relevante Äußerung des Koran gibt es nur in der Sure „*al-Nur*/das Licht", die nur die folgende Vorschrift enthält: „Und sag den gläubigen Frauen, sie sollen ihre Blicke senken und darauf achten, ihre Scham zu bewahren." Von Kopfbedeckung durch ein Tuch ist keine Rede, es ist lediglich der Zusatz enthalten, dass Frauen „ihren Schal ... über ihre Brust ziehen und den Schmuck, den sie tragen, nicht offen zeigen" sollen (Vers 31). In Vers 30 derselben Sure wird von den gläubigen Männern ebenfalls gefordert, ihre Blicke zu senken und ihre Scham zu bewahren. Wenn daraus fälschlicherweise eine Pflicht zum Kopftuchtragen abgeleitet wird, müsste man dies auch den Männern vorschreiben. Anders formuliert: in zwei aufeinanderfolgenden Versen derselben Sure wird dieselbe Vorschrift für Männer (Vers 30) und für Frauen (Vers 31) fast im selben Wortlaut offenbart. Der *hidjab* ist eine post-koranische, also nach Abschluss der Offenbarung entstandene religiöse Deutung, die deshalb nicht bindend ist, weil sie von Menschen und nicht von Gott stammt. Zudem gilt sie lokal-kulturell nur in Teilen des Mittelmeer-Islam. Muslimische Frauen in Afrika und Südostasien kennen keinen Schleier. In südostasiatischen Gesellschaften wie Indonesien, wo der Islam die Mehrheitsreligion ist, wird eine Frau, die demonstrativ ein Kopftuch trägt, als Islamistin eingeordnet. Wenn eine Frau auf eigenen Wunsch und auf der Basis einer individuellen Überzeugung den Kopf dezent – also weder uniformartig noch demonstrativ – verhüllt, dann ist das ihre private Angelegenheit und auch zu respektieren, aber noch längst nicht als „Grundrecht" anzuerkennen. Bei der gesamten Debatte um das Kopftuch wird übersehen, dass es bei der Kopfbedeckung nicht um religiöse Belange geht; der Gegenstand wird in die politische Sphäre des Wettbewerbs säkularer und religiös begründeter Ordnungssysteme verschoben. Der Islam ist aber eine Religion und nicht – wie der Islamismus – eine politische Ideologie. In der Türkei zum Beispiel wird der Schleier zu einem Instrument der regierenden AKP-Islamisten in ihrer schleichenden Bemühung, die bestehende säkulare Republik zu entsäkularisieren. Die Frauen werden hierbei als Symbol für politische Zwecke benutzt. Diese Beobachtung gilt nicht nur für die Türkei, sie ist auch auf die Islam-Diaspora in der Bundesrepublik übertragbar: Gegen die Integration setzen die Islamisten das Kopftuch als ein Mittel zur zivilisatorischen Abgrenzung zwischen Muslimen und Nicht-Muslimen ein. Die besagte Lehrerin Ludin hat sich in diesem Kontext von Organisationen einsetzen lassen, die ihre Gerichtskosten bezahlten und ihren Fall hiermit für ihre politischen Ziele instrumentalisierten.

In diesem Buch wird die Diskussion über die Integration der Muslime als eine Alternative zur Abschottung der Islam-Diaspora in Parallelgesellschaften in die Debatte der Aufnahme der Türkei in die EU eingebettet. Eine kulturelle und zivilisatorische Selbstethnisierung der türkischen Migranten schadet dem Anliegen der Türkei. Wenn aus der Türkei entsandte Imame Frauen vorschreiben, mit einem Kopftuch in der Öffentlichkeit aufzutreten, d.h. sich zivilisatorisch abzugrenzen, können Europäer nicht akzeptieren, dass die Türkei auf dieser Basis EU-Mitglied wird. Dies käme nicht nur einer Duldung, sondern sogar einer Förderung des Islamismus gleich. Das ist eine falsche Toleranz. In diesem Sinne war die Entscheidung des Europäischen Gerichtshofes für Menschenrechte in Straßburg mit guten Argumenten sowie politischer Einsicht untermauert.

Nun gehört es nicht unbedingt zum Respekt vor anderen Kulturen alles hinzunehmen, was diese vertreten. So gehört zum Beispiel die Akzeptanz der Beschneidung der Frauen nicht zur Toleranz, weil diese eine Verstümmelung und eine unduldbare körperliche Verletzung ist. Grundrechte sind politische und zivile, keine religiösen Rechte. Es gibt kein Grundrecht auf Verschleierung oder Beschneidung der Frauen, bloß, weil dies in bestimmten Kulturen üblich ist. Politisch ist das Kopftuch ein sehr gefährliches Instrument der zivilisatorischen Abgrenzung beim Wettkampf zwischen säkularen und religiösen Ordnungen. Wenn sich die Türkei – ebenso wie islamische Migranten – zu Recht über ihre Ausgrenzung durch Europa und die Europäer beklagen, dürfen beide nicht in das jeweils andere Extrem der zivilisatorischen Abgrenzung verfallen. Das Kopftuch fördert weder die Integration noch die Brückenbildung zwischen den Kulturen, eher leistet es einen Beitrag zur Abgrenzung. Angesichts dieser Sachlage ist ein eingeschränktes Kopftuchverbot keine Verletzung irgendeiner Freiheit. Toleranz und Dialog gehören zum Umgang mit dem Islam, nicht aber die Duldung der Abgrenzung durch Verschleierung. Von Sir Karl Popper stammt der Satz: Es gehört nicht zur Toleranz, im Namen der Toleranz Intoleranz zu dulden. Ein „Nein" zur *Schari'a* in Europa ist mit Karl Popper zu legitimieren, weil die *Schari'a* dem Geist der offenen Gesellschaft[54] auf allen Ebenen widerspricht.

In westlichen Gesellschaften ist der Multikulturalismus im negativsten Verständnis des „anything goes" in Kanada am fortgeschrittensten. Das Land hatte einen fast schon religiös überzeugten Multikulturalisten als Premierminister, Pierre E. Trudeau, der seine Überzeugungen in Politik umsetzte. Orthodoxe Muslime und Islamisten in Kanada trauen sich offen zu fordern, was ihre Geistesbrüder in Europa noch nicht offen zu verlangen wagen: Die Anwendung der *Schari'a* als Rechtssystem für die in Kanada lebenden Muslime. In einem *New York Times*-Bericht, abgedruckt in der *International Herald Tribune*-Ausgabe, steht zu lesen:

> „In der kanadischen Stadt Toronto haben tolerante Kanadier die Errichtung von mehr als hundert Moscheen mit Minaretten zugelassen, nun müssen sie aber erkennen: Toleranz hat ihre Grenzen, die Frage ist, wo diese verlaufen sollen ... Die kanadische Muslim-Gemeinde testet diese Grenzen ... indem sie das islamische Recht, die sogenannte Schariá fordert. Dies ist eine unangenehme Angelegenheit für jede liberale Gesellschaft mit einer expandierenden muslimischen Bevölkerung."[55]

Im Bericht werden vor allem akademisch gebildete und berufstätige muslimische Frauen zitiert, die Sturm laufen gegen die Einführung der *Schari'a* im Namen der Toleranz. Diese islamischen Frauen weisen darauf hin, dass ein Großteil der aus islamischen Ländern stammenden Frauen im Rahmen „arrangierter Ehen" leben; diese seien weder gebildet noch werde ihnen gestattet, sich zu bilden[56]. Der geistige Vater der Anwendung der *Schari'a* in Kanada Syed M. Ali sagt:

> „Das muslimische Leben unterscheidet sich grundsätzlich von dem des Westens ... Alles was wir machen, wird von der Schariá bestimmt."[57]

Für diesen Scheich ist es richtig, dass Frauen nach der *Schari'a* weniger Rechte haben. Clifford Kraus, der Autor des zitierten Berichtes, kommentiert:

> „Kanada würde niemals die Steinigung von ehebrecherischen Frauen zulassen oder dass einem Dieb die Hand abgehackt wird...beides sind zulässige Strafen nach der Schariá ... Kritiker sagen, dass die Schariá Kanadas Bill of Rights konterkariert."[58]

Wenn wir diesen Fall auf Europa beziehen, dann müssen wir ohne Ambivalenz und Ausflüchte hervorheben, dass die in der neuen, wenn auch nicht ratifizierten Verfassung Europas festgeschriebenen Rechte auf allen Ebenen im Widerspruch zur *Schari'a* stehen. Bisher hat die AKP der Türkei nicht klar gemacht, ob ein „islamischer Konservatismus" die *Schari'a* nicht doch als Bestandteil hat; allerdings hat sie dies bislang auch nicht verneint. Fest steht: Auch das Kopftuch ist ein *Schari'a*-Recht. Im Koran wird allerdings nirgendwo vorgeschrieben, dass Frauen ein Kopftuch tragen müssen. Ohne Zweideutigkeiten räume ich ein: Auch wenn dies der Fall wäre, bliebe ich bei meiner Ablehnung. Die oben im Zitat angeführten körperlichen Strafen (Steinigung, Handabhacken, Peitschen, etc.) stehen im Koran. Dennoch können sie in Europa im Namen der Religionstoleranz nicht zugelassen werden. Menschenrechte stehen über dem Recht auf Religionsfreiheit. Letzteres hat auch in der Demokratie seine Grenzen.

Obwohl die obigen Ausführungen in Kapitel III an *dritter Stelle* bei der Erörterung der im Buchtitel gestellten Frage „Mit dem Kopftuch nach Europa?" stehen, halte ich sie für sehr zentral für die Diskussion über den EU-Beitritt der Türkei. Ich wünsche mir, dass Europäer durch dieses Kapitel nun verstehen, dass es sich beim „Kopftuch" nicht um die Duldung einer Textilie, sondern um die Durchsetzung eines Schari'a-Geistes handelt, dem kein Zutritt nach Europa gewährt werden darf, wenn die „offene Gesellschaft" bewahrt werden sollte. Zu den wenigen Deutschen, die dies – trotz dissens – verstehen, gehört der Zeit-Redakteur Michael Thumann, der von mir den Zeit-Artikel „*Mit dem Kopftuch in den Westen*" veröffentlichte. Zwischen uns beiden fand eine Debatte parallel zur Entstehung dieses Buches statt, bei der wir uns auch über den Buchtitel einigten.

IV. Die Argumente für die Bindung der Türkei an Europa: Zwischen Geopolitik und Brückenbildung im Zivilisationskonflikt

Die Bedeutung der Türkei für Europa wird in der EU-Debatte aus zwei Perspektiven gesehen. So wird über die Europa-Tauglichkeit der Türkei nicht nur – so Richard von Weizsäcker (vgl. Motto zur Einleitung) – aus Sicht der zivilisatorischen Brückenbildung geurteilt. Auch wird an die Tatsache erinnert, wie wichtig die geopolitische Lage dieses Landes ist. Geographisch liegt die Türkei überwiegend in Asien; sie verbindet jedoch drei weltpolitisch wichtige Regionen: den Nahen Osten, den Balkan und Zentralasien. Dies verleiht der Türkei eine geopolitische Zentralität. Beide Perspektiven stehen hier an.

Sowohl geschichtlich als auch zivilisatorisch gehört das Land zur Welt des Islam – nicht zu Europa. Dennoch besteht kein Zweifel daran, dass die Türkei unter allen islamischen Ländern – aus europäischer Perspektive – der bedeutendste Partner für Europa ist. Dies entbindet jedoch nicht davon zu fragen, welche Partnerschaft Europa zu diesem Land aufbauen soll. Die Wahl besteht zwischen einer Partnerschaft im Rahmen einer besonderen politischen und wirtschaftlichen Beziehung und einer Vollmitgliedschaft in der europäischen Staatengemeinschaft. Diese Wahl ist keine tagespolitische Entscheidung, sondern schicksalhaft für Europa. Deswegen benötigt Europa eine umfassend vorbereitete Debatte, die weder zensiert noch unterdrückt werden darf. Auch dieses Kapitel unterliegt dem Anspruch hierzu beizutragen.

Standortbestimmung: Das Problem, die Sachlage und das Erkenntnisinteresse

Zur erforderlichen Debatte gehört eine sachlich fundierte Diskussion über die neue geopolitische Bedeutung der Türkei als regionale Klammer bzw. als Bindeglied in der Dreiecksverbindung Nahost-Zentralasien-Balkan. Das ist eine strategisch-geopolitische Denkweise[1], die anders als das Argument der unterstellten Funktion der Türkei als eine zivilisatorische Brücke gelagert ist. Doch könnten beide Argumente einander ergänzen, obwohl unterschiedliche Denkweisen dahinter stehen. In der Türkei einen Vermittler in dem angespannten Verhältnis zwischen der Welt des Islam und dem Westen[2] zu sehen, hängt mit der Erkenntnis in der postbipolaren Zeit zusammen, dass Zivilisationen die bisherigen Weltblöcke des Ost-West-Konfliktes in der Weltpolitik ersetzen. Somit werden die zivilisatorische Geographie und die mit ihr zusammenhängende Geopolitik ein zentraler Gegenstand.[3] Geopolitik und die Zivilisationsproblematik sind Felder, die einander gleichermaßen ergänzen und zwei Kontraste unterschiedlicher Denkweisen reflektieren. Die türkischen Politiker, gleich ob islamistisch oder kemalistisch, kombinieren beide Argumente und verwenden sie als ein Plus für ihr Land. So hat der anscheinend letzte kemalistische Ministerpräsident der Türkei, Mesut Yilmaz, in einem parallel zu seinem Staatsbesuch in Deutschland veröffentlichten Essay behauptet:

> „Die Türkei ist in jeder Hinsicht ein unverzichtbares Element der EU-Politik auf dem Balkan, am Schwarzen Meer, am Kaukasus, in Zentralasien, im Nahen Osten und am Mittelmeer; sie ist der ergänzende Teil der EU-Politik … Die Türkei ist eine strategische Brücke, die all diese Regionen vom Westen zum Osten, vom Norden zum Süden verbindet.“[4]

Im Gegensatz zu Yilmaz, der seine zitierte Aussage eher als Feststellung denn als Position zur Diskussion präsentiert, betrachte ich diese vielmehr als eine Annahme, die einer Überprüfung bedarf; in diesem Kapitel wird diese Aufgabe durch Analysen über den Nahen Osten, Zentralasien und den Balkan erfüllt. Vorab möchte ich anmerken, dass die eingangs referierten Positionen – Geopolitik und zivilisatorische Vermittlung – nicht nur unterschiedliche Denkweisen, sondern auch außenpolitische Strategien wiedergeben, die nicht dieselben sind. Die Perspektive Geopolitik ist der vorherrschende Ansatz einer jeden amerikanischen Türkei-Politik.[5] Dagegen ist die Deutung der Türkei als eine Brücke, so wie dies in den als Motto zur Einleitung zitierten Worten von Weizsäckers zum Ausdruck kommt, ein europäisches Denken über diese Thematik,[6] das eine andere Außenpolitik impliziert.

Unabhängig von beiden angeführten Positionen wird in diesem Buch die Befürwortung der Aufnahme der Türkei in die EU an das Kriterium der Europäisierung der Türkei und der türkischen Europa-Diaspora gebunden. Ich höre bereits die protestierenden Stimmen der Multikulti-Sittenwächter mit dem Vorwurf des Eurozentrismus. Aus diesem Grunde – auch zu meinem eigenen Schutz – führe ich die Tatsache an, dass dieses Kriterium in aufgeklärten türkischen Kreisen akzeptiert wird; dies belegt die Tatsache, dass die in Istanbul erscheinende Zeitschrift *Turkish Policy Quarterly* einen Essay von mir, in dem die angesprochene Europäisierung als Eintrittskarte der Türkei nach Europa bewertet wird, ohne Einspruch veröffentlicht hat.[7] Diese Erwartung gilt sowohl für das Land, das der EU beitreten will, als auch für die türkischen Migranten in Westeuropa, die europäische Bürgerrechte erlangen möchten, viele unter ihnen jedoch entsprechende Pflichten ablehnen. Man muss den Mut haben offen zu sagen, dass manche unter ihnen nur diesen Vorteil anstreben, jedoch die Annahme der dazugehörigen europäischen Bürger-Identität ablehnen. Europäer müssen die Freiheit haben, einen türkischen EU-Beitritt abzulehnen, wenn sie diese Erwartungen nicht erfüllt sehen. Wie können sonst interzivilisatorische Brücken entstehen? Aber die Vertreter des Arguments der zivilisatorischen Brücke – einschließlich von Weizsäcker – machen es sich leicht und gehen diesem Problem aus dem Weg.

Bleiben wir bei der geopolitischen Bedeutung der Türkei. Hier ist zunächst festzustellen, dass das Land in Zeiten des Ost-West-Konfliktes die strategische Funktion einer NATO-Südflanke erfüllte; seit dem Ende des Kalten Krieges ist diese jedoch hinfällig geworden. Trotz dieses Verlustes hat die Türkei nach dem Ende des Kalten Krieges an neuem, anders gelagertem geostrategischem Gewicht gewonnen. Doch muss man bei dieser Feststellung Abstand von der übertriebenen Selbsteinschätzung türkischer Politiker nehmen. Auf eine solche Einstellung stößt man gleichermaßen beim ehemaligen kemalistischen Ministerpräsidenten Mesut Yilmaz wie auch bei seinem islamistischen Nachfolger Recep Tayyip Erdogan. Zu dieser Selbstüberschätzung gehört, dass aus der geostrategischen Positionierung der Türkei voreilige und falsche Schlussfolgerungen gezogen werden. So lesen wir weiter in dem bereits zitierten Essay von Yilmaz:

> „Objektiv gesehen ist es unmöglich, ein vereintes Europa, ein freies, sicheres, stabiles und wohlhabendes Europa ohne die Türkei zu gründen."

Trotz dieser türkisch-patriotischen Poesie muss man Yilmaz zugestehen, dass er im Gegensatz zu der einstigen Ministerpräsidentin der Türkei, der als korrupt verrufenen kemalistischen Politikerin Tansu Çiller, die Erbakan 1996 zur Macht verholfen hatte, stets rational und sehr höflich agiert hat. Çiller hat mehrfach in ausgesprochen provokantem und zum Teil erpresserischem Stil die Forderung nach Erfüllung der türkischen Erwartung, EU-Mitglied zu werden, geäußert. Wie die Islamisten von heute bediente sich auch Çiller damals der Keule: „Die EU ist ein Christen-Club". Diese einst kemalistische Propaganda setzen die Islamisten heute derartig häufig und heftig ein, dass selbst europäische, der Türkei wohlgesonnene Politiker mit der Einstellung reagierten: „So nicht mit uns!" Man kann diese Selbst- und Fremdbilder bei der Türkei-Thematik für die euro-türkischen Beziehungen nicht übergehen.[8]

In meiner Argumentation nehme ich Abstand vom amerikanischen Sicherheitsberater Zbigniew Brzezinski, der eine rein machtpolitisch orientierte globale Einordnung der Türkei auf das von den USA als der einzig verbliebenen Supermacht beherrschte „*Grand Chessboard*/Große Schachbrett" (vgl. Anm. 5) vornimmt. Im Gegensatz dazu konzentriert sich mein Erkenntnisinteresse auf das Potenzial einer zivilisatorischen Vermittlerfunktion, die die Türkei bei Erfüllung bestimmter Voraussetzungen wahrnehmen könnte. Aus interzivilisatorischer Perspektive wird komplementär der Rang der Geopolitik anerkannt. Ich bemühe mich jedoch, die normative und realistische Position auszubalancieren.

Huntington und Brzezinski haben die zivilisatorische Geopolitik nach dem Ende des Ost-West-Konfliktes mit einem Wettkampf der Zivilisationen assoziiert und treten hiermit verbunden für die westlichen Interessen ein. Dagegen blicke ich nicht nur von außen auf die Türkei, sondern schaue auch auf die inneren Vorgänge in dem Land selbst. Auf dieser Basis versuche ich, die innertürkische mit der regionalen und globalen Ebene der Geopolitik zu verbinden. Somit differenziere ich zwischen der geopolitischen Bedeutung der Türkei und ihrem Potenzial für den Westen, eine Brücke zur islamischen Welt zu bilden, d.h. zwischen einer realistischen und einer normativen Position.

Nach dieser Standortbestimmung ist der Ausgangspunkt die Annahme, dass die Türkei als Bindeglied zwischen drei Regionen der Weltpolitik fungiert. Wenn sich diese Annahme als richtig erweist, dann könnte der nächste Schritt folgen, nämlich diese neue Bedeutung mit einer zivilisatorischen Vermittlerfunktion zu verbinden. Das setzt allerdings voraus, dass die innenpolitischen Bedingungen in der Türkei selbst hierfür förderlich sein müssten. Anders formuliert: Es geht nicht nur um Außenpolitik; die Orientierung des Landes – europäisch, pantürkisch oder islamistisch – wird von der inneren Entwicklung der Türkei selbst diktiert. Zentral ist hierbei der dortige Platz des politischen Islam, also die Problematik, die in Kap. II erläutert worden ist.

Von der NATO-Südflanke zur geopolitischen Dreiecksverbindung Nahost – Zentralasien – Balkan

Wir stehen vor der Aufgabe zu überprüfen, ob die Türkei nach dem Ende des Kalten Krieges angesichts des Verlustes ihrer geostrategischen Zentralität als Südflanke der NATO ihre sicherheitspolitische Bedeutung für den Westen völlig eingebüßt hat. Vorab lässt sich allerdings feststellen, dass der Golfkrieg von 1991 sowie die Balkankriege in Bosnien und Kosovo die neue Bedeutung der Türkei demonstriert haben. Jedoch hat der Irak-Krieg von 2003 die Türkei geopolitisch wieder peripherisiert; er konnte militärisch ohne türkische Beteiligung erfolgreich durchgeführt werden.

Natürlich kann die Türkei auch unabhängig vom Westen eigene Wege gehen. Vor Beginn der Europa-Orientierung im türkischen politischen Islam haben die alten Islamisten um Erbakan die neue postbipolare geopolitische Lage als Impuls für eine andere Positionierung genommen. Im Ergebnis wurden neo-osmanische Träume entfaltet. Die kemalistischen Türken nutzten ihrerseits diese zu ihren Gunsten veränderte geopolitische Weltlage dazu aus, um ihre entsprechend verbesserte Position mit einem verstärkten Druck auf den Beitritt zur Europäischen Union zu verbinden. Aber den Kemalisten war hierbei kein Erfolg beschieden. Paradoxerweise gelingt dies dagegen den neuen AKP-Islamisten, die die neo-osmanische Orientierung durch eine Europa-Orientierung ersetzten. Auch sie führen die Geopolitik an, um ihr islamisches Land in die EU zu bringen. Und auch bei diesen Islamisten hört man den alten kemalistischen Vorwurf, Europa erweise sich als Staatengemeinschaft eher als „Christen-Club", wenn es die Türkei nicht aufnehme. Die Europa-Orientierung der neuen Islamisten bringt ihnen taktische Vorteile, die in der Einleitung, sowie in Kapitel I und II dieses Buches näher erläutert worden sind.

Der damalige kemalistische Staatspräsident Süleyman Demirel wollte die Türkei nach dem Ende des Ost-West-Konfliktes für Europa attraktiv machen, als er seinerzeit die offizielle türkische Position als Annäherung der säkularen Kemalisten an den Islam formulierte.

„Die Realitäten nach dem Ende des Kalten Krieges haben die Rolle der Türkei nicht nur erheblich neu bestimmt, sondern auch ihren strategischen Stellenwert signifikant erhöht. Die gesteigerte geostrategische Bedeutung der heutigen Türkei stammt sowohl von ihrer zentralen Lage in Regionen großer Instabilität als auch von wichtigen neuen ökonomischen Möglichkeiten."[9]

Zu dieser geopolitischen Begründung fügt Demirel hinzu: „Die Türkei ist das einzige Land in der Region, welches die Vereinbarkeit von Islam, Demokratie und Säkularismus demonstriert hat." Unter Demirel konnte die Türkei – im Gegensatz zur gegenwärtigen Regierung der AKP-Islamisten – ihr Ziel nicht erreichen.

Unabhängig von den Interessen der EU ist die neue geopolitische Bedeutung der Türkei eine weltpolitische Tatsache. Im Rahmen des geopolitischen Wandels ist die Türkei von einer NATO-Südflanke, d.h. einem westlichen Erfüllungsgehilfen, zu einem neuen zivilisatorisch selbstbewussten Gebilde zwischen drei weltpolitischen Regionen gewachsen. Dadurch glauben türkische Politiker – gleich ob Kemalisten oder Islamisten – dass keine Konflikte in den so konfliktbeladenen drei Regionen Nahost, Balkan und Zentralasien/Kaukasus ohne die positive Mitwirkung der Türkei bewältigt werden könnten. Amerikanische Politikberater – wie z.B. der zitierte Brzezinski – stimmen dieser türkischen Selbsteinschätzung zu. In einer Kontinuität üben alle US-Präsidenten einschließlich George W. Bush Druck auf Europa aus, die Türkei in die EU aufzunehmen. Türkische Kemalisten halten ihr Land für einen Vorteil für die EU[10] – in der geopolitischen Sprache nennt man dies einen *strategic asset.* Doch in Europa herrscht die Wahrnehmung vor, die zunehmend anti-westlich gesinnte Welt des Islam könnte im Zeitalter des vom Fundamentalismus geschürten Zivilisationskonfliktes eine wirkliche Bedrohung für Europa werden. Dies gehört beispielsweise auch zu den Themen des Nachdenkens über Deutschlands neue Außenpolitik.[11] Ein anderes, positives Szenario wäre, dass die Türkei ein alternatives Modell zum Fundamentalismus bietet, nämlich die säkulare Demokratie mit islamischer Legitimation. Nur in dieser Rolle könnte das Land eine Brücke zwischen dem Westen und der Welt des Islam schlagen. Welches Szenario materialisiert sich, nachdem die Kemalisten die November-Wahl 2002 verloren haben? Der politische Islam hat die Türkei erreicht. Dennoch bleibt die Frage bestehen: Kann Europa es sich leisten, der Türkei, auch wenn sie von Islamisten regiert wird, die kalte Schulter zu zeigen?

Der erhöhten Bedeutung der Türkei liegen unübersehbar folgende drei weltpolitische Wandlungen zugrunde:

- Die veränderten sicherheitspolitischen Bedingungen in der Weltpolitik in Folge der Kriege in Nahost (Golf und Irak) und auf dem Balkan (Bosnien und Kosovo).
- Das Ende der Bipolarität nach der Auflösung der Sowjetunion verbunden mit den neuen Zivilisationskonflikten sowie dem Auftreten

nicht-staatlicher Akteure in der Weltpolitik (*Djihadismus*) erfordern die Erweiterung des Sicherheitsbegriffes auf nicht-militärische Bereiche.[12]

– Der irreguläre Krieg der *djihadistischen* Islamisten (11. September 2001 und 11. März 2004, sowie 7. Juli 2005 in London) als neue Erscheinung, die auch die Türkei erreichte, so z. B. im November 2003, als Istanbul von Terroranschlägen heimgesucht wurde.[13]

Unter den Bedingungen der angeführten Veränderungen muss jede Sicherheitspolitik die Schranke der auf zwischenstaatliche Beziehungen fokussierten Militärfragen überschreiten. Aus der Perspektive der angeführten gegenwartsbezogenen historischen Zusammenhänge, die auch die Türkei betreffen, entsteht ein Bedarf nach interzivilisatorischen Brücken. Hierbei darf man die innenpolitische Situation in der Türkei nicht übersehen, wo es eine kemalistisch-türkische Perspektive sowie alte und neue Islamisten gibt. Die alten unter ihnen sind bisher als die „Neuen Osmanen“ aufgetreten, die neuen Islamisten demonstrieren dagegen ihre Europa-Orientierung. Kann ein türkischer Islam mit einer laizistischen, also nicht islamistischen Sicht harmonisiert werden, so dass die Türkei eine Brückenfunktion zwischen dem Westen und der Welt des Islam übernehmen kann? Ich habe große Zweifel, dass die AKP diese Aufgabe erfüllen kann.

Grundsätzlich kann die Türkei als der wichtigste regionale Akteur in den hier zur Analyse anstehenden drei Regionen eine eigenständige Außenpolitik haben. Hierin sind sich Kemalisten und ihre Widersacher, die Islamisten, völlig einig. Es stellt sich für Europa auf allgemeiner Ebene eine neue geopolitische Lage dar, in der die Türkei in der Dreiecksverbindung Nahost-Balkan-Zentralasien einen zentralen Platz hat. In den folgenden Abschnitten wird die einleitend formulierte Annahme anhand von Analysen über die drei Regionen im Rahmen einer Dreiecksverbindung weltpolitisch getestet. Eine Einsicht in die regionale Eigendynamik ist auch in diese Analyse eingeschlossen. Ich beginne mit dem Nahen Osten, weil dieser eine geopolitische Region ist, zu der die Türkei geschichtlich eher als zu Europa gehört. Diese Region ist erst nach der Auflösung der imperialen Ordnung des türkisch-osmanischen Reiches als Subsystem entstanden.[14]

Die Türkei im regionalen Subsystem des Nahen Ostens

In der Sprache der internationalen Politik ist der Nahe Osten als ein „regionales Subsystem“ ein Teil des internationalen Staatensystems. In der Weltpolitik kann jede zusammenhängende geographische Region geopolitisch eine Einheit mit eigener Dynamik innerhalb des internationalen Systems bilden, wenn bestimmte Voraussetzungen hierfür erfüllt werden. Diese sind: geographische Nähe, politische und soziokulturelle Interaktion und strukturelle Vernetzung. Hieraus erwächst eine Eigendynamik. In diesem Sinne ist der Nahe Osten eine weltpolitische Region, die neben den arabischen Ländern auch Israel, die Türkei und den Iran umfasst. Die türkischen Politiker rechnen die Türkei zu Europa, obwohl ihr Land auf allen Ebenen zum Nahen Osten gehört. Bei der Erörterung der anstehenden geopolitischen Fragen kann kein nüchterner Beobachter übersehen, dass man ohne die nicht-arabische Türkei – ebenso wie den nicht-arabischen Iran – nahöstliche Politik nicht angemessen verstehen kann. Ein Blick auf die dortige Konfliktstruktur zeigt deutlich, dass die Türkei in das umfassendere nahöstliche regionale System eingebettet ist. Geopolitisch bilden die arabischen Staaten als begrenztes System eine Art *zivilisatorische Staatengemeinschaft.*[15] Diese Region wird durch drei zentrale Ereignisse der vergangenen zwei Jahrzehnte erheblich geprägt: 1. das Ende des Ost-West-Konfliktes, 2. den Golfkrieg und 3. den Irak-Krieg. Alle drei betreffen die Türkei an entscheidender Stelle.

Erstaunlicherweise – und zur Enttäuschung vieler Islamisten – hat die Türkei auch nach November 2002 unter der AKP-Regierung ihr Militärbündnis mit Israel, das im Frühjahr 1996 mit einem milliardenschweren Rüstungsdeal geschlossen wurde, im Rahmen der nahöstlichen Sicherheitspolitik im Sinne des regionalen Subsystems aufrecht erhalten. Diesem im türkischen Nationalinteresse liegenden Bündnis gingen wichtige Ereignisse voraus, darunter der Golfkrieg von 1991. Ein weiteres für die Türkei wichtiges Ereignis, das eine nachhaltige Wirkung auf die Konfliktstruktur des regionalen Subsystems ausgeübt hat, war die Auflösung der Sowjetunion. Damit schied diese einstige Supermacht aus der Nahostpolitik praktisch aus, so sehr Russland heute immer noch versucht – etwa beim gescheiterten *Road-Map*-Frieden – neben den USA, der EU und der UN als „global player“ mitzumischen. Zu Beginn der neunziger Jahre wurde vermutet, dass ein politisch-regionaler Block unter türkischer Führung im Entstehen sei; dies ist aber nicht eingetreten.

Für das regionale Subsystem des Nahen Ostens tritt die Türkei entscheidend als eine regionale Großmacht auf; dies wird gleichermaßen durch die Militärmacht des Landes, wie durch den Faktor der türkischen „Wasserressourcen" – und natürlich den einer Bevölkerung von ca. 73 Millionen Menschen – untermauert. Drei Wassersysteme existieren im Nahen Osten: Nil, Jordan und Euphrat-Tigris. Letzteres ist das zentrale, weil es drei regional besonders wichtige Staaten – Türkei, Syrien und Irak – betrifft und Potenzial für die Wasserversorgung anderer Länder der Region hat.[16] Dieses bedeutendste nahöstliche Wassersystem ist völlig unter der Kontrolle der Türkei.

Zu den post-bipolaren Entwicklungen im Nahen Osten gehört der Prozess der Stärkung der Türkei parallel zur Schwächung des ohnehin fragmentierten arabischen Staatensystems. Denn die arabischen Länder gehören zu den Verlierern der post-bipolaren weltpolitischen Veränderungen, während die Türkei von dieser Schwächung entscheidend profitiert hat. Während des Ost-West-Konfliktes genoss das arabische Staatensystem durch das bipolare Gleichgewicht eine künstliche Stabilität, die es nach dem Ende der Bipolarität nicht länger gibt. Die Schwächung hatte bereits vor dem Golfkrieg begonnen und ereichte ihren Höhepunkt nach dem Irak-Krieg 2003. Das durch die bestehende arabische Fragmentierung peripherisierte arabische Staatensystem ist also schwach, was der Türkei zugute kommt.

Es stellt sich die Frage, ob der politische Islam die verlorene Einheit wiederherstellt. Arabische Islamisten trauern der islamischen Ordnung des Osmanischen Reiches nach. Auch die türkischen Islamisten meinen: „Unter der islamischen Ordnung der Türkenherrschaft war alles besser." Die alten türkischen Islamisten unter Erbakan haben also die Schwächung des arabischen Lagers genutzt, um eine Erneuerung der türkischen Führung für die Region ins Gespräch zu bringen. Dies war nicht von Dauer. Erst wurde Erbakan gestürzt, dann haben die neuen Islamisten ihren Kurs geändert; sie steuern nun auf Europa zu. Gelingt die Aufnahme in die EU, dann wird die Grenze der Türkei zu Nahost eine europäische Grenze. Wie riskant dies für Europa ist, gehört wohl zu einer anderen Thematik. Nur nebenbei sei angemerkt, dass eine solche europäische Grenze zu den arabischen Staaten im Nahen Osten mehr eine Gefahr als einen Vorteil birgt.

Natürlich geht die Region des Nahen Osten Europa existentiell an, weshalb Europäer sich an Konfliktlösungen dort beteiligen müssen. Interessanterweise argumentieren einige türkische Außenpolitik-Experten trotz aller Beteuerungen zur Europa-Bindung, dass die europäische

Grenze zum Nahen Osten als Trumpfkarte der Türkei in ihrer Beziehung zu Europa zu deuten ist. In diesem Rahmen wird die Türkei als eine Schlüsselfigur in einer konfliktbeladenen Region dargestellt, die auch für Europa und dessen Sicherheit wichtig ist. Diese türkischen Experten behaupten, ohne maßgebliche Mitwirkung der Türkei könnten Nahostkonflikte nicht gelöst werden. Aus dieser Perspektive erscheint das Land als Nutznießer der nahöstlichen Konfliktstruktur. Dieses Argument wird auch von amerikanischen Politikberatern wie Brzezinski übernommen und vertreten; seine Richtigkeit sei jedoch dahingestellt.

Aus den bisherigen Ausführungen geht hervor, dass die Türkei bei der post-bipolaren Entwicklung ihre geostrategische Position im Nahen Osten als regional führender Staat verfestigt hat. Als Fenster zur arabischen Welt kann sie den Anspruch erheben, zu dem Kerngebiet der islamischen Zivilisation zu gehören.

Im nahöstlichen Subsystem gibt es außer der Türkei und den arabischen Staaten noch Israel und den Iran, die im Kontrast zur Türkei stehen. Besonders als Konkurrent ist der Iran[17] hervorzuheben. Eine Anmerkung sollte hier noch gemacht werden: Ein Beitritt der Türkei in die EU bringt Europa nicht nur in die Nähe der arabischen Welt, sondern auch weltpolitisch in die Nähe des Iran. Die Türkei steht – unter der AKP nur begrenzt– für eine säkulare Ordnung, der Iran für eine Gottesherrschaft; beide Modelle stehen im Nahen Osten unter den Bedingungen der Globalisierung vor einem Test.[18]

Es ist bekannt, dass der Iran mit seinen nuklearen Möglichkeiten als Nachbar der Türkei für die westliche Sicherheit eine große Bedrohung darstellt. Die Verfügungsmacht des Iran über atomare Einrichtungen bringt das Land in die Nähe der Möglichkeiten zur Herstellung atomarer Sprengköpfe. Zudem wird von dort trotz der im Ton gemäßigten politischen Erklärungen aller Regierungen nach Khomeini der Terrorismus durch die Politik der angestrebten „islamischen Weltrevolution“ zur Errichtung einer „islamischen Weltordnung“ exportiert (vgl. Anm. 17). Die Unterstützung Irans für fundamentalistische Bewegungen in der gesamten nahöstlichen Region stellt nach Angaben des Militär-Experten Edgar O'Ballance eine „Iranian Connection“ als Keimzelle des internationalen Terrorismus dar.[19] Der Iran ist auch in Zentralasien sehr aktiv und versucht dort gegen die Türkei Fuß zu fassen. Kurzum: Der wichtigste regionale Konkurrent der Türkei in der gegenwärtigen geopolitischen Situation ist – neben Saudi-Arabien – der Iran.

Unter der Bedingung, dass sich das kemalistisch-säkulare Modell der Türkei trotz der AKP-Regierung als haltbar erweist, wird die Türkei aus der Perspektive eines erweiterten sicherheitspolitischen Begriffes für Europa zusätzlich wichtiger. Aus dieser Sicht gewinnen nicht nur geographisch-strategische, sondern auch die kulturell-normativen Gesichtspunkte an Bedeutung. Die Türkei hat das Potenzial, als eine Brücke – jedoch eigenständig, also nicht als Erfüllungsgehilfe westlicher Staaten – zwischen Orient und Okzident von Zentralasien bis zum Mittelmeer zu fungieren. Diese Brückenfunktion ist noch eine Idee, keine Realität. Das Gegenszenario zur Brückenfunktion ist, dass im Verlaufe des 21. Jahrhunderts die Türkei eine eigene, bereits bestehende Spielart einer islamisch-fundamentalistischen Herausforderung[20] weiter entfaltet, wobei der Kemalismus dann völlig verdrängt wird. Unter diesen Bedingungen wäre eine Europa-Bindung der Türkei gar keine Zukunftsperspektive mehr, es sei denn, der Islamismus der Türkei nistet sich als neues Gewicht in der Europäischen Union ein. Dies wäre natürlich das Ende Europas.

Im Zeitalter des Zivilisationskonflikts müssen solche risikoreichen Szenarien ernst genommen werden. Im Schatten des Islamismus kann Europa auch in der internationalen Politik nach dem Ende des Kalten Krieges keinen Frieden mit der islamischen Welt haben, und auch nicht überleben. Nur mit einer laizistischen Türkei, die an Europa orientiert ist, kann eine Option für den Westen bestehen, in der die Türkei die wichtigste Brücke zwischen dem Westen und dem islamischen Dreieck des Balkans (10 Millionen Muslime), des mehrheitlich von muslimischen Turkvölkern bewohnten Zentralasiens und des Kaukasus sowie des Nahen Ostens darstellt.

Das Gewicht der Türkei im regionalen Subsystem des Nahen Ostens hat trotz aller Vorbehalte und Einschränkungen ein positives Potenzial für Europa in seiner Beziehung zur Welt des Islam. Der Nahe Osten ist das Kerngebiet der islamischen Zivilisation. Die Europäer können die transregionale Stellung der Türkei für Europa allerdings nur dann nutzen, wenn sie die an Europa wertemäßig, nicht instrumentell orientierten Kräfte in jenem Land stärken, nicht schwächen. Doch Europas Toleranz scheint nur dazu zu dienen, die vorhandene eigene moralische Schwäche und Indifferenz zu verdecken. Seit 2002 werden die Islamisten der AKP von der EU, ohne dass die Gefahr des politischen Islam für den Westen erkannt wird, gefördert.

Zusammenfassend halte ich fest, dass die Türkei in der Beziehung Europas zur Welt des Islam das wichtigste islamische Bindeglied sein kann. Geschichtlich und zivilisatorisch ist die Türkei dem islamischen Orient, nicht Europa, zuzuordnen. Aber in unserem Zeitalter können wir ganz gewiss nicht mehr wie einst Goethe – sicherlich ironisch – über diesen Teil des Orients sagen:

„Wenn hinten weit in der Türkei,
Die Völker aufeinanderschlagen.
Man steht am Fenster, trinkt sein Gläschen aus
Und sieht den Fluß hinab die bunten Schiffe gleiten;
Dann kehrt man abends froh nach Haus,
Und segnet Fried und Friedenszeiten."

In einer durch Globalisierung zu einem globalen Dorf zusammenschrumpfenden Welt ist die Türkei in der geopolitischen Nachbarschaft näher an Europa gerückt als jemals zuvor. Nicht nur der Nahe Osten, zu dem die Türkei gehört, bringt diese Nähe, auch Zentralasien – die ursprüngliche Heimat aller Türken – ist hiervon ein Bestandteil, womit wir uns dieser Region in der angeführten Dreiecksbeziehung zuwenden können.

Die Türkei und die neue geopolitische Bedeutung Zentralasiens

Nur wenige Europäer wissen vermutlich, dass im heutigen Gebiet der Türkei im frühen Mittelalter, als es noch byzantinisch-oströmisch war, keine Türken lebten. Die Türken kamen erst im Verlauf des 9. Jahrhunderts in den Vorderen Orient aus Zentralasien. Historiker staunen darüber, dass die türkischen Osmanen bei ihrer Expansion nie versucht haben, ihre Ursprungsheimat Zentralasien einzuschließen, so dass diese Region historisch nie zum Herrschaftsgebiet des Türkisch-Osmanischen Reiches gehörte. Die Völkerwanderungen der Türkenstämme von Zentralasien zum Vorderen Orient waren stets und bis heute westwärts orientiert; sie haben hierbei durch *Djihad* erobert und waren über Südost-Europa hinaus weit nach Europa eingedrungen, bis die „militärische Revolution" (1500–1800) den Europäern eine industrielle Waffentechnologie[21] verschaffte, mit deren Hilfe sie der türkisch-osmanischen Expansion Einhalt gebieten konnten. Um es zu wiederholen: Zentralasien ist religiös und ethnisch – trotz seiner Vielfalt von Minderheiten – weitgehend türkisch. Und doch geriet es nie unter osmanische Herrschaft. Die osmanischen Türken haben – außer im Nebenkrieg gegen den Iran – nie versucht, ihre *Djihad*-Kriege auf den Osten, also auf Zentralasien zu erweitern. *Djihad* wurde stets gegen den Westen geführt.[22]

Es ist hier nicht der Ort, türkisch-zentralasiatische Geschichte[23] zu behandeln; eine Skizze muss ausreichen. Die arabischen Muslime eroberten im Rahmen ihres *Djihad*-Eroberungsprojekts Zentralasien. Nach dem Zerfall des arabischen Reiches geriet dieses Türkengebiet in Chaos und Fragmentation. Lokale Herrscher hatten ihre Territorien in *Khanate*, d.h. Fürstentümer, verselbstständigt. Im 19. Jahrhundert gelang es den russischen Zaren für mehr als ein Jahrhundert, dieses Gebiet der muslimischen Turkvölker Zentralasiens, auch unter dem Namen „Turkestan" bekannt, unter ihre Herrschaft zu bringen und zu kolonialisieren. Zwischen 1865 und 1873 wurden die *Khanate* Khiwa, Buchara und Kokand militärisch erobert und dann sowohl in Baumwoll- als auch in Siedlungskolonien umgewandelt.

Nach der Oktober-Revolution haben die Sowjetkommunisten das zaristische Kolonialerbe übernommen und die ehemaligen *Khanate* in Sowjetrepubliken (Usbekistan, Kasachstan, Turkmenistan, Tadschikistan und Kirgisien) verwandelt. Dazu kommen die kaukasischen Republiken. Das islamisch-türkische Zentralasien wurde in den sowjetischen Machtbereich eingegliedert.[24] Zum imaginären Turkestan kommt außerdem noch das chinesische Gebiet des von Turkvölkern bewohnten Ostturkestan/Xinjiang hinzu.[25]

Beim Studium der russischen Kolonisation des türkisch-islamischen Zentralasiens habe ich mich stets darüber gewundert, warum westeuropäische Historiker – vielleicht geblendet von Lenins Definition des Imperialismus als „höchstem Stadium des Kapitalismus" – diese russischen Kolonialeroberungen nicht in die Geschichte des Kolonialismus aufgenommen haben. Das islamisch-türkische Zentralasien konnte erst nach der Auflösung der Sowjetunion entkolonisiert werden. Aus dieser Dekolonisation gingen die heutigen souveränen kaukasischen und zentralasiatischen Staaten der Turkvölker hervor, die nun eine neue Bedeutung erlangt haben. Dies kam zunächst der Türkei zugute. Die Befreiung der Turkvölker von sowjetkommunistischer Herrschaft brachte diese zu Beginn in die Nähe der Türkei, die dadurch geopolitisch an Gewicht gewonnen hat. Parallel zur Auflösung der Sowjetunion sprach man damals von einer pantürkischen Neuentdeckung der Turkvölker in Zentralasien. Auf diese Weise bekam der Anspruch der Türkei, eine Brücke Europas zur Welt des Islam zu sein, noch eine zusätzliche Bedeutung. Der Nahe Osten war bis zum Ersten Weltkrieg türkisch-osmanisch, aber seine arabischen Völker wünschen sich heute keine türkische Vorherrschaft. Anders schien es in den neunziger Jahren mit den Turkvölkern Zentralasiens zu stehen. Dies gab der Illusion eines pantürkischen Großturkestan Nahrung, doch dieser Panturkismus verblich schnell und ist heute Geschichte, wohingegen das Spielen mit der Europa-Orientierung der AKP Früchte zeitigt.

Pan-türkische Nationalisten und auch national gesinnte türkische Islamisten romantisieren Zentralasien als Urheimat der Türken. Dieses von Turkvölkern bewohnte Gebiet war im Mittelalter als ein Teil der sogenannten großen Seidenstraße eine prosperierende Region.[26] Heute gehört es zu den ärmsten Teilen der Welt. Der in den neunziger Jahren laut zu hörende Ruf nach einem alle Türken vereinigenden Turkestan wurde zunächst von der Türkei sowohl für ein neues Gewicht im Sinne des Panturkismus[27] als auch für die geopolitische Anbindung Zentralasiens an das türkische Kernland instrumentalisiert. Diese Entwicklung hielt deshalb nicht an, weil sich die Turkvölker Zentralasiens – nach zahlreichen Enttäuschungen – abwandten; dies taten auch ihre Herrscher. Die Türkei erwies sich mangels Ressourcen und Kapabilitäten als unfähig, das Projekt „Großturkestan" zu verfolgen. Ernüchternd wirkte die Tatsache, dass die nach Ankara entsandten Usbeken nicht als Kemalisten, sondern als Islamisten zurückkehrten; dies war nicht der Sinn der Entsendung.

Nach wenigen Jahren wurde sehr schnell erkannt, dass die Türkei zu schwach ist, um das Vakuum in Zentralasien und im Kaukasus zu füllen, das die Sowjetunion nach ihrer Auflösung hinterließ. Die USA waren das erste Land der Welt, das in den angeführten fünf ehemaligen Sowjetrepubliken nach deren Souveränitätserklärungen Botschaften einrichtete. James Baker war der erste Außenminister, der diesen Republiken einen offiziellen Staatsbesuch abstattete. Die USA wollten die Türkei für die amerikanische Außenpolitik gegenüber den ehemaligen Gebieten der Sowjetunion in Zentralasien und dem Kaukasus als eine Art „Stellvertreter" einspannen. In diesen Zusammenhang ist der amerikanische Druck auf Europa, die Türkei in die EU aufzunehmen, einzuordnen. Die Türkei wetteifert in Zentralasien aber nicht nur mit Russland, sondern auch mit anderen islamischen Ländern, die schlagkräftig und mit allen Mitteln aggressiv um eine Vormachtstellung in Zentralasien ringen. Die Türkei muss sowohl gegen den Iran als auch gegen Saudi-Arabien um Einfluss kämpfen. Bereits zu Beginn des 21. Jahrhunderts erwies sich die Türkei als strukturell unfähig, eine Brücke vom Westen zum zentralasiatischen Teil der islamischen Welt zu schlagen.

Folgende Informationen über das Innere dieser Republiken mögen zum Verständnis der Bedeutung der von Turkvölkern bewohnten neuen

Staaten beitragen: Die Zentralasiaten sind mehrheitlich bis auf die Tadjiken, die – obwohl Sunniten – eine persische Kultur besitzen und einen dem Farsi (der persischen Sprache) ähnlichen Regionaldialekt sprechen, türkisch-sunnitisch. Im Kaukasus sind die Aserbaidschaner, ebenfalls Angehörige der Turkvölker, mehrheitlich Schiiten. Nicht nur für die pantürkisch gesinnten Türken, auch im Bewusstsein der politischen Eliten jener Region bildet ihr geographisches Gebiet ein Großturkestan. Wie der Nahe Osten ist dieses geographisch und zivilisatorisch zusammenhängende Gebiet auch ein regionales Subsystem der Weltpolitik. Nach den bisher einzig zuverlässigen Statistiken der sowjetischen Volkszählung von 1989 umfasst die Bevölkerung Zentralasiens 49,1 Millionen Menschen, von denen 34 Millionen Muslime sind. Die heutigen Schätzungen liegen weit höher und kreisen um Zahlen von 70 bis 100 Millionen. Die Region wird weltpolitisch nicht nur von den Großmächten, sondern auch – wie bereits erwähnt – neben der Türkei von zwei weiteren islamischen Staaten, dem Iran und Saudi-Arabien umworben. Wegen der gemeinsamen Ethnizität genießt die Türkei die Gunst der Zentralasiaten und hat somit Vorrang, auch wenn diese sich in ihrer Identität zwischen Islam und Ethnizität hin- und hergerissen sehen.[28] Trotz der pantürkischen Präferenzen haben die opportun und pragmatisch auf Machterhalt hin gesinnten Präsidenten der fünf zentralasiatischen Republiken keine Vorbehalte gegen die Annahme saudischer Petro-Dollars oder die im Gegensatz hierzu stehende iranische Finanzhilfe. Die Türkei dagegen ist ein ressourcenarmes Land und kann große finanzielle Hilfen zur Untermauerung ihrer Außenpolitik nicht bieten. Im Folgenden will ich persönliche Beobachtungen in Zentralasien im Hinblick auf das vorliegende Thema wiedergeben.

Die zentralasiatischen Völker und die Türkei: Islam, Panturkismus und lokale Ethnizität

Die Verbindung zwischen der Türkei und Zentralasien besteht darin, dass dieses Gebiet mehrheitlich von Turkvölkern bewohnt ist. Im Zeitraum 1993 und 2001 war es mir möglich, zwischen der Türkei und Zentralasien Forschungsreisen durchzuführen, auch dort zu leben und im Rahmen von Vorlesungen mit wichtigen Gesprächspartnern, von denen ich viel gelernt habe, in Kontakt zu treten. 1993 konnte ich in Usbekistan pro-türkische Begeisterung erleben. Auch während meiner Lehrtätigkeit in Ankara 1995 habe ich erfahren, dass Zentralasiaten und

Aserbaidschaner nach der Auflösung der Sowjetunion auf der Suche nach ihrer Herkunft in die Türkei zum Studium oder zur technischen Ausbildung strömten, oder besser „pilgerten". Die Vergabe von Stipendien wurde ein Teil der türkischen Außenpolitik in Zentralasien. Sogar kemalistische türkische Politiker sprachen stolz vom 21. Jahrhundert als „Jahrhundert der Turkvölker". Als ich 1998 als Gastprofessor nach Ankara zurückkehrte, konnte ich in der Türkei weder die bisherige kulturelle Ausrichtung neuer politischer Eliten aus Zentralasien vorfinden, noch den zuvor großen Umfang der Entsendungen feststellen. Die Ursache vermutete ich in Ankara, erfuhr sie aber genauer, als ich im Jahr 2001 nach Taschkent/Usbekistan als Besucher wiederkehrte. Bei diesem Aufenthalt konnte ich nicht nur beobachten, wie sehr sich der türkische Einfluss in Zentralasien und im Kaukasus verringert hatte, sondern auch, dass die politisch-kulturelle Begeisterung für die Türkei seitens der herrschenden zentralasiatischen Eliten nicht mehr vorhanden war. Usbekische und kasachische Studenten, die als Stipendiaten in die Türkei gegangen waren, kamen nicht – wie erwünscht – mit kemalistischer Identität zurück, also türkisch gesinnt, sondern als Islamisten. Die Zugehörigkeit zum Islam als Religion und Zivilisation wird mit einer Politisierung ihres Türkisch-Seins verbunden. In Taschkent konnte ich von hohen Regierungsvertretern erfahren, dass dieser politische Islam als eine sicherheitspolitische Bedrohung empfunden wird. In diesem Zusammenhang wurden meine Warnungen vor dem Islamismus sehr begrüßt. Die türkische Brückenfunktion zwischen der islamischen Welt und Europa aus der Perspektive der islamischen Länder Zentralasiens wird hierdurch fraglich. Die Richtungskämpfe in der Türkei haben vieles geändert; so wird der Wahlsieg der AKP von zentralasiatischen Eliten als negative Entwicklung gesehen. Zu der ursprünglichen Perspektive für die zentralasiatischen Staaten gehörte die Vorstellung, dem türkischen Weg zu folgen, um säkulare Republiken zu bleiben, die sich zwar zum Islam bekennen, aber dennoch Politik und Religion strikt trennen. Nur der Iran galt früher in diesem Gebiet als eine Gefahr der Ausbreitung des Fundamentalismus. Dieselbe Befürchtung wird seit dem AKP-Wahlsieg von den regierenden zentralasiatischen Republiken auch auf die Türkei übertragen. Ich muss noch die Petro-Dollars Saudi-Arabiens anführen, mit deren Hilfe wahhabitischer Einfluss, ja sogar der Bin-Ladismus als wahhabitisch-orthodoxer Islam exportiert wird.[29]

Kurz zusammengefasst: In Zentralasien besteht die Präferenz für eine politische Führung durch die Türkei nicht mehr in der Form wie diese in den 90er Jahren vorhanden war. Es ist wahr, dass Islam und Panturkismus alle Zentralasiaten als Turkvölker vereinigen. Eine solche Synthese, sollte sie je politisch wirksam werden, würde das Hin und Her „zwischen universellem Islam und ethnischem Panturkismus" beenden. Die alten Islamisten der Türkei haben diese Synthese in Zentralasien parallel zur osmanischen Nostalgie massiv gepflegt. Um nicht missverstanden zu werden: Die Verbindung von Islamismus, Panturkismus und Neo-Osmanismus war niemals eine Realität; sie war nur eine politische Vision, die heute weitgehend als „abgehakt" gilt, weil sie der Vergangenheit angehört. Dennoch gibt es den islamistisch gefärbten Panturkismus, der sich vom alten, säkular und vorwiegend nationalistisch ausgerichteten Panturkismus unterscheidet. Die neuen Islamisten schweigen zu diesem Thema und reden nur von ihrer Präferenz für Europa. Was in ihren Köpfen wirklich vorgeht, wissen wir nicht. In Europa misstrauen gut informierte Experten dieser Europa-Orientierung; in Zentralasien halten die aus Ex-Kommunisten bestehenden Eliten die AKP für islamistisch und gehen ihr aus dem Weg. Erdogan ist bei Bundeskanzler Schröder in Berlin besser angesehen als bei Präsident Islam Karimov in Taschkent.

Wenn wir von Turkvölkern reden, müssen wir die türkische Ethnizität der Turkvölker Zentralasiens durch den Hinweis spezifizieren, dass diese Völker in Clans und Stämme unterteilt sind. Die Forschung hat gezeigt, wie lokale Ethnizität die Zentralasiaten voneinander trennt. Diese gleichermaßen auf lokaler Ebene vereinigenden, aber auf regionaler sowie auf Landesebene trennenden religiös-politischen, ethnischen und kulturellen Impulse werden sowohl ein inneres als auch äußeres Konfliktpotenzial schaffen. Der Kampf um die Macht in allen zentralasiatischen Republiken findet in diesem Rahmen statt. So tritt die islamistische *Renaissance-Partei* in Usbekistan für eine islamische Republik ein und gerät damit in Konflikt mit dem noch amtierenden säkular orientierten Präsidenten Islam Karimov. Interethnische Konflikte, zum Beispiel zwischen Usbeken, Turkmenen und Tadjiken, erweitern sich sogar zu territorialen Grenzkonflikten zwischen Usbekistan und seinen Nachbarn, die aus der Perspektive der usbekischen Hauptstadt Taschkent als Pulverfass gelten. Besonders wichtig ist der zentralasiatische Führungskonflikt zwischen Kasachstan und Usbekistan, wenngleich sich die Präsidenten beider Länder im öffentlichen Umgang miteinander brüderlich pantürkisch benehmen, indem sie sich vor TV-Kameras umarmen und küssen. Waren die politischen Führer in Zentralasien früher – wie angegeben – Kommunisten, regieren sie heute als pragmatische Nationalisten und sind dennoch stets voll in ihre Clan- und

Stammesbeziehungen eingebunden. Dieses ethnische Clan-Netzwerk bildet die Basis, auf die sich die quasi absolut-monarchische Herrschaft der dort regierenden Präsidenten – gleich in welcher der zentralasiatischen Republiken – stützt.

Zusätzlich zu den Turkvölkern Zentralasiens kommen die muslimischen Bevölkerungsteile Chinas (in Xinjiang/Ostturkestan), die ethnisch und religiös auch zu den Turkvölkern gehören (vgl. Anm. 25). Hier sind vor allem die Uiguren und die dortigen Kasachen und Kirgisen gemeint. Diese Region ist im letzten Jahrzehnt mehrfach in die Schlagzeilen der westlichen Presse geraten, nachdem sich dort turkstämmige Muslime gegen ihre Unterdrückung durch die Han-Chinesen erhoben hatten. Der chinesische Staat hat sehr hart zurückgeschlagen.

Zusammenfassend ist festzuhalten, dass das Ende des Sowjetimperiums[30] den Einfluss der Türkei in Zentralasien mit der Ideologie einer pantürkischen Völkergemeinschaft nur begrenzt vergrößert hat. Die alten Islamisten haben diese Ideologie als eine außenpolitische Alternative zur Mitgliedschaft der Türkei in der Europäischen Union propagiert. Dagegen hat die Türkei heute unter den neuen regierenden Islamisten andere Präferenzen, nämlich eine Europa-Orientierung. Die Türkei hat unter diesen neuen Islamisten das Wohlwollen der in Zentralasien herrschenden Eliten eingebüßt. Das Muster von säkulareren Eliten versus die Rekrutierung neuer islamistischer politischer Gegeneliten veranlasst die zentralasiatischen Politiker dazu, das bisherige Bündnis mit pantürkischen Intellektuellen und konservativen religiösen Kräften zu kündigen, weil dieses zu einer Art fundamentalistisch-pantürkischer Koalition führen kann, die sie als Bedrohung empfinden.

Heute haben nicht nur lokale Ethnizität und Panturkismus in Zentralasien eine zentrale Wirkung, auch der politische Islam ist dort ein Faktor geworden. Die herrschenden Eliten versuchen, einen Staats-Islam gegen einen deutlichen „Trend zum Islamismus“ in Zentralasien zu fordern. Bei meinen Vorlesungen an den beiden Hochschulen für Eliterekrutierung in Taschkent im Spätsommer 2001, also an der Hochschule für Gesellschaft und Staatsaufbau sowie an der Islamischen Hochschule, wurde mir gegenüber der Wunsch vorgetragen, über meine dort bekannten Schriften zu referieren, in denen ich eine islamische Begründung für die Trennung zwischen Staat, politischer Ordnung und Religion im Islam vorlege. Meine Unterscheidung zwischen Islam und Islamismus war in Usbekestan hoch willkommen. Nun ist der Islam in Zentralasien eine Realität und diese lässt sich analytisch auf drei Ebenen erfassen:

- Volkskultur. In Zentralasien ist der Islam als Volkskultur noch sehr tief verankert (wie ich zum Beispiel durch teilnehmende Beobachtungen bei volkstümlich-islamisch gestalteten kollektiven Hochzeitsfeiern feststellen konnte). Religiöse Rituale vermischen sich mit den Volkssitten und nehmen zum Teil den Charakter von Folklore an.
- Öffentliche Religiosität (noch vor-politisch). Dies drückt sich in der Zunahme religiöser Praktiken und vermehrter Moscheebesuche aus.
- Fundamentalismus/Islamismus als Ausdruck des politischen Islam. Dieser kann mit friedlichen Mitteln verfolgt werden – so wie die AKP in der Türkei es tut – kann aber auch gewaltförmig werden, wenn er mit *Djihadismus* verbunden wird.[31] Usbekistan grenzt an Afghanistan. Bis 2001 drangen Bin-Ladisten in das südliche Fergana-Tal ein und übten dort *Djihad*-Terror aus, der 2005 – ohne Erfolg – zum Sturz des Regimes des Karimov-Clans eingesetzt wurde.

Während des „War on Terrorism" im Jahre 2001 waren die Türkei und Usbekistan zwei der drei islamischen Staaten (der dritte war Pakistan), die die Militäroperationen gegen *al-Qaida* mittrugen. Hierbei kam es unter US-Regie zu einer – nicht freiwilligen – Kooperation mit der türkischen AKP-Regierung. Abgesehen von dieser Partikularität kann allgemein festgehalten werden, dass die neuen zentralasiatischen Staaten großen Wert auf ihre Unabhängigkeit legen, neue Wege entdecken und ihre eigenen Interessen verfolgen.[32] Hierbei ist die Wirkung externer islamischer Staaten wie Iran und Saudi-Arabien, auch jene des ethnischen Bruderstaates Türkei, begrenzt. Die Schlussfolgerung lautet: In Zentralasien lässt sich nur ein wenig an „Plus" für die Türkei sowohl in Bezug auf Geopolitik als auch auf die zivilisatorische Brückenbildung feststellen.

Die Türkei und Bosnien im Lichte des Krieges und des serbischen Völkermordes

Die dritte Weltregion in der Dreiecksbeziehung im Rahmen der Bewertung der geopolitischen Bedeutung der Türkei ist der Balkan. Durch die Kriege in Bosnien und im Kosovo ist diese Region in den Mittelpunkt der Weltpolitik gerückt. Die Tatsache, dass Bosnien islamisch ist, gehört zum osmanischen Erbe in Europa. Dieses Erbe wird dadurch verbrämt, dass es nicht als das Ergebnis von Fremdherrschaft, sondern – von allen türkischen Politikern – im Zusammenhang der Hervorhebung der geopolitischen Bedeutung ihres Landes positiv dargestellt wird. Der Balkan erhöht den Stellenwert des Landes als geostrategisches Bindeglied zwischen den weltpolitisch zentralen Regionen Nahost-Zentralasien-Balkan. Die Kriege in Bosnien und im Kosovo haben jedoch gezeigt, dass der Balkan die Türkei eher belastet, eben dadurch, dass er sie – im Gegensatz zum Nahen Osten und zu Zentralasien – in eine Zwickmühle bringt: Die Türkei möchte zwar ihr politisches Gewicht in die Waagschale werfen, gleichzeitig aber vermeiden, mit Europa in Konflikt zu geraten.

Die wichtigste Voraussetzung für eine Verbesserung des türkischen Images ist die Versöhnung mit dem „klassischen Feind“ der Türkei, der früher eine osmanische Kolonie war und heute EU-Mitglied ist: Griechenland. Es ist erstaunlich, wie erfolgreich die AKP-Islamisten diesem Ziel näher gekommen sind. Die Griechen treten voll für die Aufnahme der Türkei in die EU ein. Erdogan ist es im Gegensatz zu den früheren Kemalisten gelungen, griechische Politiker zu überzeugen, dass eine türkische EU-Mitgliedschaft viel förderlicher für die nationale Sicherheit Griechenlands ist, als wenn die Türkei außerhalb Europas stünde. Dies ist nicht völlig von der Hand zu weisen.

Alles in allem kam der Bosnienkrieg (1992–95) der Türkei sehr ungelegen, weil er sie in die erwähnte Zwickmühle brachte. Mittlerweile haben sich die im Verlauf des Konfliktes erhitzten Gemüter beruhigt, wenngleich nicht vergessen wird, dass die serbischen Tschetnik-Krieger Verbrechen an den bosnischen Muslimen begangen haben. Europa konnte aus eigenen Kräften diesem Morden nicht Einhalt gebieten, weil es schwach ist (vgl. Einleitung); auch die Türkei hat die muslimischen Brüder auf dem Balkan enttäuschen müssen, weil sie ihnen nicht zur Hilfe kam. Nur dank der Intervention der NATO-Truppen unter UN-Obhut – die IFOR- und SFOR-Kontingente – konnte das Morden beendet werden. Doch der Konflikt, der den jahrhundertealten Religionsfrieden auf dem Balkan störte, schwelt weiter.[33] Die gesamte Entwicklung hat historische Wurzeln, zu denen die Geschichte des Herrschaftsgebietes des Osmanischen Reiches gehört,[34] und in welche die traditionelle türkisch-serbische Feindschaft eingebettet ist. Türken und Serben verbindet nichts als die Erinnerung an kriegerische Auseinandersetzungen während der osmanischen Herrschaft in Südosteuropa. Somit ist das osmanische Erbe in dieser Region nicht nur positiv – wie Türken dieses gerne sehen –, sondern auch als eine Belastung zu deuten; die Kemalisten und Islamisten würden dies am liebsten verdrängen. Die alten Islamisten, die bisher als die „Neuen Osmanen“ aufgetreten sind, haben die türkisch-osmanische Geschichte glorifiziert, die neuen Islamisten unter Erdogan schweigen über diesen Gegenstand völlig.

In Bosnien hat der Krieg, der im Kosovo fortgesetzt wurde, zwei alte weltanschauliche Wahrnehmungen neu belebt, die das Verhältnis der Türkei zu Europa belasten, weil sie aufeinander prallen. Die Muslime haben die Bluttaten der Serben gegen bosnische Mitmuslime als „christlichen Kreuzzug gegen den Islam" wahrgenommen, während die orthodoxe Kirche den „Vormarsch des Islam in Europa" aufhalten wollte. Die Serben haben hiermit nicht nur ihren Völkermord legitimiert, sondern auch ihr Befremden gegenüber den – ebenso verhassten – westlichen Christen gezeigt. Die Neubelebung der historischen Kollektiverinnerungen von *Kreuzzug und Djihad*[35] und die damit verbundenen Belastungen passten in die Prioritätenliste der Türkei nicht hinein. Ein Balkan-Experte, der Amerikaner J. F. Brown, meinte sogar während des Balkankrieges:

> „Sollte sich der Jugoslawienkonflikt auf den Kosovo ausweiten und dann Albanien und Mazedonien umfassen, würde sich die Türkei im Dickicht eines Konfliktes befinden, den sie nicht gewollt hat, in einer Region, zu der sie es vorgezogen hätte, nicht zurückzukehren."[36]

Dies widerspricht entschieden der beschriebenen serbischen Propaganda; sie hat einen neuzeitlichen „Kreuzzug gegen den Islam" angestrebt, um dem unterstellten „türkischen Expansionismus" Einhalt zu gebieten. Mit dieser Propaganda wollten die Serben die Erinnerung an die Belastungen des osmanischen *Djihad*-Erbes reaktivieren, um diese zu instrumentalisieren. Das hierbei entstandene politische Lagerdenken war abträglich für die Türken in ihrer Bemühung um Anerkennung als ein europäisches Land. Durch den Krieg in Bosnien wurde die Türkei ungewollt ins islamische Lager getrieben. Der hieraus resultierende weltanschauliche Zivilisationskonflikt von Kreuzzug und *Djihad* war für die kemalistische Türkei äußerst kontraproduktiv und deshalb unwillkommen. Die alten Islamisten haben, ohne die Folgen zu bedenken, weltanschaulich eine Politik der „Islamisierung" des Konfliktes betrieben und hierbei die bosnischen Muslime im Verlauf der Auseinandersetzungen in Bosnien für ihre Zwecke missbraucht. Die neuen Islamisten verhalten sich hingegen zurückhaltend und wollen neutral wirken.

Für jede Politik der Deeskalation des Zivilisationskonfliktes waren frühere Formen des bosnischen Islam, der damals noch als europäischer Islam galt, ein Zugewinn, weil er Demokratie und eine säkulare politische Ordnung zuließ. Zu den Folgen des Krieges und der serbischen Verbrechen an Muslimen gehört die Tatsache, dass der bosnische Islam seine Eigenschaft als Modell für einen Euro-Islam zu gelten, weitgehend eingebüßt hat. Auch die alten türkischen Islamisten haben ihren Beitrag zu dieser Fehlentwicklung – gewollt oder ungewollt – geleistet. Die Serben – ebenso wie die Islamisten – unterstreichen das zivilisatorische Anderssein des Islam und bedienen sich hierfür der *Djihad*-Belastungen des osmanischen Erbes. Serbische Historiker haben schon lange vor dem Zusammenbruch Jugoslawiens und dem Ausbruch des Bosnienkrieges die zutreffende historische Argumentation entwickelt und gepflegt, dass das Eindringen der Osmanen den Balkan von seiner europäischen Entwicklung abgeschnitten hat. Diese Historiographie „warf einen Schatten der Feindschaft auf das Osmanische Reich und die Türkei".[37] Man darf die Geschichte nicht im Geiste der Political Correctness zensieren bzw. zurechtstutzen; eine solche Fälschung darf in einer offenen Gesellschaft ebenso wenig wie die entgegengesetzte Instrumentalisierung von Geschichte zum Schüren von Hass erlaubt werden.

Die serbischen Hass-Schürer und die Antwort hierauf durch die Islamisierung des Bosnien-Konfliktes, die auch türkische Islamisten vorantrieben, gehören gleichermaßen zu den Belastungen des Bosnienkrieges. Dabei sind Kollektiverinnerungen an die *Djihad*-Kreuzzug-Geschichte reaktiviert worden. Im Islam-Ghetto der Bundesrepublik spielte seinerzeit diese Islamisierung des Bosnien-Konfliktes eine wichtige Rolle. Zu den negativen Auswirkungen gehörte der Tatbestand, dass bosnische Flüchtlinge, die als aufgeschlossene Muslime nach Deutschland kamen, in der deutschen Islam-Diaspora unter den Einfluss der türkischen Islamisten gerieten und sich entsprechend zu Islamisten wandelten. Hier muss ich jedoch die Nuance anbringen, dass sich die türkischen Islamisten, im Gegensatz zu den arabischen *Djihadisten*, friedlicher verhalten haben. Die arabischen *Djihadisten* kamen während des Krieges als Kriegsfreiwillige aus Afghanistan nach Bosnien (die „arabischen Afghanen") und haben *Djihad*-Terror ausgeübt. Dagegen haben die türkischen Islamisten einen politischen Islam ohne Gewalt vertreten.

Anders stellt sich die traditionelle türkische Balkanpolitik dar, die als „vorsichtiger Aktivismus"[38] beschrieben wird. Der Tradition entsprechend wurde verbal viel Wind gemacht, aber wenig unternommen. Der Grund hierfür war die bereits angeführte Furcht vor einem Zusammenstoß mit der Politik westlicher Staaten. Entgegen der serbischen Propaganda war die Türkei keineswegs bestrebt, im Balkan Fuß zu fassen, geschweige denn, militärisch zu intervenieren, obwohl die Serben mehrfach provozierend Anlass dafür geboten hatten. In der serbischen Propaganda wurde nach außen stets der Eindruck vermittelt, dass die Türkei in alt-osmanischer Manier in den Balkan eindringen wolle und die Serben nur „präventiv“ ihre Morde gegen diesen *Djihad* richteten. Somit ist die Islamisierung des Konfliktes, die nicht im Interesse der Türkei war, gleichermaßen von serbischen Ethno-Fundamentalisten und Islamisten betrieben wurden.[39]

Bei der Erörterung der geopolitischen Bedeutung der Türkei im Balkankrieg wurden lernfähige Experten für internationale Politik auf die Bedeutung der Faktoren „zivilisatorische Weltanschauung“[40], politisierte Religion und Ethnizität aufmerksam gemacht. Sie lernten, dass sozio-ökonomische Rahmenbedingungen zwar wichtig, aber nicht die einzige zentrale Ursache von ethno-religiös motivierten Konflikten und deren Eskalation zu Kriegen sind. Diese Experten haben auch begonnen, die Bedeutung soziokultureller Faktoren – und vor allem den Stellenwert der Zivilisationszugehörigkeit und des entsprechenden Zivilisationsbewusstseins – parallel zu den angeführten Faktoren bei regionalen Konflikten zu erkennen.[41] Wenn in diesem Zusammenhang vom Islam als Identität der Bosniaken die Rede ist, dann wohl nicht von einer Religion im Sinne von Glauben, sondern eher als einem – teils soziokulturellen, teils ethnischen – Faktor der „Wir-Gruppen“ bei der Entfachung von Konflikten. So hat die Neubelebung der Spannung zwischen dem Islam und dem orthodoxen Christentum zu einer Islamisierung des Konfliktes beigetragen, die von beiden Kriegsgegnern (wie gezeigt) gepflegt wurde. Islamisten unterscheiden hierbei nicht zwischen Ost- und West-Christentum, so dass ihre gegen die Serben gerichtete Propaganda auch antiwestliche Züge trug und somit übersah, dass die Serben – wie sie selbst – gegen den Westen und sein lateinisches Christentum sind.

Ähnlich verfuhren die serbischen Ethno-Fundamentalisten.[42] Auch sie haben historische Kollektiv-Erinnerungen an die Zeit der Osmanen und deren Eroberung von Konstantinopel im Jahre 1453 neu belebt.[43] Um es zusammenzufassen: Die Aktivierung der Kollektiverinnerungen an diese historischen Ereignisse wird als *Invention of Tradition*[44] zu einem entscheidenden Faktor in lokalen und regionalen Konflikten nach dem Ende des Kalten Krieges. Dies ist der Trend in der islamischen Zivilisation, in dem eine Instrumentalisierung des Islam bei der politischen Eskalation von Konflikten schädlich auf die Türkei wirkt. Der serbische Mythos benötigte die Angst vor dem „islamischen Vormarsch auf Europa“, um serbischen Ethno-Fundamentalisten Nahrung zu geben. Bei der Reaktion hierauf hat sich der bosnische Islam, der vor dem Krieg vorwiegend spirituell und apolitisch war, zu einer zentralen Quelle der soziokulturellen Identität der Bosniaken entwickelt und wurde hierbei politisiert. Als Urheber des Konzeptes vom Euro-Islam diente mir der bosnische Islam vor dem Krieg als ein Beispiel für meine Argumentation, dass der Islam europäisiert werden kann. Diese Erkenntnis ist auch zentral für die Aufnahme der Türkei in der EU (vgl. Anm. 7).

Diese veränderte Ausrichtung des bosnischen Islam als Folge des Krieges – von einer euro-islamischen Bestimmung hin zu einem Islamismus – kann für meine Position vorgebracht werden, nach der Religion und Weltanschauung, die Konflikte heute als Fakten mit religiöser Dimension begleiten, keine bloße Nebenwirkung von Ökonomie und Politik sind (obschon darin eingebettet), sondern selbstständige Faktoren werden können. Auch für das gesamte Buch ist diese Erkenntnis eine zentrale Argumentation. Dies ist der Hintergrund für die Frage, ob der Islam der Bosniaken noch ein Euro-Islam ist; diese Frage ist auch für den Beitritt der Türkei zur EU von zentraler Bedeutung. Auch für die geopolitische Argumentation dieses Kapitels über die Dreiecksbeziehung ist die Frage der Europäisierung der islamischen Teile der Balkanregion von großer Bedeutung. Worum geht es hierbei?

Auch Westeuropäer, die keine Islam-Kentnisse haben, kennen aus ihrem Alltag Muslime in Form der türkisch-anatolischen, maghrebinischen oder südasiatischen „Gastarbeiter", die heute in Migranten umbenannt worden sind. Der Islam ist also in Europa fremd. Unter Westeuropäern scheinen aber nur wenige zu wissen, dass es einheimische autochton-europäische Formen des Islam gibt, die Bosniaken.[45] Prominent unter diesen muslimischen Bosniern war der Euro-Muslim Smail Balic, der zu Lebzeiten davor warnte, den bosnischen Islam mit dem „orientalischen Islam" zu verwechseln. Denn nach Balics Auffassung ist die islamische Religion der Bosniaken nicht nur mit einem säkularen, also apolitischen Verständnis vom Islam, sondern auch mit den europäischen Werte- und Normenvorstellungen vereinbar.[46] Anders formuliert: Der bosnische Vorkriegs-Islam kann als ein Vorbild für einen Euro-Islam gedeutet werden. Sowohl unter dem Einfluss des Krieges als auch durch das Einwirken dritter Parteien (türkische Islamisten, Iran, Saudi-Arabien und die „arabischen Afghanen" *al-Qaidas*) kam es zu Wandlungen in Richtung Fundamentalismus. Dieser ist zwar eine Auswirkung des Krieges, verselbstständigte sich aber als weltanschauliche Kraft im Verlauf der Entwicklung. Die islamische Diaspora in Westeuropa gerät in diesem Zusammenhang unter agitierende Islamisten, die die Propaganda verbreiten, auch den in europäischen Ländern lebenden Muslimen stehe ähnliches bevor. Durch diese Haltung wird jede Integration abgewehrt.

Unter Berücksichtigung der europäischen Spielart des Islam in Bosnien – neben anderen Quellen – habe ich das Konzept des Euro-Islam zunächst 1992 in Paris entwickelt.[47] Zu den Wurzeln des Konzeptes gehören meine Beobachtungen des Afro-Islam im Senegal zehn Jahre zuvor, als ich 1982 in Dakar erstmals eine nicht-arabische Form des Islam kennen gelernt hatte.[48] In diesem Konzept wird die Vision einer Europäisierung des Islam entworfen, woraus ein kulturelles – natürlich nur für Europa gültiges – islamisches Muster entstehen kann. Dies ist auch für die Türkei von Belang. Ich habe bereits angeführt, dass der blutige Bosnienkrieg (1992–1995) erheblich zum Negativen beigetragen hat. Ehe ich aber auf diesen Wandel eingehe, weil er auch die Türkei betrifft, halte ich fest, dass der Vorkriegs-Islam in Bosnien von überwiegend säkularen Weltanschauungen islamischer Prägung bestimmt war und somit beweist, dass dies möglich ist.[49]

Zur Zeit Jugoslawiens begriffen sich die Bosniaken als *muslimani*, als Angehörige einer spezifischen religiös-kulturellen Gemeinde, eingebettet in die politische Identität eines säkularen Gemeinwesens der jugoslawischen Gesellschaft. Der Begriff *nacija* bedeutet in der bosnischen Sprache, die eine ethno-linguistische Spielart des Serbo-Kroatischen ist, eine „ethno-religiöse Gruppe". Diese Gruppe umfasst ausschließlich die Bosniaken und hat mit der Türkei nichts zu tun. Eine Verbindung zu der außerhalb Europas gelegenen Welt des Islam, d. h. eine Einordnung der bosnischen *nacija* in die universelle islamische *Umma* im Stile der türkischen Islamisten gab es vor dem Krieg gewiss nicht. Die regionale Bedeutung der Türkei auf dem Balkan wird durch die Politisierung dieses Identitätsmusters deutlich, in deren Rahmen die Muslime des Balkans in das Spannungsfeld zwischen dem schriftgläubigen universellen und dem an lokale Bedingungen angepassten Islam gerieten. Erst danach haben die Bosniaken begonnen, ihre Weltsicht zugunsten eines orthodox-islamischen Verständnisses zu verlagern, wonach jeder Muslim ein Mitglied der *Umma*, d. h. der universellen religiösen Gemeinschaft aller Muslime ist. Bei einem Vorherrschen dieses Glaubens können die Türkei und der islamische Balkan nicht in Europa integriert werden, weil Europa zur westlichen Zivilisation und nicht zum „*dar al-Islam*/ Haus des Islam" gehört.

Der Krieg auf dem Balkan hat dazu geführt, dass jene Bosniaken mit dem Hintergrund einer religiösen Ausbildung in Saudi-Arabien oder an der *al-Azhar*-Universität in Kairo erfolgreich eine Art „*türkisch-arabisch-islamistische* connection" aufbauen konnten. Der Glaube an die *Umma*-Bindung der Bosniaken ist ein Bestandteil dieser „connection".

Die Mehrheit der Bosnier hatte bis zum Ausbruch des Krieges nur begrenzt ein ethnisches Verständnis vom Islam vertreten. Seit dem Krieg jedoch haben sich die Bosniaken von Serben und Kroaten abgekapselt (zuvor gab es zahlreiche Mischehen) und ihre ethnisch-religiöse Identität im Gegensatz zu früheren Zeiten hervorgehoben, in denen sie sich politisch als Bürger einer säkularen Republik begriffen.[50]

Zu den Folgen des Bosnienkrieges gehört die Politisierung der ethnisch-religiösen Identität der Bosniaken, die bis heute besteht. Dieser Fall ist sehr wichtig sowohl für die Zukunft Europas als auch für seine Beziehung zur Türkei. Die Situation vor dem Krieg darf nicht als eine gelungene „multikulturelle Gesellschaft“, d. h. als eine Insel der Seligkeit verklärt werden. Eher hat es dort auch vor dem Krieg „gleichermaßen Koexistenz und Konflikt, Toleranz und Vorurteil, Verdacht und Freundschaft“[51] gegeben. Die für Europa relevante Frage im Zeitalter globaler islamischer Zuwanderung bleibt, wie die zugewanderten ethno-religiös unterschiedlichen Gruppen heute und in Zukunft interkulturell zusammenleben können.

Über den geopolitischen Schwerpunkt dieses Kapitels hinaus ist die Frage der europäischen Deutung des Islam sehr wichtig. Die Bosniaken beweisen, dass der Islam vor dem Krieg in einer kulturellen und vorwiegend nicht exklusiven Bestimmung als religiöses Ritual gepflegt werden konnte. Ebenfalls ist es für die Thematik dieses Buches von Relevanz festzuhalten, dass es unter den Bosniaken auch schon vor dem Krieg *hodzas* (bosnische Bezeichnung der orthodox denkenden islamischen Imame) gab, die den sehr flexiblen sowie toleranten, an den tradierten Sitten und Bräuchen orientierten, d. h. real praktizierten bosnischen Islam (Volks-Islam) gleichermaßen als „unislamisch“ und auch „unkoranisch“ ablehnten.[52] Diese islamische Orthodoxie, die heute in der Türkei und in Bosnien im Geiste dieser *hodzas* gepflegt wird und den dortigen Islam prägt, geht von der *Schari'a*/Gottesgesetz aus und weist den in Bosnien real praktizierten Islam als Volks-Islam zurück. Diese bosnische Spielart, die auch in der Türkei dominiert, ist mit einem Euro-Islam, der die Trennung der Religionspraxis von der Politik eindeutig bejaht, nicht vereinbar. Zu einer Europäisierung des Islam gehört, dass die im Westen lebenden Muslime sich zu Europa, nicht zur *Umma* gehörig fühlen. Dies ist nicht nur eine Problematik der Identität, sondern auch der Loyalität. Nach den Anschlägen vom 7. Juli 2005 wurde offen gefragt: warum betreiben europäisch geborene Muslime Djihad gegen Europa? Wem gehört ihre Loyalität? Die orthodoxe, reformbedürftige, seit Jahrhunderten als „Ballast“ mitgeschleppte islamische Doktrin der *Umma* muss neu durchdacht und an Citizenship angepasst werden. Es ist kein „Essentialismus" darüber zu reden und festzustellen, dass diese *Umma*-Doktrin zur orthodoxen islamischen Weltanschauung gehört. Kulturrelativistisch denkende und postmodern eingestellte Anthropologen unserer Gegenwart verwechseln die *Umma* mit Rasse und verwenden stets voreilig und in verfemender Weise den Vorwurf „Rassismus" gegenüber aufklärerischen Religionskritikern.

Zusammenfassend lässt sich der bosnische Vorkriegs-Islam als eine Mischung aus apolitischem Volks-Islam und säkularem Euro-Islam charakterisieren. Beide kennen eine Bindung der Religion an die Politik – das zentrale Merkmal des als Politisierung von Religion gedeuteten Fundamentalismus – nicht; sie bejahen also die Säkularität und machen somit ein Leben in Frieden mit Angehörigen anderer Religionen möglich. Der Krieg hat diese Formen eines friedliebenden Islam weitgehend, wenn auch nicht völlig zerschlagen. Ich wiederhole meine Auffassung, dass diese Entwicklungen nicht nur für die Türkei und ihre Europa-Bindung, sondern auch für die turko-muslimische Gemeinde in Europa von höchster Bedeutung sind. Eine als europäisch zu prägende zivilisatorische Identität für den Balkan (vor allem für Bosnien) macht aus dieser Region das wichtigste Glied in der erörterten Dreiecksbeziehung als Rahmen für die mögliche Zugehörigkeit der Türkei zu Europa.

Der bosnische Islam nach dem Krieg: Die Folgen für die Türkei und für Europa

In der angeführten geopolitischen Dreiecksbeziehung bringt der Balkan der Türkei nicht nur geopolitisches Gewicht, sondern auch Belastungen. Früher, und heute nur beschränkt, konnte man den Euro-Islam der Bosniaken als ein mit Europa zu vereinbarendes Vorbild – auch für die Türkei – nehmen. Die Auswirkungen des Balkankrieges sowie ihre Rückwirkungen sowohl auf die Türkei als auch die westeuropäische Islam-Diaspora illustrieren einen Wandel. Für die Muslime ist die Tatsache von Relevanz, dass

> „die Menschen ihre Wahrnehmung in bezug auf die Frage, wer sie sind, stets verändern … Viele bosnische Muslime haben begonnen, ihre Zugehörigkeit zum Kollektiv in bezug auf ihre Identität neu zu bestimmen; sie tun dies zunehmend etwa durch ihre Selbsteinordnung in die Weltgemeinde des Islam."[53]

Einen ähnlichen Prozess in der Bestimmung der Wahrnehmung habe ich in meinen Studien über die muslimischen, vor allem türkischen Zuwanderer nach Europa beobachtet und dabei vor der Gefahr einer Einordnung dieser Migranten in das Kollektiv des „*dar al-Islam*/Haus des Islam" und somit ihrer Eingliederung in die universelle *Umma* gewarnt. Somit sind islamische Parallelgesellschaften in Europa nicht nur Ghettos, sondern auch eine Vorhut des *dar al-Islam* auf dem europäischen Kontinent. Die hiermit verbundenen religio-politischen Implikationen der Islamisierung sind alarmierend, weil diese für die Integration der Muslime und für ihre Bestimmung als europäische Bürger abträglich sind. Dies gilt gleichermaßen für ein islamisches Land, das in die EU will, wie auch für deren Zuwanderer.[54] Wenn die in Europa lebenden Muslime sich dem Verständnis von *Citizenship* als europäische individuelle Identität verweigern sollten, wird es nicht möglich sein, sie zu integrieren. Die Führer der Islam-Gemeinde in Westeuropa nutzen das an Muslimen in Bosnien geschehene Unrecht für ihre Politik, so dass muslimische Minderheiten in Europa sich der individuellen Integration verweigern. Diese Führer treten für Kollektivrechte zur Etablierung eines Minderheitenstatus mit eigener Gesetzgebung, der *Schari'a*, ein. Damit ist ein Status für muslimische Migranten angesprochen, der mit einer individuellen Integration im Sinne der demokratischen Bestimmung als *Citoyen/Citizen* unvereinbar ist.

Von großer Relevanz für die anstehende Diskussion ist der vergleichbar gelegene Fall des Status der Muslime in Indien, die ja wie die Bosniaken keine Migranten sind und dennoch ähnliche Entwicklungsprozesse aufweisen wie Muslime in Westeuropa; sie haben sich vom Gemeinwesen durch Sonderrechte abgesondert. Indische Muslime dürfen im säkularen Staat Indien ihre zivilrechtlichen Angelegenheiten nach der islamischen *Schari'a* abwickeln, so wie dies heute musterhaft für den Westen in Kanada (vgl. den Schlussteil von Kap. III) versucht wird. Dies darf nicht als ein Modell für Europa zugelassen werden, weil es ein konfliktbeladenes Szenario ankündigt.[55] Die einstige indische Regierung des glücklosen Gandhi-Sohnes Rejiv hat der Islam-Gemeinde ein *Muslim Personal Law* zugestanden, das Muslime vom indischen Gemeinwesen abspaltet.[56] Dieses desaströse Recht kann heute nicht mehr zurückgenommen werden. In Europa dürfen keinesfalls analog dazu türkische Volksgruppen mit *Schari'a*-Rechtssprechung nach dem indischen Modell zugelassen werden. Es gibt ein „Recht auf Unterschied" (droit à la différence), nicht aber auf unterschiedliches Recht, also keine Schari'a für Europa. Daher wird ein Islam der Individuen, nicht des Kollektivs benötigt. Der bosnische Islam bot früher ein Modell hierfür, aber er hat sich nach dem Krieg zum Negativen gewandelt. Diese Entwicklung sollte als Warnung in Bezug auf die Türkei dienen.

Es würde den Rahmen sprengen, sich mit dem Bosnienkrieg näher zu befassen; es genügt, ihn als „Zerstörung des Religionsfriedens auf dem Balkan“ (vgl. Anm. 33) zu beschreiben. Der Europäischen Union gelang es nicht, diesem Prozess Einhalt zu gebieten. Die Muslime haben auf dieses Versagen mit dem Erwachen der Kollektiv-Erinnerung an die Kreuzzüge in Form einer Erfindung von Tradition reagiert und Europa generell ein „Feindbild Islam“ unterstellt. In Anbetracht des serbischen Genozids an den Muslimen ist in der Türkei sowie auch im Rest der Welt des Islam eine antiwestliche Stimmung entstanden, die weltanschaulich zur Anfeindung der gesamten Christenheit übergeht und Christen einen „Kreuzzug“ gegen den Islam unterstellt. Mohammed Qutb, der Nachkomme des auch in der Türkei viel gelesenen (1966 unter dem ägyptischen Präsidenten Nasser öffentlich gehängten) geistigen Vaters des islamischen Fundamentalismus, Sayyid Qutb[57], gehörte auf islamischer Seite zu den Propagandisten des Balkankrieges. Er hat eine kleine, in vielen islamischen Ländern und auch in Bosnien zirkulierende Schrift „*durus min mihnat al-Bosna wa al-Harsak*/Die Lehren aus den Leiden von Bosnien-Herzegowina“ veröffentlicht, in der folgende, auch von den heutigen Bosniaken geteilte Anklage enthalten ist:

> „Die Massaker an den Muslimen in Bosnien waren nicht die ersten und werden nicht die letzten von Christen an Muslimen sein, die Kreuzzüge in Jerusalem, die Reconquista in Granada … waren die ersten. Aber das Massaker in Bosnien war bisher der häßlichste Mord an Muslimen.“[58]

In einem einflussreichen islamistischen Pamphlet wird der Bosnienkrieg – ebenso wie zuvor der Golfkrieg und wie später nach 2003 der Irak-Krieg – als eine „Fortsetzung der christlichen Kreuzzüge“ wahrgenommen.[59] Auf der serbischen Seite wird diese Propaganda umgekehrt: Der Krieg sei eine Abwehr gegen das Eindringen des türkischen Islam. Hier prallen erneut zwei fundamentalistische Weltanschauungen aufeinander. In der Türkei ist die Wirkung dieses Zusammenpralls erheblich; er fördert den bereits bestehenden, von den Kemalisten verleugneten Trend zur Entwestlichung und zur Entsäkularisierung der Türkei. Der Wahlsieg der AKP-Islamisten steht in diesem Zusammenhang; ihre taktische Europa-Orientierung darf nicht über diesen Trend in der Türkei hinwegtäuschen.

Im Gegensatz zu den schnell vergessenden Westeuropäern des modernen medialen Zeitalters haben die Muslime lang anhaltende historische Kollektiverinnerungen. Dies kann man beispielsweise am Thema Kreuzzüge veranschaulichen. In diesem Sinne fügen die Balkan-Erfahrungen eine neue Belastung hinzu, weil sie diese Erinnerungen vermehren und im Resultat die Integration der muslimischen Migranten erschweren. Wenn diese Integration scheitert, wie kann dann die Integration eines ganzen Landes mit mehr als 70 Millionen Menschen noch gelingen? Wie kann die Türkei Mitglied der Europäischen Union werden, wenn es sein osmanisches Erbe auf dem Balkan – und auch den Mord an Armeniern – nicht verarbeitet?

In Europa verschließen sich die einflussreichen Medien dieser Problematik. Die Politiker sind keinen Deut besser. Die EU-Außenminister treffen sich häufig, um Fragen der Außenpolitik und Sicherheit zu erörtern, betreiben aber in ihrem – wie die *International Herald Tribune* sich einmal in einem zynisch-ironischen Artikel ausdrückte – „Talking Club" vorwiegend „Talk, Talk, Talk", ohne sich auf eine gemeinsame Politik zu verständigen. Diese Art und Weise, bei der europäischen Diskussion Probleme zu übergehen, war damals während des Balkankrieges und ist heute bei der Türkei-Debatte zu beobachten.

Nur durch das Eingreifen der NATO konnten die Balkankriege 1995 und 1999 beendet werden. Noch befinden sich NATO-Truppen in Bosnien und im Kosovo und sie werden dort auch weiterhin benötigt. Weder die Türkei noch die EU haben eine Strategie für den Umgang mit dem Konflikt. Ich wiederhole die Tatsache, dass der Balkan für den EU-Beitritt der Türkei wichtiger als Zentralasien (vgl. oben) oder gar die islamischen Länder des Nahen Ostens ist. Trotz der kemalistischen Propaganda von der einheitlichen türkischen Nation ist die Türkei in der Realität wie der Balkan sowohl multi-religiös (Sunniten, Alawiten) als auch multi-ethnisch (Türken, Kurden, etc.). Damit liegt nahe, dass ein säkularer Balkan auf der Basis eines europäischen Islam von großer Relevanz – als Vorbild – auch für die Türkei wäre. Die Lösung der entsprechenden Probleme ist wohl eine Voraussetzung für den Beitritt der EU und nicht umgekehrt: Die Ansicht, dass die Probleme – so die Heilserwartung sowohl im Balkan als auch in der Türkei – eben durch die EU gelöst werden sollten, ist höchst gefährlich. Die EU ist eine Wertegemeinschaft und keine Institution für die Lösung der inneren Konflikte anderer Staaten. Eine Europäische Union, die sich einbildet, nicht nur die wirtschaftlichen, sondern auch die ethnisch-religiösen Konflikte anderer Staaten durch Aufnahme in ihren Verband zu lösen, erweitert sich zu Tode. Keinem der EU-Länder ist es bisher gelungen, die Probleme der islamischen Zuwanderung auf ihren eigenen Territorien zu bewältigen bzw. ein Muster für den Umgang mit dem Islam zu entfalten[60].

Auf die Entwicklung in Bosnien zum Islamismus hin zurückkommend halte ich fest, dass die säkularen Strukturen in der Türkei, angesichts der negativen Entwicklung, ebenso gefährdet sind. Über die geopolitische Problematik hinaus ist somit die Funktion einer Brücke, die islamistisch wäre, obsolet. Statt Dialog und Integration entstehen Netzwerke zwischen den türkischen Islam-Ghettos in Deutschland und den Islamisten in der Türkei und Bosnien. Das ist keine Brücke zwischen den Zivilisationen. Die Westeuropäer verschließen davor die Augen und nehmen dies in der Debatte über die Türkei und ihrer „Brückenfunktion" nicht mit auf.

Schlussfolgerung

Wenn die Türkei in der Dreiecksverbindung Balkan, Zentralasien, Nahost ein volles EU-Mitglied wird, dann würde die Europäische Union Südgrenzen zu Regionen der Weltpolitik haben, in denen der islamistische *Djihadismus* gedeiht und somit leichter als bisher in das Gebiet der EU überschwappen könnte. Bei klarem Denken liegt die Erkenntnis nah, dass dies kein positives Argument für einen EU-Beitritt der Türkei ist. Der *Djihadismus*[61] generell, und spezifisch seine Überreste nach dem Krieg auf dem Balkan, bilden ein Sicherheitsproblem. Während des Krieges (1992–1995) kamen zahlreiche *Djihadisten* aus Afghanistan nach Bosnien, um die Muslime gegen den „christlichen Kreuzzug" zu verteidigen. Heute, nach den Attentaten vom 11. September 2001, ist der *Djihadismus* gleichermaßen eine Gefahr für die Türkei (*Djihad*-Anschläge in Istanbul 2003) und – nach den Ereignissen in Madrid am 11. März 2004 und in London am 7. Juli 2005 – auch für Westeuropa. In der Türkei explodieren regelmäßig „islamistische Bomben" (November 2003, August 2004). Auch die Bosnier waren mit diesen arabischen *Djihad*-Terroristen lange vor dem 11. September vertraut; sie haben sie nicht nur als Retter, sondern auch – im Namen „islamischer Bruderschaft" – als aufdringliche, quasi-koloniale religiöse Hassprediger erfahren, die den toleranten europäischen Islam durch ihren Wahhabismus – teilweise mit Erfolg – ablösen wollten. Damals warnten westliche Diplomaten übertreibend vor der Entstehung eines neuen Afghanistan in Europa, also eines „Bosniakistan in Bosnien". Dabei geht es bei dieser Furcht vor einem „Bosniakistan" auf dem Balkan primär darum, dass dort agierende *Djihadisten* den Export islamistischer Gewalt in andere

Länder, vorwiegend in die Türkei und Westeuropa betreiben. Dies betrifft vor allem den Missbrauch der islamischen Migrantengemeinde in Westeuropa durch ein dortiges Einnisten der *Djihadisten*, in dem sie sich als muslimische Brüder darstellen, Solidarität verlangen und sie auch bekommen. Von den ca. drei- bis fünftausend „arabischen Afghanen", die während der Kriegszeit nach Bosnien kamen, sind nun (d.h. nach dem Dayton-Frieden) nur noch einige Hunderte geblieben. Die Rolle der arabischen *Djihadisten* veranschaulicht die existierenden Querverbindungen des Bosnienkrieges.

Die Lehren der Balkankriege sind entscheidend für das EU-Türkei-Verhältnis. Einer der kundigsten deutschsprachigen Korrespondenten in Bosnien, der Schweizer Victor Meier, hat ein wertvolles Buch vorgelegt, das den Titel trägt: *Wie Jugoslawien verspielt wurde.*[62] Diese Formel beschreibt die Realität. Die Quittung für die schlechte Politik war, dass Waffen, die aus dem Iran nach Bosnien kamen, bei terroristischen Aktionen später in Westeuropa wieder auftauchten (Terroranschlag in Roubaix bei Lille, März 1996). In diesem Zusammenhang ist nun analog zu den „arabischen Afghanen" – wenngleich in Umkehrung der Begriffe –von den „bosnischen Arabern" die Rede.[63] Damit ist jedoch dasselbe gemeint: Arabische Fundamentalisten, die im Krieg – sei es in Afghanistan oder Bosnien – als *Djihad*-Krieger gekämpft haben. Diese Dimension nennt der britische Militär-Experte Edgar O'Ballance „Islamic Fundamentalist Terrorism"[64]. Auch im Jahre 2004 konnte ich in Sarajewo direkt erfahren, dass die ehemaligen *Djihadisten* als Prediger in neuerdings saudisch finanzierten Moscheen in Bosnien immer noch wirken. Gehört auch dies zur Religionsfreiheit? Nach meinen Beobachtungen in Westeuropa verstehen die meisten jener meinungsbildenden Europäer, die in den Medien vorherrschen, nicht, wie sehr dieser *Djihadismus* im Rahmen des Kriegs von Weltanschauungen eine Bedrohung darstellt.

Für die Erweiterung der EU hat die in diesem Kapitel positiv hervorgehobene geopolitische Dreiecksverbindung, in deren Mittelpunkt die Türkei steht, auch eine negative Dimension. Nämlich die Entwicklung vom klassischen *Djihad* zum *Djihadismus* an den Südgrenzen Europas, wie diese bisher im Bosnien-Kontext und heute im Irak ihren Ausdruck gefunden hat. Die Terroranschläge vom November 2003 (und wieder im August 2004) in Istanbul haben gezeigt, dass die EU – mit den Grenzen zu Syrien, Irak und Iran – bei einem EU-Beitritt der Türkei nicht nur *djihadistische* Grenzen bekommt, sondern auch, dass der *Djihad* und seine islamistischen Querverbindungen sich bereits in der Türkei, am Tor zu Europa befinden.

Diese sicherheitspolitische Problematik[65] kann anhand eines älteren, aber immer noch signifikanten Berichtes über die bosnische Szene von Alexandra Stiglmayer veranschaulicht werden. Aus der bosnischen Stadt Zenica hat sie über „Allahs bosnische Kinder" vor Ort Informationen gewonnen und veröffentlicht. Stiglmayer berichtete über islamische Fundamentalisten – nicht nur Iraner, sondern auch saudisch finanzierte Ägypter und Palästinenser, die unter dem Deckmantel humanitärer Hilfsorganisationen[66] nach Bosnien eindrangen. In Bosnien versuchten diese „Gotteskrieger" – damals wie auch heute noch in den dortigen Moscheen – den bosnischen Muslimen ihre fundamentalistische Auffassung vom Islam aufzuzwingen. Selbst der Berater des Mufti von Zenica erregte sich über diese *Djihadisten* gegenüber der zitierten westlichen Journalistin, der er sagte:

„Es gibt Fremde hier, die uns Ideen aufzwingen wollen ... Leute von Zenica haben sich auf sie eingelassen, weil sie vom Westen so enttäuscht sind" (ebd.).

Ein anderer Bosnier erklärte ihr: „Diese Araber behaupten, dass wir Ungläubige sind und dass der Islam, den wir praktizieren, falsch sei, sie wollen uns belehren." In Bosnien missbrauchen diese djihadistischen Fundamentalisten die Not der Bosnier und die Kriegsfolgen. In Stiglmayers Bericht heißt es weiter:

„Islamische Hilfsorganisationen in Bosnien sind nicht nur humanitär aktiv. Radikale islamische Gruppen benutzen die Hilfe als Deckmantel, um ihre Vorstellung vom Islam zu agitieren und eine Untergrund-Infrastruktur aufzubauen ... Zwischen islamischen Hilfsgruppen und (den) Mudjahidin gibt es zahlreiche Verbindungen" (ebd.).

Heute, ein Jahrzehnt nach Kriegsende, hat das europäische Bosnien trotz NATO-Truppen und EU-Präsenz – und zwar unter Duldung der bosnischen Regierung – weiterhin eine vorwiegend saudische, also fremdfinanzierte Moscheevereinskultur, die in das islamistische Netz eingebunden ist. Das ist auch Belastung und kein Vorzug für die Türkei, wo diese Querverbindungen tief in das Land eingreifen.

Die Analysen über die einzelnen Regionen der angeführten Dreiecksverbindung zeigen, dass die Türkei an Gewicht im Nahen Osten und in Zentralasien gewonnen hat. Der Balkan bringt der Türkei dagegen nicht nur geopolitische Vorteile, sondern auch Bürden. Die wichtigste Schlussfolgerung in Bezug auf die Dreiecksverbindung Nahost-Zentralasien-Balkan ist, dass die Türkei für Europa und für die Weltpolitik geopolitisch ein sehr wichtiges Land geworden ist. Auf der Basis der vorgelegten Fakten wird die eingangs formulierte Hypothese bestätigt, wenngleich nicht in dem Maße, wie sie der ehemalige türkische Ministerpräsident Mesut Yilmaz (vgl. Anm. 4) – eher als „Poesie auf die Türkei" – ausdrückte. Diese geopolitischen Vorteile sind zugleich mit großen sicherheitspolitischen Risiken verbunden. Wenn wir die Argumente „geopolitische Bedeutung" und „zivilisatorische Brücke" auseinander halten, gelangen wir zu unterschiedlichen Werten und Urteilen. Mit „Pro" und „Contra" wird man der Problematik keineswegs gerecht. Im Gegenteil: Hierdurch entfernt man sich von ihrer Substanz und bleibt bei den eigenen Vorurteilen. Die Folgen können fatal sein.

V. Die Integration der in Deutschland lebenden Türken als europäische Bürger ist der Weg für die Türkei nach Europa

Im Einklang mit der zentralen Argumentation des gesamten Buches, nämlich dass die Europäisierung der Türkei das zentrale Kriterium, ja sogar eine Bedingung für deren Aufnahme in die europäische Staatengemeinschaft ist, schließe ich die vorliegende Arbeit mit diesem Kapitel über die türkische Diaspora in Westeuropa ab. Hier sollen zwei konträre Szenarien für die türkisch-muslimischen Migranten in Westeuropa entfaltet werden, die potenziell Auswirkungen auf den EU-Beitritt der Türkei haben. Meine These lautet: Integration verstanden als Europäisierung fördert den EU-Beitritt – dies ist das positive Szenario – wohingegen die islamistische Abschottung der Migranten als das negative Szenario Argumente gegen die Aufnahme der Türkei liefert. Wenn türkische Parallelgesellschaften in Berlin und anderswo in Westeuropa weiterhin Realität bleiben, dann darf die Türkei kein EU-Mitglied werden.

Die Begründung der These und ihre Säulen

Drei zentrale Bemerkungen möchte ich diesem Abschnitt voranstellen: *Erstens* ist eine moderne Staatengemeinschaft stets zugleich eine entsprechende Wertegemeinschaft. Dies gilt auch für Europa. Keineswegs verteidige ich als Muslim ein „christliches Europa“, wenn ich den von mancher türkischen Seite erhobenen propagandistischen Vorwurf an die EU, sie sei ein „Christen-Club“, zurückweise. Der als große Autorität der Disziplin der Internationalen Beziehungen anerkannte Oxford-Gelehrte Hedley Bull hat die moderne, auf der Basis des Westfälischen Friedens entstandene europäische „*society of states*/Staatengemeinschaft“ durch jeweils vorhandene gemeinsame Interessen und Werte, nicht durch Religion definiert. In diesem Sinne formuliert Bull die allgemeine Definition:

„Wir können von einer Staatengemeinschaft bzw. von einer internationalen Gesellschaft sprechen, wenn eine Gruppe von Staaten im Bewusstsein bestimmter gemeinsamer Interessen und gemeinsamer Werte eine Gesellschaft in dem Sinne bildet, dass ihre Mitglieder sich an gemeinsame Regeln in ihren Beziehungen zueinander gebunden fühlen."[1]

Nach dieser Definition kann die Europäische Union als eine Staatengemeinschaft bestimmt werden, die durch gemeinsame Interessen, säkulare Werte und Regeln ihre Identität definiert. Dies hat weder mit Christentum noch mit Ethnizität zu tun. Bei dieser Bestimmung zivilisatorischer Identität sind also weder Religion noch ethnische Zugehörigkeit involviert. Daraus folgt, dass auch Muslime – Türken und andere – zu Europa gehören können, wenn sie europäische Werte vertreten.

Die *zweite* Bemerkung betrifft die Rahmenbedingungen des Beitritts in eine Staatengemeinschaft. Ein geographisch nur teilweise in Europa liegender Staat – wie die Türkei – kann dieser Staatengemeinschaft beitreten, allerdings nur unter der Bedingung, ihre Werte und Interessen zu teilen. Auf Europa bezogen erfordert dies von den Neuankömmlingen, einen Prozess der Europäisierung erfolgreich zu durchlaufen. Eine wie oben definierte Staatengemeinschaft lässt sich mit einem Club vergleichen; beide haben Regeln und Werte, die die Mitglieder freiwillig als Satzung akzeptieren, die dann aber für alle bindend sind. So kann ein Mensch einem Club nur dann beitreten, wenn die Akzeptanz der jeweiligen Satzung als Bedingung erfüllt wird. In diesem Sinne hat die EU eine europäische und säkulare wertegebundene – keine christliche – Satzung, die die Türkei annehmen muss, wenn sie Mitglied einer europäischen Staatengemeinschaft sein möchte.

Drittens ist es erforderlich, den Inhalt des Konzeptes der Europäisierung von möglicherweise auftauchenden Risiken, nämlich dem Vorwurf des Eurozentrismus[2] zu befreien. Ich halte an meiner lebenslang vertretenen Ablehnung jedes kulturellen Zentrismus, gleich ob dieser nun europäisch oder islamisch wäre, fest. Wenn hier also von Europäisierung die Rede ist, dann weiche ich von der universellen Sichtweise der Verwestlichung ab, so dass jeder Eurozentrismus außer Acht bleibt. Es geht nur um Europa, nicht um die gesamte Welt, und in diesem Sinne hat Europa das Recht, europäisch zu bleiben.

Zivilisatorischer Zentrismus liegt nur dann vor, wenn eine Zivilisation sich als ein „alleingültiger" Maßstab für andere präsentiert und dies durchzusetzen versucht. In diesem Sinne wäre jede Bestrebung nach einer Islamisierung oder Verwestlichung der Welt ein abzulehnender universalistischer Zentrismus. Dies schließt nicht aus, dass Zivilisationen voneinander freiwillig lernen können, weil jeder interzivilisatorische Austausch eine Bereicherung ist. Jedoch hat jede Zivilisation unangefochten das Recht, ihre Werte als Maßstab für die Geltung innerhalb ihrer eigenen Territorialität zu verteidigen. Es ist deshalb in Europa kein Eurozentrismus, wenn Europäer sich für ihre Selbsterhaltung gegen Bedrohungen ihrer Identität einsetzen. Europa hat das Recht, seine Identität und seine zivilisatorischen Grenzen zu bewahren.[3] Die Identität der EU ist europäisch, nicht islamisch, aber sie hat den Vorzug inklusiv zu sein, weshalb sie den Islam – jedoch unter der Bedingung, dass er europäisiert wird – aufnehmen kann.[4] Diese Feststellung führt uns direkt in die anstehende Thematik, die mit dem Zugeständnis beginnt, dass auch die Türkei das Recht hat, ihre islamische Identität zu betonen[5] und meinetwegen auch die *Schari'a*/Gottesgesetz anzuwenden, sollte die türkische Bevölkerung dies mehrheitlich wollen. Wenn dieses Land aber parallel dazu nach Europa will, dann muss es die europäische Leitkultur, d. h. den Wertekonsens, der Europas Identität ausmacht, teilen und akzeptieren, statt die billige Polemik des „Christen-Clubs" als moralische Erpressung anzuwenden. In aller Offenheit muss gesagt werden dürfen: Inhalte der Symbolik des Kopftuches (als eine Vorschrift der *Schari'a*) sind nicht europäisch. Es ist legitim, dass Europa innerhalb seiner eigenen Sphäre die mit diesen Symbolen verbundenen Inhalte ablehnt und Europäisierung fordert. Diese Einstellung darf aber nicht für die ganze Welt gelten; dies wäre Eurozentrismus. Es handelt sich schlicht um Terrorismus, wenn die „islamische Armee Iraks" damit gedroht hatte, zwei entführte französische Journalisten zu ermorden, wenn Frankreich das *Laïcité*-Gesetz nicht zurücknimmt.

Trotz Entgrenzungen hat jede Zivilisation ihre zivilisatorischen Grenzen und ihre entsprechende Identität. Dies gehört zur Normalität. In diesem Sinne ist Europa kein *dar al-Islam*, und auch nicht *dar al-schahada*, wie die täuschende Formel von Tariq Ramadan lautet. Dieser ist der Enkel von Hasan al-Banna, dem Begründer der ersten fundamentalistischen Bewegung im Islam, der Muslimbruderschaft. Er gibt sich als ein europäischer Muslim, betreibt aber eine verdeckte Islamisierung in Europa. Orthodoxe Muslime und auch Islamisten halten am islamischen Projekt der Erweiterung des „*dar al-Islam*/Haus des Islam" auf dem gesamten Globus fest. *Schahada* ist das islamische Glaubensbekenntnis. In diesem Sinne sind *dar al-schahada* und *dar al-Islam* Synonyme. Ihre Vertreter wollen eine islamische, keine säkulare Identität für Europa anstreben. Hier werden die Gesetze der Toleranz überschritten, um die offene Gesellschaft Europas durch eine islamische abzulösen.

Im Folgenden möchte ich, von den drei erläuterten grundsätzlichen Vorbemerkungen ausgehend, die eingangs formulierte zentrale These untermauern, nach der die Integration, also eine Europäisierung der vorwiegend in Deutschland lebenden Türken Europas, die Eintrittskarte für die Türkei in die EU darstellt. Nur wenn dies gelingt, kann der Weg nach Europa geebnet werden. Andernfalls ist der Anspruch der Türkei, zu Europa zu gehören, brüchig und für Europäer illegitim.

Die Türkei kann europäisiert werden, aber es widerspricht den Tatsachen, das Land von Anbeginn – ohne nähere Erläuterung – als europäisches Land darzustellen. Denn erst mit der Erwägung, die Türkei als Mitglied und seine Angehörigen als Bürger in die europäische Staatengemeinschaft aufzunehmen, hat eine historische Wende begonnen, nämlich die der anvisierten Europäisierung. In früheren Jahrhunderten und bis zur Gründung der Türkei als kemalistische Republik hatte das Osmanische Reich eine andere zivilisatorische Identität; es führte seine *Djihad*-Eroberungen[6] gegen Europa durch, um es zu islamisieren. Man sprach von der „Türkei *und* Europa". Heute kommt die Migration hinzu, so dass man angesichts von vier Millionen Diaspora-Türken von der „Türkei *in* Europa" reden muss. In der FAZ vom 25. Juli 2005 wurde dies als „Landnahme Europas durch … vorderasiatische Völker, die man in Deutschland Migration nennt" von Lorenz Jäger bezeichnet. Hier stehen zwei einander ausschließende Szenarien an: Integration oder Abschottung. Von der Entwicklung in die eine Richtung oder in die andere wird es abhängen, ob die Türkei zu Europa gehören kann oder nicht. Türkische Politiker – gleich ob kemalistisch oder islamistisch – übergehen die bestehenden Szenarien; sie denken nationalistisch, indem sie die Türken nicht als Bürger Europas, sondern der Türkei einordnen. So hat selbst der einstige kemalistische türkische Ministerpräsident Mesut Yilmaz, als er noch im Amt war, in seinem vor Antritt eines Staatsbesuches in Deutschland in der *Frankfurter Allgemeinen Zeitung* veröffentlichten Essay argumentiert:

> „Die türkische Nation teilt die westlichen Werte aus ganzem Herzen … ein besonderes Merkmal türkisch-deutscher Beziehungen ist die Tatsache, dass über zwei Millionen Türken in Deutschland leben … Deutschland ist für sie zur zweiten (sic!) Heimat geworden."[7]

Er hält daran fest, dass die europäischen Diaspora-Türken ein Teil der „türkischen Bevölkerung" sozusagen als Enklave in Deutschland bleiben, jedoch in eine „türkisch-deutsche Freundschaft eingebaut werden". Kann akzeptiert werden, dass innerhalb der EU eine türkische

Volksgruppe auf *ethnischer* Grundlage zugelassen wird? Dies widerspricht der europäischen Identität, zu der die individuelle Bürger-Identität im Sinne von *Citoyen/Citizen* gehört.[8] Die Substanz der an der Demokratie orientierten Perspektive der *Citoyennité* wird leider durch den deutschen Begriff der „Staatsbürgerschaft", der sich auf ein vorwiegend ethnisches und juristisches Konzept bezieht, nicht wiedergegeben. Wenn in Deutschland eingebürgerte Türken, vor allem die der zweiten oder gar dritten Generation als „Türken mit deutschen Pass", also nicht als europäische Bürger im Sinne von *Citoyen*, sondern ethnisch als Türken eingeordnet werden, kann man nicht von Integration in ein europäisches Gemeinwesen sprechen. Ethnizität und Religion dürfen hier keine Verhandlungsgrundlage sein. Nach welcher Logik soll dann Deutschland für hier geborene und lebende Menschen die „zweite", und nicht die erste Heimat sein? Hier entsteht der Verdacht gegen die Türkei, diese türkische Diaspora als „Volksgruppe" (wie in Zypern) für Belange der türkischen Politik instrumentalisieren zu wollen.[9] Dieselbe Kritik gilt für Deutsche, die eingebürgerte Ausländer nicht als Deutsche, sondern – wie in meinem Fall – als „Syrer mit deutschem Pass" einordnen. Das ist nicht europäisch.

Weder für die Demokratie noch für die Türkei in ihrem Streben, ein Mitglied der europäischen Staatengemeinschaft zu werden, ist es förderlich, die türkische Europa-Diaspora ethnisch zu definieren. Fakt ist jedoch, dass viele Türken, die einen Teil der Islam-Diaspora in Europa bilden, sich religiös und ethnisch definieren. Gerholm und Lithman sprechen allgemein von einer „islamischen Präsenz" in Europa, eine Formel, die ich als Titel eines in der *Frankfurter Allgemeinen Zeitung* veröffentlichten Essays herangezogen habe.[10] Anlog zu dieser Formel lässt sich im Zusammenhang dieses Buches von der „türkischen Präsenz in Europa" sprechen. Ist dies „Landnahme" (FAZ)?

Nicht nur islamistische, sondern auch kemalistische Politiker betreiben eine Gleichsetzung der Türkei mit der türkischen Präsenz der Migranten in Europa, um zu der Schlussfolgerung zu gelangen, dass die Türkei das Recht habe, der EU beizutreten. Wir können faktenmäßig vergleichsweise feststellen, dass ca. 8 Millionen der aus Nordafrika stammenden Muslime[11] mehrheitlich als Franzosen in Frankreich leben, ohne dass ihre Ursprungsländer (Algerien, Marokko, Tunesien) parallel das Recht für sich verlangen, Mitglied der EU zu werden. Die Logik von Mesut Yilmaz und vielen türkischen Politikern, die aus der türkischen Islam-Diaspora in Europa (ca. 4 Millionen) ein Recht auf EU-Mitgliedschaft ableiten, ist schlicht falsch und nicht nachvollziehbar.

Obwohl ich gegen die Gleichsetzung von Türkei und deutschen Türken eintrete, weiß ich, dass eine strikte Trennung kaum praktikabel ist, zumal die euro-türkischen Beziehungen von der türkischen Präsenz in Europa im soeben definierten Sinne nicht unberührt bleiben. Auch weiß ich, dass die übergeordnete Problematik „Islam" – sei es in der Vergangenheit, sei es in unserer Gegenwart – involviert ist.[12] Hier ist aber die mehrfach vorgebrachte Frage erneut zu stellen, wie man Europäern überzeugend erklären kann, dass die Türkei zu Europa gehört, wenn sich Teile der in Deutschland lebenden Türken in Ghetto-Kollektiven durch Selbstethnisierung abschotten und sich nicht nur durch die Verschleierung ihrer Frauen von den Europäern zivilisatorisch abgrenzen, sondern auch ihre Moscheen nach osmanischen Eroberern, nicht nach liberalen Türken benennen.

Wenn zudem Teile der türkischen Migranten ihr Heil im Islamismus, d. h. in der islamischen Spielart des religiösen Fundamentalismus suchen, statt sich als europäische Bürger zu bekennen und europäische Verfassungen wie das deutsche Grundgesetz als Bestandteil der politischen Kultur zu akzeptieren, wird es kaum möglich sein, eine Plausibilität für die europäische Zugehörigkeit der Türkei zu begründen! Das ist der Hintergrund zur These dieses Kapitels, nämlich dass die Integration der türkischen Migranten die Eintrittskarte der Türkei in die EU ist. Es gibt keine bedingungslose Inklusion.

In diesem Kontext möchte ich es nicht bei einer Kritik an der Unwilligkeit vieler türkischer Migranten und anderer Muslime, sich in Europa zu integrieren, belassen. Zu den Ursachen der „gescheiterten Integration"[13] der Muslime gehört auch die europäische, vor allem die deutsche Unfähigkeit, die tiefe gesellschaftliche Dimension der Integration zu verstehen. So setzt sich hier die frühere Argumentation fort, dass beide Parteien, Deutsche und Muslime (in erster Linie Türken) herausgefordert sind, zur Integration beizutragen: Deutsche müssen sich vom kulturell tief verankerten Konzept des ethnischen Bürgers verabschieden; Muslime müssen sich ihrerseits von der universellen *Umma* loslösen und lernen, Loyalität zu einem nicht-muslimischen Gemeinwesen zu akzeptieren. In aller Deutlichkeit müssen Muslime auch Abschied von der *hidjra*-Doktrin nehmen[14] und Pluralismus lernen. Im Islam bedeutet *hidjra* nicht nur Migration, denn *hidjra* ist stets an die *da'wa*, d. h. an die Pflicht gebunden, den Islam weltweit zu verbreiten, d. h. zu missionieren. Erfolgt keine Abwendung von diesem *hidjra*-Verständnis, dann wird die Integration weiterhin scheitern, was zu schwerwiegenden sozialen und politischen Folgen führen kann. Die Alternativen sind:

Ghetto-Islam oder Euro-Islam. Dies ist auch auf die Türkei zu übertragen. Eine Türkei ohne Europäisierung wäre ein Fremdkörper in Europa. Als ein Land, dessen Bevölkerung durch ein enormes demographisches Wachstum auf die 100 Millionen zusteuert, während die europäische Population abnimmt, wäre dieses Ghetto innerhalb der EU das Ende der Wertegemeinschaft, die ihre zivilisatorische Identität nicht mehr halten könnte.

Euro-Islam als positives Szenario

Nach der Erläuterung der zentralen These empfiehlt es sich, unter Berücksichtigung der Optionen Integration und Abschottung, mit dem positiven Szenario zu beginnen, welches einen Euro-Islam für die Türken in Deutschland voraussetzt. Eine Brückenbildung erfordert euro-islamische Gemeinsamkeiten. Islamisierung Europas durch *da'wa*/Mission bedeutet dagegen eine Fortsetzung der Geschichte gegenseitiger Eroberungen und der mit ihr verbundenen Belastungen; diese dürfen wir nicht ausblenden, wenn wir sie ehrlich und ernsthaft überwinden wollen. Türken und Europäer haben eine lange Beziehungsgeschichte, die viel älter ist als der türkische republikanische Nationalstaat der Kemalisten und dessen Wunsch, zu Europa zu gehören. Zu dieser Geschichte gehört das für Europa teilweise negativ beladene osmanische *Djihad*-Erbe (vgl. Anm. 6) Als das osmanische Reich durch militärische Niederlagen geschwächt wurde, suchte es durch *Importing the European Army* militärische Anleihen in Europa. In diesem Rahmen entstand die deutsch-türkische Freundschaft, die eine „Waffenbruderschaft“ war und damit für die europäische Wertegemeinschaft des 21. Jahrhunderts kein Vorbild bietet.

Die Türkei kann nicht europäisch werden, wenn viele Türken – sei es im Lande selbst oder in der westlichen *gurbet*/Diaspora – zwar selber nicht wertemäßig Europäer werden wollen, aber dennoch die materiellen Vorteile einer Anbindung an Europa einschließlich der freien Migration in Anspruch nehmen. Die Europa-Orientierung der heute in der Türkei regierenden AKP erschöpft sich in der Absicht des Ausnutzens dieser wirtschaftlichen Vorteile. Nach meinem Dafürhalten sind die Einstellungen der in Westeuropa lebenden Türken die Messlatte, an der abzulesen sein wird, ob sich die Bevölkerung der Türkei positiv für Europa entscheidet. Das ist der Hintergrund meines Versuches, das erste positive Szenario der Etablierung eines mit europäischen Wertevorstellungen zu vereinbarenden Islam-Verständnisses zu entfalten, das den

Türken ermöglichen könnte, zugleich Europäer zu werden und Muslime zu bleiben. In dieser Eigenschaft könnten sie eine euro-islamische Brücke bilden. Gelingt dies nicht, dann bleibt es beim negativen Szenario, nach dem türkische Islamisten die Türkei ohne Europäisierung mit dem Symbol des Kopftuches in die EU bringen. Der Islamismus entfremdet die Türkei von Europa, weil er die Neigung der türkischen Migranten in der Diaspora fördert, sich in der Moscheevereinskultur als kulturellem Ghetto abzuschotten. Wenn der Ghetto-Islam auf diese Weise über den Euro-Islam siegt und die Integration der Türken als europäische Bürger mit den Rechten und Pflichten des *Citoyen* weiterhin scheitert, kann die Türkei nicht zu Europa gehören, auch wenn europäische Politiker im Dezember 2004 verantwortungslos einen Verhandlungstermin für die Aufnahme gewährten. Das Europäisch-Sein ist keine Angelegenheit, die Politiker beschließen: Entweder ist es vorhanden, oder nicht!

Beginnen wir zunächst mit den Fakten: Die Zahl der türkischen Gemeinden in Westeuropa steigt stetig in erheblichem Umfang. Bei der Entstehung dieser Studie im Jahre 2004 beträgt sie schätzungsweise ca. 4 Millionen (2,7 in Deutschland plus 1,3 europaweit – von ungefähr 17 Millionen Muslimen in Europa). Weil die Türkei ein armes Land ist und durch hohe Geburtenraten einen stets wachsenden Bevölkerungsüberschuss hat, ist für viele Türken die Migration nach Westeuropa die Alternative zur Armut. In dem Leitartikel der *Frankfurter Allgemeinen Zeitung* hat Nikolaus Busse deutlich gemacht, dass „die Aufnahme eines so bevölkerungsreichen islamischen Staates ... irgendwann mit Freizügigkeit einhergeht.“[15] Somit ist die Integration keine akademische, sondern eine existentielle Frage für Europa, wenn eine Parallelität von Migrationsströmen und einer fehlenden Integration zur Quelle von sozialen Konflikten wird.

Der Kern der türkischen Europa-Diaspora lebt in Deutschland.[16] Die Mehrheit der Deutsch-Türken bildet – im Gegensatz zu anderen Teilen der Ausländergemeinde Deutschlands im positiven Sinne – selbst auch ohne Integration – einen Bestandteil von Wirtschaft und Gesellschaft. Der Grund hierfür ist, dass die meisten Türken zur arbeitenden, Steuer- und Sozialabgaben zahlenden Bevölkerung, weniger zu den Dauer-Sozialhilfeempfängern gehören. Nach Angaben des Essener Zentrums für Türkeistudien wirken in Deutschland zudem zahlreiche mittelständische türkische Unternehmer, die einen wirtschaftlich bemerkenswerten Beitrag leisten.

Alle Probleme der Türkei – zum Beispiel Ethnizität, die Spannungen zwischen Sunniten und Alawiten, Kurden und Türken und nicht zuletzt der Kampf zwischen Kemalisten und Islamisten – werden durch die türkische Migration auch für Deutschland relevant. Wenn es gelingt, dass sich Türken mit dem demokratischen deutschen Gemeinwesen identifizieren können, sich also nicht mehr als Fremde fühlen müssen oder gar wollen, dann wäre das Integrationsziel erreicht. Wohlgemerkt, die geforderte demokratische Integration, d. h. die Aufnahme als *Citoyen*/Bürger mit entsprechenden Pflichten und Rechten, ist nicht mit Assimilation gleichzusetzen. Dennoch schließt Integration die Forderung nach Loyalität zum Gemeinwesen, in dem die Migranten leben, mit ein. In diesem Sinne formuliere ich die Erwartung, dass Deutschland den hier lebenden Türken näher als die Türkei stehen soll. Dies steht auch im Einklang mit einer möglichen Brückenbildung. Ich räume ein, auch dies ist Wunschdenken, noch keine Realität. Laut dem soeben zitierten Leitartikel der *Frankfurter Allgemeinen Zeitung* von Nikolaus Busse wird „die viel zitierte Idee, die Türkei könne als Brücke Europas dienen" – so heißt es weiter – „freundlich gesagt als ein wenig romantisch" qualifiziert.

Die Romantik der „Brücke" findet man vor allem auf der Seite der Multikulturalisten. Es trifft zu, der Begriff der Brücke mag in diesem Zusammenhang abgedroschen klingen, dennoch eröffnet er uns im Zeitalter des Zivilisationskonfliktes die Perspektive, Menschen aus unterschiedlichen „Wir-Gruppen" näher zueinander zu bringen. Der interzivilisatorische Dialog kann helfen, diese Aufgabe zu erfüllen. Dies wird in einer Göttinger Dissertation von hohem theoretischen Niveau untersucht, worin realistisch das Ziel der Brückenbildung als ein Politikkonzept bei der Entscheidungsfindung verfolgt wird. Die Autorin dieser Studie, die Deutsch-Iranerin Naika Foroutan, hat Wege für die Bewältigung von Konfliktpotenzialen aufgezeigt, mit denen wir konfrontiert sind.[17] In einer Gesellschaftspolitik muss das Schlagen von Brücken zwischen den Zivilisationen mehr sein als eine Romantik oder gar ein Dialog unter gleichgesinnten Intellektuellen oder Theologen vom Stil Hans Küngs. Die Ethik eines Euro-Islam kann den Weg zu einer Gesellschaftspolitik ebnen, die die Europäisierung legitimiert.[18] Die Alternative dazu ist ein konfliktbeladenes, also gefahrvolles Szenario der von den Islamisten vertretenen Abschottung in einen *gurbet*/ Ghetto.[19]

Wenn wir über Brücken reden, dann müssen wir auch die Hürden wahrnehmen. Zu diesen gehören Ethnizität und politisierter religiöser Glauben als Hauptkonfliktquellen unserer postbipolaren Zeit. Es ist eine Illusion zu glauben, dass eine konfliktfreie Koexistenz ethnischer

Großgruppen in der Realität möglich ist.[20] Man muss dies bei der anstehenden Problematik sehr ernst nehmen. Bis auf wenige Ausnahmen – wie z.B. ein Artikel der *Süddeutschen Zeitung* über türkische Enklaven, wie die Kölner Keup-Straße[21] – wird in Deutschland hierüber wenig geschrieben. Der Grund hierfür ist, dass jede Erörterung des real bestehenden Zusammenhanges von Migration und ethnischem Konflikt in Deutschland durch die von Multikulturalisten verordneten Tabus verhindert wird. Auch das Aufgreifen dieser Themen durch Rechtsradikale in fremdenfeindlicher Absicht belastet die sachliche Auseinandersetzung mit ihnen, so dass Wissenschaftler, die über diese Themen arbeiten, einem Verdacht in diese Richtung ausgesetzt werden.

Für ein positives Szenario muss die Türkei an dem Versuch mitwirken, den Islam im Sinne der Demokratie zu interpretieren – eine Aufgabe, die auch für muslimische Migranten in Europa gilt. Ausgangspunkt ist der Umstand, dass der Islam zu den Alltagsrealitäten in allen westlichen Gesellschaften, also auch in Deutschland gehört. Trennt eine Bindung zum Islam die Migranten automatisch von den einheimischen Bevölkerungen, oder kann es möglich sein, Brücken zwischen beiden zu schlagen? Das Problem ist gesamteuropäisch, betrifft also nicht nur Deutschland. Daher rede ich von einem Euro-Islam, nicht von einem deutschen Islam. Offen gesagt: Es bestehen starke Argumente gegen die Politik der deutschen Kirchen, weil sie für das anstehende Problem kein brauchbares Modell bieten.[22] Wenn die Islam-Vertretungen in Deutschland dieselben Rechte wie deutsche Kirchen erlangen, dann gerät der innere Frieden in diesem Land in Gefahr. Wie der durch islamische Migration nach Europa und Nordamerika gelangte Islam heute im Westen neben Christentum und Judentum institutionell eingebunden werden kann, bleibt eine offene Frage. Parallel zu dieser Zuwanderung ändert sich auch die Zusammensetzung der Bevölkerung. Angesichts dieser demographischen Entwicklung spricht Gilles Kepel von *Allah im Westen*[23] und Bernard Lewis kündigt an, dass „Europa Ende des 21. Jahrhunderts islamisch sein wird.“ In dieser Situation gilt es unmissverständlich und ohne multikulturelles Zögern darauf zu bestehen, dass die kulturelle Moderne, sprich säkulare Demokratie, Pluralismus und individuelle Menschenrechte, die Identitätsbasis der westlichen Zivilisation Europas und seiner Tochtergesellschaften in Nordamerika bildet. Deshalb ist es legitim, an die Migranten aus vormodernen Kulturen bestimmte politisch-kulturelle Forderungen, wie ihre Europäisierung, zu stellen. In Deutschland ist dieser Gegenstand eng mit den eingewanderten Türken verflochten und betrifft unmittelbar den Beitritt der Türkei in die EU.

Die Perspektive der Europäisierung: Euro-Islam für die türkische Europa-Diaspora

Das vorliegende Buch ist von der Vorstellung geleitet, dass es möglich ist, „Islam“ und „Europa“ aus einer europäischen, d.h. westlich-demokratischen Perspektive im Rahmen eines Euro-Islam in Einklang miteinander zu bringen. Ich wiederhole, dass dies alleine eine Lösung für Europa ist, d.h. für muslimische Migranten, nicht für die Welt des Islam. Ich habe im Rahmen eines euro-islamischen Integrationsprojektes das entsprechende Konzept entfaltet, welches eine bessere Option für die Zukunft der Muslime in Europa bietet.[24] Es gibt konkurrierende Optionen, die sich darauf beziehen, ob sich die türkischen Muslime im Sinne einer demokratischen politischen Kultur als *Citoyen* integrieren oder sich in Parallelgesellschaften als islamische Enklaven abschotten. Vom Ausgang dieses Prozesses wird es abhängen, ob die Türkei in dem einleitend erläuterten Sinne als Interessens- und Wertegemeinschaft zu Europa gehören kann. Die Europäisierung der Türkei kann nicht von der Integration der Türken mit Annahme der europäischen Moderne abgekoppelt werden. Alle westeuropäischen Gesellschaften sind von folgenden Grundlagen der politischen Kultur der europäischen Moderne normativ und institutionell geprägt:

1. *Pluralismus*: Dieser lässt Vielfalt auf allen Ebenen, jedoch nur im institutionell und rechtlich verbindlichen Rahmen eines der kulturellen Moderne verpflichteten Konsenses zu. Anders formuliert: Dieser Pluralismus ist kein Relativismus, der wertebeliebig alles zulässt. Die Anerkennung eines solchen Pluralismus durch Muslime bedeutet, dass diese sich in ihrem Missionarismus der *da'wa* Grenzen auferlegen, d.h. auf ihren Anspruch auf religiös-moralische Überlegenheit gegenüber Nicht-Muslimen verzichten und sich als Teil des pluralistischen Ganzen bestimmen müssen. Im Klartext: Keine *da'wa*, also keine islamische Missionierungsarbeit in Europa als Islamisierung und Verzicht auf *fatih-*/Eroberer-Visionen, und auch kein *Umma*-Kollektiv als Enklave in Europa. Dem aus taktischen Gründen nicht immer deutlich ausgesprochenen Fernziel einer „Islamisierung Europas“ muss auf dieser Grundlage eine klare Absage erteilt werden. Ein unzweideutiges Bekenntnis zum säkularen Europa ist erforderlich, das über ein Lippenbekenntnis hinausgeht und eine Politik der Integration auch inhaltlich fördert.

2. *Toleranz der kulturellen Moderne*: Im Sinne der europäischen Aufklärung meint Toleranz nicht nur „Duldung“. Im Islam hingegen bedeutet Toleranz Duldung, die zudem auf Christen und Juden als mono-

theistische *dhimmi*/Schutzbefohlene beschränkt ist; sie gilt nicht für andere Religionen. Die Toleranz der Aufklärung schließt eine umfassende Freiheit der Andersdenkenden und Andersgläubigen ein. Muslime verstehen unter Toleranz, die Christen als *dhimmi*, d.h. als geschützte Minderheiten von Gläubigen zweiter Klasse zu dulden. Wenn Muslime in Deutschland ähnlich wie solche geschützten Minderheiten als Menschen zweiter Klasse geduldet werden, wird der Spieß lediglich umgedreht. Das wünsche ich mir nicht. Im Islam werden reisende Juden und Christen *musta'minun*/Schützlinge, also quasi als Minderheiten zweiter Klasse ohne Bürgerrechte und ohne die Berechtigung zu einem dauerhaften Aufenthalt im *dar al-Islam* geduldet. Wenn der Göttinger Orientalist Tilman Nagel den Politikern empfiehlt, mit Muslimen nach diesem islamischen Muster umzugehen, also sie als Reisende auf Zeit zu behandeln, denen man als als *musta'minun* einen zeitlich begrenzten Aufenthalt gewährt, muss ich heftig widersprechen. Als ein Migrant empfinde ich eine solche Empfehlung, die den Status als Bürger ausschließt, als Ausgrenzung, nicht als Toleranz. Statt Integration empfiehlt der zitierte Orientalist dem Kultusminister, dass ein in Deutschland lebender Muslim nicht als Bürger, sondern

„als *Musta'min* betrachtet wird, d.h., er genießt den staatlichen Schutz seines Aufenthaltslandes … Als Schützling sind die Muslime an die Rechtsordnung gebunden … Dieser Status der Schützlinge trifft am ehesten auf die in Deutschland lebenden Muslime zu.“[25]

Ein *musta'min* hat die Pflicht, die Gesetze des Gastlandes zu respektieren, hat aber selbst, außer der Gewährung eines geschützten Aufenthalts, keinerlei Bürgerrechte. Als ein Muslim, der zu der angesprochenen Gruppe gehört, sage ich in aller Offenheit: Wer mir verweigert, ein deutscher Bürger zu sein, und in mir einen „Schützling“ sieht, der nicht gleichberechtigt ist, d.h. mich als Muslim ausgrenzt, dem ist der Vorwurf des Rassismus nicht zu ersparen. Gegen diesen Rassismus habe ich in den bisherigen vier Jahrzehnten meines Lebens als Migrant im demokratischen Deutschland zu kämpfen gehabt. Zu diesem Einsatz gehört die Rede, die ich anlässlich eines Symposiums der Quandt-Stiftung nach dem Golfkrieg 1991 in der Frankfurter Paulskirche halten durfte. Nachdem ich als ein Deutsch-Syrer vorgestellt wurde, der für die Gruppe von Menschen steht, die „unter uns leben und gerne leben, obwohl sie nicht unter uns geboren sind“, habe ich gesagt:

„Man sollte die Tradition der Integration von Nicht-Deutschen in Deutschland als Bestandteil der deutschen Demokratie oder als eine Variante der deutschen

Demokratie begründen ... Ich bin ethnisch-rassisch Nicht-Deutscher, aber ich bin kulturell ein Deutscher ... auch psychologisch ein Deutscher, trotz der Ablehnung. Und ich hoffe, dass es mir gelingt, diese Tradition der deutschen Demokratie, die Integration Nicht-Deutscher in das deutsche Gemeinwesen, zu begründen."[26]

Ich bin sicher, dass die Mehrheit der in Deutschland lebenden Muslime, unter denen die Türken Zweidrittel ausmachen, keine Minderheit von „Schützlingen" bilden will. In diesem Zusammenhang berufe ich mich auf Heinrich Heine als ein Vorbild: Er wollte zugleich Deutscher und Jude sein. Auch ich will ein Muslim und deutscher Bürger sein, nicht aber ein „Schützling". Die Toleranz der Aufklärung heißt Respekt und Gleichwertigkeit, nicht Duldung.

3. *Die Trennung zwischen Religion und Politik als Säkularität*: Die Franzosen nennen dieses Prinzip der Französischen Revolution *Laïcité*, welches zum Bestandteil der politischen Kultur der kulturellen Moderne gehört. In Frankreich ist unter der Formel „*Laïcité ou Islamisme*/ Säkularität oder Islamismus" ein zentraler Konflikt entfacht, bei dem einander ausschließende Optionen aneinander gerieten. Bei diesem Gegenstand geht es weder um das Gerede von einer „postsäkularen Gesellschaft"[27] noch um „halbe" Lösungen, weil es weder eine halbe Demokratie noch eine halbe Säkularität gibt.

4. *Demokratische Zivilgesellschaft als Rahmen für eine rechtlich und institutionell abgesicherte Trennung zwischen öffentlicher und privater Sphäre*: In einer Zivilgesellschaft genießen türkische Migranten die verfassungsrechtlich geschützte Freiheit der Religionsausübung in der Moschee und auch in ihrer privaten Sphäre. In der Öffentlichkeit der Zivilgesellschaft sind Muslime Bürger wie alle anderen und dürfen somit keine Sonderrechte für sich beanspruchen, wie etwa die Anwendung der *Schari'a*. Genauso wie ich den Status der „Schützlinge" ablehne, weise ich den Anspruch auf Sonderrechte für Minderheiten strikt zurück. Ein früherer liberaler Türke, der heute mit dem politischen Islam sympathisiert, Şerif Mardin, meint in einem Essay, „Zivilgesellschaft ist ein westlicher Traum ... er ist auf die islamische Denkweise nicht übertragbar."[28] Wenn diese Ansicht stimmt, was ich allerdings bestreite[29], dann können keine Brücken zwischen der Türkei und Europa geschlagen werden.

Die angeführten vier Grundlagen der zivilisatorischen Identität Europas sind weder ethnisch noch religiös, sie können bei einer liberalen Interpretation in den Islam eingeführt werden. Die zivilisatorisch-europäische Identität wird – nur auf Europa begrenzt – im Konzept vom

Euro-Islam anerkannt. Diese europäische Deutung des Islam steht in krassem Widerspruch zu dem Arbeitspapier des Islamischen Weltkongresses, das im Juli 1993 auf seiner Sitzung in Kairo verabschiedet wurde, und das offen für den Ghetto-Islam eintritt. Das im folgenden zitierte Papier ist in der Moscheevereinskultur in Deutschland autoritativer als der Euro-Islam. In diesem Dokument heißt es:

„Der Islamische Weltkongress hat auf seiner Arbeitstagung in Kairo eine neue Strategie für die *Da'wa*/Aufruf zum Islam gefordert ... Hierzu gehört der Aufbau islamischer Zentren in Europa ..., um die dort lebenden Muslime auf ihre Rolle in der Zukunft vorzubereiten ... Die Anwendung der Schari'a als Richtschnur im Leben der Muslime ist zu fordern.“[30]

Diese von wahhabitischen Saudis für die Muslime Europas gestellte Aufgabe, Muslime auf ihre „Rolle in der Zukunft“ (Islamisierung Europas?) vorzubereiten, ist eigentlich eine Provokation und mehr als eine Herausforderung. Die zitierte Vorstellung der wahhabitischen Internationalen[31] müsste Europäer veranlassen, geschlossen für die Europäisierung der in Europa lebenden Muslime einschließlich der Türken einzutreten, wenn sie zu ihrer Zivilisation stünden und ihre Islamisierung abwehren wollen. Dies geschieht nicht. Die Erklärung hierfür ist die zivilisatorische Schwäche Europas, die in der Einleitung besprochen wurde, und die als Toleranz präsentiert wird.[32]

Wenn die Vision, dass die in Europa lebenden Angehörigen der Islam-Diaspora Euro-Muslime werden, Realität wird, könnten sie durch die Aneignung der kulturellen Moderne zu Vorposten von liberalen Reformen und Demokratie in der islamischen Zivilisation und in dieser Eigenschaft eine Brücke in den Beziehungen zwischen Orient und Okzident werden. Diese Vision ist keine Romantik, sondern eine Politikempfehlung. Denn ohne diese Voraussetzung kann das beschriebene positive Szenario nicht gelingen. Beim Scheitern besteht dann die Gefahr, dass die Extremisten, statt zur Verständigung zwischen den Zivilisationen beizutragen, den Konflikt zwischen diesen auf dem europäischen Kontinent anheizen. Die Folgen für die Türkei sind klar, wenn im Ansatz vorhandene türkische Enklaven in Deutschland von Islamisten dominiert werden. Noch ist es nicht zu spät, um dieser Fehlentwicklung Einhalt zu gebieten.

Nach der mehrfach erfolgten *Djihad*-Erklärung gegen den Westen wissen diejenigen Europäer, die informiert sind und deshalb wachsam die angeführten Schulen beobachten, dass die hier geborenen türkischen Kinder daran gehindert werden, Bürger zu werden. Die *hodjas/*

Geistlichen, die dort unterrichten, sind entweder Islamisten privater Gruppen oder Salafisten (orthodoxe Muslime), die aus der Türkei entsandt werden; sie sprechen weder Deutsch noch kennen sie die europäische Umwelt der Deutsch-Türken. Auch wenn alle diese Geistlichen keine *Djihadisten* sind, tragen sie jedenfalls dazu bei, dass muslimische Kinder keine Europäer, sondern – indirekt – Sympathisanten des *Djihad* werden. Die von Politikern und heutigen Vertretern der Kirchen rhetorisch in den Medien beschworene Integration findet in aller Gewissheit nicht statt. Diese wollen nicht verstehen, dass es bei der „Integration" nicht um Sprachkurse, sondern um eine klare Position im Konflikt zwischen Europäisierung und Islamisierung der Diaspora geht. Die in westlichen Gesellschaften gültige Religionsfreiheit als Bestandteil der Demokratie schließt nicht das Recht auf eine Bindung der Religion an die Politik mit ein. Solche Auffassungen zuzulassen wäre nicht nur eine Preisgabe der säkularen Demokratie, sondern auch ein Rückfall hinter die Aufklärung. Wenn die Entwestlichung weiterhin nach diesem Muster verläuft, hat eine Europäisierung des Islam unter vielen muslimischen Migranten, die aus den ländlichen Gebieten der Türkei kommen, keine Chance mehr. Stattdessen werden Islamisten frei agieren und das Leben im islamischen Ghetto als religiöse Pflicht predigen, wobei Migranten nicht nur Fremde bleiben, sondern auch durch islamische Ideologisierung der Religion ein Bestandteil des Keiles zwischen dem Islam und Europa auch ein Sicherheitsrisiko werden. Dadurch würden sie nicht nur sich selbst, sondern auch ihrem Ursprungsland, der Türkei, aber auch Deutschland schweren Schaden zufügen.

Von einer aufgeklärten islamischen Position aus betrachtet sind religiöse Fundamentalisten Feinde der Demokratie – und auch des offen und liberal interpretierten Islam. Der aufgeklärte Ägypter Mohammed Said al-Aschmawi spricht mit Recht vom „Islamismus gegen den Islam".[33] Die Probleme rühren von den Gegenkräften des positiven Szenario her. Dazu gehören vorrangig die als rechtsradikal einzustufenden Islamisten. Der Journalist Udo Ulfkotte, der die Auflistung dieser Bewegungen als rechtsradikale Organisationen wagte, hat hierfür mit seiner beruflichen Existenz durch die Belastung einer Fülle von Prozessen gezahlt.[34] Unter diesen Bedingungen fragen liberale Muslime verdutzt, warum linke und liberale deutsche Intellektuelle Rechtsradikale nur auf Seiten der Deutschen verorten und die Augen vor den ausländischen Rechtsradikalen – wie z. B. denen unter den muslimischen Migranten – verschließen, ja ihnen manchmal sogar Rückendeckung geben. Es ist ehrenhaft, gegen „Fremdenfeindlichkeit" und „Feindbild Islam" vorzugehen; wenn dies aber zum Schutz des Islamismus geschieht, ist dies alles andere als ehrenvoll. Die Problematik der Europäisierung versus Islamisierung ist die Verteidigung der offenen Gesellschaft gegen ihre Feinde, zu denen der Islamismus als „Der neue Totalitarismus" gehört.[35]

Bei der Entfaltung der Perspektive der Europäisierung kann für Europa die historische Erfahrung Nordamerikas mit Migration und Integration von Belang sein. Dort wird die Problematik der Einwanderung einerseits aus der Perspektive der Vorteile, die die Migranten der amerikanischen Gesellschaft bringen (in der Ökonomie, Wissenschaft oder in anderen Bereichen des öffentlichen Lebens), andererseits aus der der Nachteile, vorrangig im Bereich der Sicherheit, wahrgenommen. In den USA wird andererseits völlig frei von Ausländerfeindlichkeit und Rassismus, also rational und sachbezogen auf die Gefahren hingewiesen, die – wie der liberale Amerikaner Arthur Schlesinger es als Buchtitel formuliert – „*The Disuniting of America*/Die Auflösung der Einheit Amerikas"[36] zur Folge haben könnten, wenn die Amerikanisierung der Migranten nicht mehr wie bisher gelingt. Die Bildung von ethnischen Kollektiven ist der Motor eines möglichen Auflösungsprozesses des Gemeinwesens der amerikanischen Gesellschaft. Unabhängig von Religion und Ethnizität gehören alle Bürger der USA diesem Gemeinwesen an. In Deutschland wäre die Formierung türkischer Enklaven, die bereits begonnen hat, eine vergleichbare Erscheinung, die dadurch kompliziert wird, dass die Bürger-Identität für Fremde in Deutschland fehlt. Ein Hinweis auf die nicht gerade förderlichen Integrationsbedingungen in Deutschland, die zur Bildung solcher ethnischen Kollektive in Parallelgesellschaften beitragen, mag erklären helfen, dass die Hindernisse auch auf deutscher Seite, also nicht allein bei den türkischen Migranten zu suchen sind. Integrationsunwilligkeit und die Unfähigkeit, Fremde durch Bürgeridentität zu integrieren, reichen einander die Hände.

Nicht nur von Amerika, auch von Frankreich können die Deutschen lernen, wenn sie sich der Strategie der Europäisierung anschließen wollen. Ich nenne hierbei zwei Bereiche: Zum einen gilt es zu lernen, dass Migration aus nicht-westlichen Teilen der Welt im Zivilisationskonflikt begründete Probleme mit sich bringt, die friedlich ausgetragen werden müssen, um das Konfliktpotenzial in den europäischen und nordamerikanischen Gesellschaften zu entschärfen. Der Kopftuchstreit in Frankreich ist ein solcher Konflikt, und das *Laïcité*-Gesetz der französischen Regierung von 2004 ist ein Beispiel für die Durchsetzung der Europäisierung gegen die *Schari'a*, d. h. gegen die Islamisierung.

Zum anderen können die Deutschen von Frankreich lernen, dass Europa nach einer Entromantisierung des Volksbegriffes weder rassisch noch ethnisch, sondern vielmehr demokratisch als Gemeinwesen der Bürger definiert werden kann.[37] Bürger haben zugleich eine individuelle und eine zivilisatorische Identität. Letztere definieren die Franzosen europäisch und nicht ethnisch; sie kann ebenso wie durch Islamisierung auch durch den Multikulturalismus gefährdet werden. Der auf Interkulturalität basierende Kulturpluralismus ist die Alternative zur Multikulti-Orientierung der Wertebeliebigkeit.

Gegen das universelle und zugleich kulturpluralistische französische Konzept der *Citoyennité* wird von Kulturrelativisten das Argument der kulturellen Identität der Migranten angeführt. Wer dies mit Skepsis aufnimmt, bekommt die Keule des „Rassismus" zu spüren. Die Franzosen sprechen von dem Bekenntnis der Migranten zur *Citoyennité* als einer Bedingung; in Deutschland verlangen Gesinnungsethiker die Bewahrung der kulturellen Identität der Migranten, ohne den „Missbrauch kultureller Unterschiede"[38] zu verstehen. Der Begriff „Kulturrassismus" ist in diesem Zusammenhang völlig unangebracht, weil er zweierlei übersieht: zum einen, dass Rassismus[39] als Barbarei etwas anderes ist, und zum anderen, dass die Zugehörigkeit zu einer Kultur oder einer Religion keine „Rassenzugehörigkeit" ist.

Für die Franzosen steht der Islam im Mittelpunkt der Einwanderungsproblematik, da ein erheblicher Anteil ihrer Zuwanderer aus der Welt des Islam kommt. Inzwischen leben dort mehr als fünf Millionen Migranten, die vorwiegend aus dem Maghreb und anderen Teilen Afrikas stammen. Aber auch Türken gehören, wenngleich in sehr geringer Zahl, inzwischen zur französischen Islam-Gemeinde. Der Trend zum höheren Anteil der Muslime an den Migranten trifft auch auf Deutschland zu und wird noch zunehmen, wenn sich die Migration aus Ost- und Südosteuropa erst einmal normalisiert hat. Es gibt eine Reihe von Anhaltspunkten dafür, dass sich die türkischen Migranten in Deutschland mit den Maghrebinern in Frankreich vergleichen lassen; ein solcher Vergleich ist sowohl von einem in Frankreich lebenden deutschen Experten als auch von einem amerikanischen Wissenschaftler vorgenommen worden.[40]

Für die Migranten aus der Türkei und der übrigen Mittelmeerregion ist der Islam ein politischer und kultureller Bezugspunkt ihrer Identität. Das ist gut und richtig so, wenn sie diesen Bezugspunkt nicht missbrauchten. Die Frage lautet aber nach wie vor: Wie realistisch ist die Perspektive, dass diese Zuwanderer europäische Bürger muslimischen Glaubens werden? Die Franzosen sehen die Problematik pragmatisch, das heißt für sie sind die Migranten in Europa im soziologischen Sinne ein „*fait social*/soziale Tatsache". Entsprechend werden Politiker mehr und mehr mit der Frage konfrontiert sein, wie Europa die eingewanderten Muslime – seien es nun Türken in Deutschland oder Maghrebiner in Frankreich – integrieren kann. Wer die Option der wertebezogenen Integration nicht ernst nimmt oder nicht zulässt, muss bedenken, dass ein weltanschaulicher *Krieg der Zivilisationen* im Herzen Europas die Alternative ist. Ich wiederhole die These dieses Buches, dass das Kopftuch (vgl. Kapitel III) als Symbolik für einen solchen Krieg steht, den die Franzosen „Guerre de Chador" nennen; die Formel Islamisierung versus Europäisierung beschreibt den Inhalt dieses Konfliktes.

Ähnliches lässt sich in den USA beobachten, wo die Migrationsproblematik auch von einem südamerikanischen Migranten, Peter Salins, mit der Forderung an die Migranten verbunden wird, auch kulturell Amerikaner zu werden.[41] Hierzulande sind Deutsch-türkische Gruppen rar, die daran arbeiten, Brücken zwischen den Zivilisationen zu bauen, obwohl diese Arbeit eine echte Friedensarbeit ist. Weil die Probleme europäisch, ja westlich sind, müssen die Deutschen von anderen lernen und von Sonderwegen absehen. Ihnen empfehle ich als muslimischer Migrant die europäische Perspektive der Europäisierung, insbesondere in Bezug auf die Türkei und die türkischen Migranten anzunehmen. Zu dieser gehört, dass die Türkei und die Türken, die der westlichen Zivilisation beitreten wollen, sich vom Image der „Neuen Osmanen" befreien. Denn, wenn die türkische Spielart des islamischen Fundamentalismus in der Diaspora die Form neo-osmanischer *fatih*-Ideologie, so etwa bei der Benennung der Moscheen annimmt, werden die türkisch-islamischen Migranten in Deutschland hiervon belastet. Dies trägt dazu bei, dass bei den Europäern eine Neubelebung des Osmanen-Images[42] erfolgt. Hierbei entstehen Ängste vor dem Islam. Eine Neubelebung des Bildes von den alten Osmanen kann die Orient-Okzident-Beziehung aber nur belasten. Deshalb müssen auch die Türken von anderen lernen; von den Deutschen könnten sie die Bereitschaft zur Aufarbeitung der eigenen Geschichte lernen. Das ist in der Türkei allerdings ein Fremdwort, wie die türkische Reaktion auf den Massenmord an den Armeniern zeigt. Ohne historische Aufarbeitung können weder Europa noch die Ursprungsländer der Migranten die Belastungen bewältigen.

Individueller Euro-Islam versus islamisches Diaspora-Kollektiv

Das in diesem Buch entworfene Euro-Islam-Konzept als Rahmen für die Integration ist zugleich eine Warnung vor der Weiterentfaltung bereits bestehender türkisch-islamischer Enklaven mit Kollektividentität. Das Konzept geht davon aus, dass die Integration der Türken und anderer Migranten keine Einbahnstraße ist. Nicht nur die europäischen Staaten haben die Aufgabe zu erfüllen, ein politisches Konzept hierfür zu entwickeln. Auch die in Europa lebenden türkischen Muslime stehen in der Pflicht, die kulturellen Grundlagen zu schaffen, die ihnen ermöglichen, als demokratische Bürger in Europa heimisch zu werden. Diese Aufgabe kann Europa den Muslimen nicht abnehmen. Doch können Europäer die Entfaltung eines Euro-Islam, wie die französische Regierung es tut, fördern. Diese Aufgabe kann gewiss weder von Islamisten noch von Salafisten erfüllt werden. Meine Ausführungen über ein positives Szenario einer euro-islamischen Integration türkischer Migranten schließen eine Warnung ein vor der Instrumentalisierung des Vorwurfes eines „Feindbild Islam" eben durch Fundamentalisten. Auf die Schwierigkeiten der Integration türkischer Migranten als euro-islamische *Citoyen*/Bürger hinzuweisen ist kein „Feindbild Islam"; ebenso wenig haben Ausführungen über die im Zeitalter globaler Migration bestehenden sicherheitspolitischen Bedrohungen Europas[43] mit einer solchen Anfeindung oder einen „Generalverdacht" zu tun.

Als ein Migrant aus einem totalitär beherrschten Land finde ich Gefallen an Europa als „Insel der Freiheit", wie Max Horkheimer es vor seinem Tode formulierte, als er die Verteidigung der westlichen Zivilisation zu „Recht und Pflicht jedes Denkenden" erklärte. Europa sei „im Augenblick noch eine Insel, räumlich und zeitlich, deren Ende im Ozean der Gewaltherrschaft auch das Ende der Kultur bezeichnen würde, der die kritische Theorie noch zugehört."[44] Das ist ein eindeutiges Bekenntnis zur westlichen Zivilisation, dem ich mich als ehemaliger Student dieses großen jüdischen Gelehrten anschließe, und das ich auch den Migranten abverlange. Dieser Aufruf betrifft unser Thema, weil die sich unter Migranten einnistenden – auch türkischen – Islamisten die Feinde der offenen Gesellschaft und der Freiheit des Individuums sind. In der Tradition Horkheimers hat Habermas – noch in seinen besseren Jahren vor seiner postsäkularen Wende – den philosophischen Diskurs der europäischen Moderne mit ihrem Subjektivitätsprinzip, d.h. die individuelle Freiheit als die kulturelle Identität Europas rekonstruiert.

Einfach dargestellt bedeutet dieses Prinzip nichts anderes als die Bestimmung des Menschen als ein frei handelndes und denkendes Individuum. Im Kontrast dazu steht jede *kollektive* Identität. Im Gegensatz zu seinen neueren Äußerungen über den Islam scheint es, dass Habermas noch 1992 die Gefahr des Fundamentalismus als eine Gefahr für den europäischen Rechtsstaat besser erkennen konnte:

„Fundamentalistische Weltbilder sind dogmatisch ... sie lassen keinen Spielraum für eine Reflexion auf ihre Beziehung zu anderen Weltbildern, mit denen sie dasselbe Diskursuniversum teilen und gegen deren konkurrierende Geltungsansprüche, die sich nur mit Gründen behaupten können. Sie lassen keinen Platz für reasonable disagreement ... Die nicht-fundamentalistischen Weltbilder ... erlauben [dagegen] – im Geiste Lessing'scher Toleranz – einen zivilisierten Streit über Überzeugungen, in dem eine Partei ohne Preisgabe des eigenen Geltungsanspruches die anderen Parteien als Mitstreiter um authentische Wahrheiten anerkennen kann.“[45]

Diese Bestimmung hat bei der Erörterung der Frage der Integration der in Europa lebenden, durchaus differenzierten Gruppe der Muslime (*den* Islam als ein monolithischen Block gibt es weder in kultureller noch religiöser Hinsicht), eine große Relevanz. Die türkisch-islamistischen Sprecher der Diaspora treten als ein Kollektiv auf. Daraus entstehen Probleme, die zur Bildung von Ghettos führen und allein durch eine demokratische Integration der Muslime und anderer „Fremde“ in das politische Gemeinwesen der demokratischen westeuropäischen Staaten bewältigt werden können. In meinem Konzept eines Euro-Islam will ich dieses „Subjektivitätsprinzip“, das den Menschen als autonomes Individuum bestimmt, in die islamische Identität einbauen. Für die Integration der türkischen Muslime als Bürger Europas bietet dies einen Ausweg aus dem bestehenden Dilemma: *Umma* oder Individuum. Zweideutigkeiten und halbe Lösungen helfen nicht weiter! Ein Muslim ist in Europa in erster Linie ein Individuum und als Bürger nicht Mitglied eines *Umma*-Kollektivs. Ist dies nicht möglich, bleiben Muslime nur Vorposten des Islam in Europa und Fremde, denen man mit Recht nicht vertraut. Dann haben die Islamisten gesiegt. Der Kulturrelativismus erweist sich gegenüber dem Neo-Absolutismus politischer Religionen als machtlos, wie die multikulturelle Toleranz, die bei der anderen Seite fehlt. Der aus der Frankfurter Schule hervorgegangene Philosoph und einstige Mitarbeiter Adornos, Werner Becker, hebt hervor, Toleranz sei nicht „in jeder Hinsicht grenzenlos“, weshalb sie auch nicht bedeute, „alles Abweichende und Andersartige zu dulden.“[46] In diesem Sinne argumentiert Becker, auch christliche

Nächstenliebe helfe nicht weiter, denn „das Gebot Jesu, demjenigen auch die andere Wange hinzuhalten, der einem bereits einen Schlag auf die eine Wange versetzt hat, ist mit Toleranz ... in diesem Sinne nicht vereinbar". Der Inhalt der Toleranz schließe zwar „Konfliktlagen, jedoch nicht moralische Selbstaufgabe" ein und basiere auf der Grundvoraussetzung der „Beibehaltung der eigenen Position. In der Regel steht Toleranz darum unter der Bedingung der Gegenseitigkeit."

Es ist möglich, im Dialog einen liberalen und demokratischen, also offenen Islam zu vertreten, der individuelle Freiheit und Aufklärung gegen den totalitären Charakter des islamischen Fundamentalismus in Deutschland im Besonderen und in Europa im Allgemeinen bejaht. Zuvor müssen jedoch religiöse Reformen im Islam durchgeführt werden. Diese Position muss zur deutschen Politik gegenüber der Türkei und den in Deutschland lebenden Türken gehören. Ein demokratisches Deutschland und türkische „Deutschländer" euro-islamischer Orientierung könnten friedlich zusammen leben, weil beide dem Rechtsradikalismus in der Form von Ausländerfeindlichkeit und Fundamentalismus eine Absage erteilen.[47] Beweisen sich türkische Migranten als demokratische Euro-Muslime, dann tragen sie zur Behebung der europäischen Vorbehalte gegen die Aufnahme der Türkei in die europäische Staatenfamilie bei.

Europa besitzt eine zivilisatorische Identität und ist kein neutrales multiethnisches Wohngebiet ohne Identität für ungesteuerte Zuwanderung. Das ist eine demokratische und keine rechtsradikale Aussage, wie ein SPD-Abgeordneter unterstellte. Auch wenn man sich bei dieser Aussage in Deutschland schnell mit der Keule des „Rechtsradikalismus" konfrontiert sieht, so hat auch die Türkei unter Atatürk diese Identität als Maßstab anerkannt. Tun die „Erben Atatürks"[48] dies auch, wenn sie ihr Land nach Westeuropa führen wollen? Werden türkische Migranten Teil der westeuropäischen Bürger oder nur eine Wohnbevölkerung in islamischen Ghettos sein? Von der Beantwortung dieser Fragen in der Realität wird es abhängen, ob die Migranten und ihr Ursprungsland eine „Brücke oder Barriere" werden.

Das negative Szenario: Export des Islamismus nach Deutschland über islamistische Schulen

Bei einem Scheitern eines Euro-Islam und seiner Brückenfunktion werden die türkisch-europäischen Beziehungen leiden. Dann könnte Bernard Lewis' Befürchtung, „Europa wird am Ende des Jahrhunderts islamisch sein" (*Die Welt* vom 28. Juli 2004, S. 6) Realität werden. In der Tat ist die Zuwanderung – z.T. als Landnahme – dabei, die zivilisatorische Identität Europas zu verändern.[49] Das folgende Szenario ist eine Warnung. Entwestlichung findet nicht nur in der Türkei selbst statt, sie hat auch Auswirkungen auf die Auslandstürken. Besonders ist dies im Schulsektor zu beobachten, weshalb sich die Darstellung des negativen Szenarios auf die Schulpolitik konzentriert. Wie wichtig diese für die Entwicklung der Türkei und für die Islamisten ist, sieht man am Verhalten zweier ehemaliger türkischer Ministerpräsidenten. Als Neçmettin Erbakan im Amt des Ministerpräsidenten war, hat er die *Imam-Hatip*-Schulen mit ihrer islamistischen Orientierung gefördert. Als er von Mesut Yilmaz im Amt abgelöst wurde, musste dieser das Schulsystem reformieren, um das knapp einjährige Erbe seines Vorgängers zu beseitigen. Im August 1997, nur einen Monat nach seiner Amtsübernahme, ließ Yilmaz das Parlament ein neues Gesetz billigen, das die Grundschulerziehung in öffentlichen Schulen von fünf auf acht Jahre verlängerte. Da staatliche Schulen in der Türkei laizistisch ausgerichtet sind, konnte so der islamistische Einfluss auf türkische Kinder zurückgedrängt werden. Die AKP-Islamisten kamen im November 2002 erneut an die Macht; im Mai 2004 haben sie in dem von ihnen beherrschten Parlament mit ihrer Zweidrittelmehrheit ein neues Gesetz verabschiedet, das die islamistischen *Imam-Hatip*-Schulen im Bildungssektor aufwertet und Yilmaz' Maßnahmen neutralisieren soll. Aber Präsident Ahmet Sezer hat durch seine Verweigerung der Unterschrift das Inkrafttreten des Gesetzes blockiert. Der Richtungskampf Europäisierung oder Islamisierung findet in der Türkei in den Schulen statt – dort wird entschieden, welche Orientierung die zukünftigen Eliten der Türkei haben werden.

Die fundamentalistischen Schulen sind privat, übernehmen Absolventen der öffentlichen Grundschulen und versuchen, sie ihrer Ausrichtung entsprechend zu sozialisieren. Die Islamisten betreiben eine Instrumentalisierung des Islam-Unterrichts im Sinne einer Verbreitung der fundamentalistischen Ordnungsvorstellungen von *din-ü-devlet* (Einheit von Staat und Religion) unter der Jugend. Wenn die Türkei unter der AKP – auf der Basis von Religionsreformen – für einen offenen Islam, den man Euro-Islam nennen kann, eintritt, könnte eine Alternative zum Kontrast islamisch oder europäisch, nämlich ein europäisierter Islam, gefunden werden. Diesen gibt es bisher weder in der Türkei noch in der türkischen Europa-Diaspora. Der Euro-Islam ist noch keine Realität, sondern nur eine Vision.

Das Bildungssystem ist der Ort der Rekrutierung zukünftiger Eliten des Landes. Wer das Bildungssystem als entscheidende Institution kontrolliert, kann den Ausgang der angesprochenen Richtungskämpfe beeinflussen.[50] Aus diesem Grunde gehörte es zu den ersten Amtshandlungen von Erbakan im Juli 1996, die *Imam-Hatip*-Schulen gleichermaßen zu stärken und auszubauen. Die AKP-Islamisten setzen Erbakans Plan nun fort. Durch die angeführten Richtungskämpfe wird deutlich, wie sehr sich der Wettbewerb zwischen zwei Modellen für die Türkei – säkular-europäisch oder islamistisch –auf den Einfluss der Bildung türkischer Eliten konzentriert. Im Mittelpunkt stehen die *Imam-Hatip*-Schulen. *Imam-Hatip Lisesi* ist ein Schultyp, über den man in Deutschland kaum Kenntnisse besitzt. Entsprechend wissen nur wenige Menschen in Deutschland, dass türkische Religionslehrer aus eben diesen Schulen nach ganz Europa, so z.B. im Rahmen deutsch-türkischer Kooperation entsandt werden. Meine in der *Frankfurter Allgemeinen Zeitung* 1994 veröffentlichte, zuvor in Ankara durchgeführte Recherche[51] hat nur wenigen lernwilligen deutschen Bildungspolitikern erstmals die Augen für die Bedeutung dieser Problematik geöffnet. Andere wollen bis heute, eine Dekade später, davon nichts wissen. Sie verschließen weiterhin die Augen und reden von multikultureller Erziehung und der Türkei als Brücke, ohne dabei zu merken, dass sie ungewollt eine islamistische Indoktrination der in Deutschland geborenen türkischen Kinder auf diese Weise zulassen.

Es ist richtig, dass die heute in der Türkei regierenden AKP-Islamisten friedlich sind; sie lehnen gewaltförmigen *Djihad* ab, betreiben dafür aber einen langen Marsch durch die Institutionen. Obwohl in den Hintergrund gedrängt, bleibt Erbakan, der geistige Vater von Gül und Erdogan, weiterhin der türkische Architekt dieser Strategie der friedlichen Islamisierung, bei der die Bildungspolitik als zentrales Instrument eingesetzt wird. In den *Imam-Hatip*-Schulen werden junge Türken zu Islamisten erzogen, um sie anschließend in die Institutionen des Landes einzuschleusen. Bei diesem Wandel lösen oppositionelle Gegeneliten herrschende Eliten ab.[52] Bei der Rekrutierung der neuen Eliten spielen die *Imam-Hatip*-Schulen in der Türkei eine zentrale Rolle. Die AKP will, dass die Absolventen dieser Schulen nicht nur Theologie (*ilahiyyat*), sondern alle Fächer studieren können.

Das Problem ist nicht nur die religiöse Erziehung als Quelle der Weltanschauung, sondern die Art des Islam, die in den *Imam-Hatip*-Schulen unterrichtet wird. Die große kulturelle und konfessionelle Vielfalt des Islam gilt auch für die Türkei und zwingt zu der Frage: Welcher Islam?

Zudem ist im klassischen Islam noch zwischen den drei miteinander verfeindeten islamischen Traditionen zu differenzieren, die auch in der Türkei existieren; diese sind:

1. unaufgeklärte, schriftgläubige Orthodoxie, auf die sich der zeitgenössische Fundamentalismus – oft Islamismus genannt – beruft, ohne mit dieser Islam-Strömung (Salafismus) deckungsgleich zu sein,
2. islamische, der Mystik verbundene Volkskultur (*Sufi*-Islam) – in der Türkei heißt dies der *tarikat*-Islam –, und schließlich
3. der islamische Rationalismus, sprich islamische Aufklärung; zu den Vätern dieser Richtung gehört ein ethnischer Türke, al-Farabi, den aber heute kaum ein Türke mehr kennt.

In den *Imam-Hatip*-Schulen sowie ihren Ablegern wird eine Mischung von salafistischer Orthodoxie und Islamismus unterrichtet. Auch in diesem Kontext sind Deutsche aufgefordert zu lernen, zwischen Islam als Religion und Islamismus (sprich Fundamentalismus) als Ideologie zu unterscheiden. Die religiösen Lehren des Islam basieren auf einer schriftlich im Koran fixierten Offenbarung. In der orthodox/salafistischen Deutung wird von den Muslimen, das heißt denjenigen, die sich Gott „hingeben" (Islam bedeutet wörtlich: Hingabe), erwartet, dass sie ihr Leben nach den zum Gesetz erhobenen göttlichen Vorschriften, also nach der *Schari'a*, gestalten. Für die Integration der türkischen Muslime ist es wichtig zu wissen, was unter islamischer Erziehung sowie unter *Schari'a* zu verstehen ist. Vorerst lässt sich festhalten, dass generell – bis auf den Sufismus – eine Trennung zwischen Weltlichem und Spirituellem im Islam fehlt. Im orthodoxen Islam fließen beide ineinander. Anders ist der mystische Volks-Islam (*Sufi*-Islam), der in der Türkei durch seine *tarikat*-Orden vertreten ist. Der klassische Sufismus pflegt im Gegensatz zum *Schari'a*/Rechts-Islam im Allgemeinen nur spirituelle Belange. Die *Schari'a* ist keine Theologie, sondern eine Pflichtenlehre, mit der sich die *fiqh* – die Sakraljurisprudenz – befasst. Im Westen ist es ein weit verbreiteter Irrtum, *fiqh* mit Theologie zu übersetzen. Richtig ist: Im Islam heißt Theologie *kalam*; dies ist eine andere Disziplin als die *fiqh*/Sakraljurisprudenz. Der *Schar'ia*-Islam als Rechts-Islam orientiert sich also primär an „Gottesgesetzen". In der Tradition der Monopolisierung des Erziehungswesens durch die orthodoxen Schriftgelehrten (*ulema*) setzt sich eine an der *Schari'a*[53] orientierte Bildung im Islam zum Ziel, den Gläubigen in die von Menschen zu göttlichen Gesetzen erhobenen, aus dem Koran interpretativ abgeleiteten Vorschriften einzuführen. In meinem Buch *Krieg der Zivilisationen* habe ich gezeigt, dass eine solche, der *Schari'a* folgende Gesetzesorientierung dem säkularen europäischen Rechtsdenken diametral entgegensteht, was einen Konflikt zur Folge hat, der einen weltanschaulichen Zusammenprall unvermeidlich macht. Islamisten und orthodoxe Muslime glauben, dass die Gottesgesetze nicht verhandelbar sind, sie lassen sich somit auf keine multikulturellen Kompromisse ein. Eine an der *Schari'a* orientierte Türkei wäre der Inhalt des negativen Szenarios, in dem eine Europäisierung ausgeschlossen wird. Im Gegensatz zur islamistischen türkischen Europa-Diaspora, die sich zur *Schari'a* bekennt, schweigen die AKP-Politiker zu diesem Thema; sie behaupten, sie seien keine Islamisten mehr, aber keiner von ihnen hat sich öffentlich je kritisch zur *Schari'a* geäußert.

Bereits im Rechtsverständnis kommt es zu einer Polarisierung in der türkischen Gesellschaft, bei der zwei Extreme aufeinander prallen. Diese sind: religionsfreier Kemalismus und Islamismus. Die türkische Erfahrung zeigt, dass eine Position der Islam-Reform benötigt wird.[54] Die kulturelle Moderne erfordert die Einführung neuer ethischer Inhalte in den Islam. Dagegen predigt der Islamismus schriftgläubig nur den Koran als eine Quelle aller Inhalte, vor allem politischer Verfassungsanschauungen für die Gegenwart. Somit schließt die islamistische Bildung auch eine politische Erziehung und damit Indoktrination ein. Im Gegensatz zur islamischen Orthodoxie und zu ihren Bildungsvorstellungen[55] sind Islamisten vorwiegend Laien mit moderner Ausbildung, die versuchen, ihre Ideen über Politik und Gesellschaft aus dem Koran selbst durch entsprechende, an den Text herangetragene moderne Interpretationen abzuleiten – sie projizieren ihre Vorstellungen in den geoffenbarten Text.[56] Für diese Islamisten sind die koranischen Lehren des Islam zugleich Lehren von einem politischen System. Der Kenner des Koran weiß aber, dass dieser heilige Text weder ein Verfassungstext ist noch Grundlagen eines *hakimiyyat Allah*/Gottesstaates enthält. Dieses Konzept ist also konstruiert als eine fundamentalistische „Erfindung von Tradition", die auch im Rahmen der islamistischen Erziehung – zum Beispiel in *Imam-Hatip*-Schulen – vermittelt wird.

In der traditionellen islamischen Bildung[57] lernen die *talib*/Schüler (davon kommt *taliban*) einen schriftgläubigen Umgang mit dem Koran-Text, welcher mit Politik nichts zu tun hat. Auf diese traditionelle Art habe ich in meiner Kindheit in Damaskus Lesen und Schreiben gelernt. In unserer Zeit politisieren Islamisten jedoch die Koran-Lektüre – und sie tun dies auch in den Koran-Schulen, sei dies in der Türkei oder in Deutschland. Für die Frage der Erziehung im Islam[58] ist entscheidend, wie der Koran-Text im Rahmen religiöser Unterweisung interpretiert wird: reformerisch, konformistisch oder fundamentalistisch. Die Frage ist also nicht die eines Ja oder Nein zum Islam, sondern *welcher* Islam?

Der Export des Islamismus nach Deutschland bedient sich der Institution des Islam-Unterrichtes, welcher einer der wichtigsten Faktoren des negativen Szenarios ist. Die gleichermaßen u. a. in Berlin und in türkischen Städten existierenden Koran-Schulen setzen eine Tradition des traditionellen *maktab* (traditionelle Schuleinrichtung) fort. Die türkischen Kinder müssen den Koran-Text im Original, also in einer Sprache aufnehmen, die sie erst mühsam erlernen müssen; auch mit der arabischen Schrift sind sie nicht vertraut. Den Konflikt zwischen Tradition und Moderne erleben die türkischen Kinder in Deutschland besonders krass, weil sie zwischen drei Sprachen hin- und hergerissen werden: Zwischen modernem Türkisch als ihre Muttersprache, Arabisch als Sprache des Koran und Deutsch als Diaspora-Sprache. Das ist nicht nur keine bereichernde Mehrsprachigkeit, sondern darüber hinaus eine identitätsschädigende Spracherziehung. Die Kinder büßen hierbei an Orientierung ein, und dies geschieht im Namen des Respekts vor ihrer kulturellen Identität. Alle Muslime, auch die Nicht-Araber unter ihnen (nur ca. 300 Millionen der 1,5 Milliarden Muslime in aller Welt sind Araber), müssen den Text der göttlichen Offenbarung, den Koran der religiösen Doktrin gemäß auf Arabisch studieren. Entsprechend nimmt die Vertiefung der Sprachkenntnisse den elementarsten Platz in der islamischen Bildung ein, ganz gleich, ob dies in dem *maktab* oder in der *madrasa*, beides sind traditionelle Schuleinrichtungen, stattfindet. In der Türkei lernen zur Zeit ca. eine Million türkische Schüler – an den *Imam-Hatip*-Schulen – Arabisch anstelle von Englisch bzw. Französisch. Dadurch wächst eine neue Elite als Gegen-Elite heran, die eine andere – gewiss nicht europäische – Weltanschauung vertritt. Im Hinblick auf die Sprache stellt sich die Frage: Wie kann ein Land, das sich auch linguistisch demonstrativ von der europäischen Zivilisation abkoppelt, zu Europa gehören? Mit dieser Frage hängen die Zweifel an der Europa-Orientierung der AKP-Islamisten zusammen, die heute die Richtung der Entwicklung in der Türkei bestimmt.

Rückblick, Resumée und Zukunftsperspektiven

Nicht generell „der Islam“ ist das Hindernis für die Türken sowie für ihre westeuropäische Diaspora, europäisch zu werden, sondern ein bestimmter Islam – sei er orthodox-salafistisch oder islamistisch orientiert. Im Gegensatz zum politischen Islam könnte ein aufgeklärter Euro-Islam für die islamisch-türkischen Migranten ein erfolgversprechendes Modell für den Weg nach Europa bieten. In den Erziehungseinrichtungen der Islamisten allerdings wird nicht das Positive vom Erbe des islamischen Rationalismus, also das von der Vernunftorientierung geprägte Szenario gefördert, vielmehr wird dort die sich negativ auswirkende Schriftgläubigkeit und das reine Memorieren des Koran betrieben und somit keine europäische Denkweise der Reflexivität übernommen. Die *Imam-Hatip*-Schulen verraten die wahre Gestalt der AKP: sie ist islamistisch und ihre Europa-Orientierung ist nur ein taktisches Schild ohne jegliche Substanz.

Die Europäisierungsversuche sind in der Geschichte der Türkei viel älter als das Modernisierungsprojekt des Kemalismus; sie haben bereits im 19. Jahrhundert in Zusammenhang mit der türkischen Erfahrung der Anpassung an die Moderne begonnen.[59] Die Türkei hatte früher als andere islamische Länder Kontakt mit der Moderne. Im Rahmen ihrer „Revolution von oben"[60] wollten die Kemalisten eine *Säkularisierung* forcieren, haben aber mehr *Säkularismus*[61], der eine Ideologie ist, verbreitet, als entsprechende Prozesse sozialen Wandels in den Strukturen des Landes in Gang gesetzt. Das Verhältnis des Kemalismus zum Säkularismus habe ich in Kapitel II erläutert. Aus dem Scheitern des Kemalismus erwächst der Islamismus heute als eine defensiv-kulturelle Reaktion auf diese verordnete Modernisierung.[62] In dem Sprachgebrauch dieses Buches wird Säkularisierung als Prozess definiert, der auch die Binnendifferenzierung der Gesellschaft und die Reduktion der Religion auf ein gesellschaftliches Teilsystem beinhaltet. Damit ist gemeint, dass Religion – neben einer Privatisierung – zu einer eigenen Institution wird, die nicht mehr alle gesellschaftlichen Bereiche durch Entsprechung des Religiösen und des Sozialen bestimmt. In einer säkularen Gesellschaft endet diese Entsprechung. Nach diesem Verständnis ist klar, dass Säkularisierung nicht die Abschaffung der Religion bedeutet, wie es einst die Kemalisten einer Tradition von August Comte folgend anstrebten[63], sondern allein die Trennung von Teilsystemen voneinander im Rahmen innerer Differenzierung des gesamtgesellschaftlichen Systems.

Der kemalistische Wunsch nach einer Europäisierung der Türkei ging also von einer falschen Deutung des in Europa stattgefundenen Prozesses der Säkularisierung aus. Die Kemalisten haben die Entfernung des Islam aus dem öffentlichen Leben der türkischen Gesellschaft als einen Beitrag zur Modernisierung ihres Landes betrachtet und deshalb keine Religionsreformen gefördert. Diese Politik schloss das Erziehungswesen, das laizistisch im Sinne von „islamfrei" wurde, ein. Auf diese Weise wurden die Türken von ihrer bisherigen Geschichte, und somit von den islamisch-osmanischen Wurzeln ihrer Kultur durch einen Bruch abgeschnitten. Der Protest in unserer Gegenwart gegen diese beschriebene Form der Modernisierung des kemalistischen Säkularismus per Dekret nimmt die Gestalt einer konstruierten Rückkehr zum Islam – verstanden als eine Mischung von oberflächlicher Orthodoxie und Fundamentalismus – an, wie ein Blick auf die Inhalte islamistischer Erziehung zeigt. Aus den angeführten Gründen wird verständlich, warum es in der Türkei kaum einen Reform-Islam gegeben hat, der einen Prozess der Europäisierung durch innere kulturelle Untermauerung stützt. Der Kemalismus hat das Verhältnis von Religion und Gesellschaft falsch aufgegriffen und konnte deshalb keine tiefen Wurzeln schlagen.

Der Aufstieg des politischen Islam in der Türkei selbst sowie in der Migrantenkultur in Europa ist in diesen Kontext einzuordnen. Die Sozialisation der Eliten erfolgt islamisierend oder europäisierend. Allein die türkische Armee ist heute die Institution, die rein kemalistisch bleibt und letztendlich als Garant für eine säkulare Türkei steht; kein Schüler einer islamistischen *Iman-Hatip*-Schule kann Zugang zur Kadettenausbildung haben. Doch sind die türkischen Militärs im Westen verrufen, wodurch die Islamisten als Gegenkraft hierzu Zustimmung in der europäischen öffentlichen Meinung finden. Es sei in aller Offenheit gesagt: Das Ende des Einflusses der Armee bedeutet den Fall der letzten Stütze des Kemalismus. Es gibt Laizismus-gläubige Türken, die sich darauf verlassen, dass die Integration der Islamisten in das säkulare politische System sie zwangsläufig in Säkularisten verwandeln würde.[64] Dies bleibt jedoch ein frommer Wunsch.

Das Scheitern der Kemalisten und ihres verordneten Säkularismus sowie der Aufstieg der neuen islamistischen Eliten – dazwischen liegen die Militärs als Garant einer etatistisch demokratisch-säkularen Ordnung – sind Ketten eines Prozesses der Säkularisierung und Desäkularisierung, bei dem innerhalb der Türkei ein weltanschaulicher Zivilisationskonflikt zum Ausdruck kommt.[65] Das wichtigste Element dieser politischen Entwicklung ist die veränderte Elitenrekrutierung. Bei dieser ersetzt die islamistische Schulbildung allmählich das Säkulare. Immer noch ist die Trennung von Religion und Politik sowie das Verbot der *Schari'a* besonders in Bildungsanstalten in der Türkei formal gültig. Nach Atatürks Tod haben sich die Dinge jedoch nach und nach geändert. Bereits in den fünfziger Jahren kam es zu Neugründungen von religiösen Schulen; die damalige *Republikanische Volkspartei* der Kemalisten tolerierte dies, weil sich die neuen Schulen auf die Ausbildung von Predigern für die Moscheen beschränkten. Das sagt bereits der Name dieser Schulen: *Imam-Hatip* (der predigende Imam). Wie bereits gezeigt worden ist, sind diese Schulen heute weit verbreitet und üben eine große politische Wirkung aus; sie sind nicht mehr bloß „Prediger-Schulen", sondern ein regulärer Schultyp, der die schulische Erziehung bis zum Abitur anbietet und aus dem die neuen, nicht mehr europäisch orientierten Eliten hervortreten.

Zum Schluss möchte ich das Szenario der Integration positiv als Instrument gegen die Polarisierung hervorheben. In der Realität stelle ich dabei jedoch keine Brückenbildung, sondern einen Ghetto-Islam fest. Ein Euro-Islam dagegen, der auf einer liberalen Interpretation beruht, um säkulare Demokratie, liberale Toleranz und Pluralismus zu bejahen, ist nur eine Vision. Vergleichsweise ist auch die Türkei[66] – verstanden als ein europäisches Gebilde – nur ein Wunsch, der auf dem Papier steht, aber längst noch keine Realität. Nicht nur das Bild einer europäischen Türkei der kemalistischen Revolution, auch die auf Wunsch der EU von der AKP-Regierung erklärten Reformen stehen auf dem Papier; sie sind nicht in den Strukturen der Gesellschaft und des politischen Systems verankert. Die Hoffnung, dass die Türken in Europa durch Europäisierung europäische Bürger werden, ist ein Ziel, zu dem die Islamisten nicht beitragen; dies gilt auch für die Diaspora.

Nun erwartet der Leser auf den letzten Seiten dieses Buches eine Art Konklusion, ob die Türkei in die EU aufgenommen werden soll oder nicht. Die Antwort ist meine These von der Europäisierung der Türkei und der türkischen Migranten als Voraussetzung zur EU-Aufnahme. Solange dies nicht gewährleistet ist, sollte die Türkei nicht aufgenommen werden. Der Hinderungsgrund ist also nicht der Islam. Denn ein europäisierter Islam (Euro-Islam) kann auf der Basis von Religionsreformen positive Grundlagen bieten. Der Islamismus dagegen ist eine antiwestliche und somit auch eine anti-europäische politische Ideologie.

Im Bewusstsein der Grenzen und auch der bedauerlicherweise vorherrschenden Quasi-Zensur in Deutschland hoffe ich, dass dieses Buch die von Busse beklagte Situation ändern kann und eine offene Debatte über die Problematik dieses Buches zugelassen wird.

Nachwort zur 2. Auflage

Wie europäisiert ist die Türkei?

Allen internationalen Beziehungen liegen Regeln zu Grunde, was jeder Student im ersten Semester lernt. Europa war zivilisatorisch im Rahmen des Westfälischen Friedens von 1648 der Ort, an dem diese Regeln entstanden, die heute in der Charta der Vereinten Nationen niedergelegt sind und entsprechend universell für die ganze Welt formal gelten, auch wenn sie oft nicht eingehalten werden. Die UNO ist machtlos und kann über die üblichen Resolutionen hinaus, die eben nicht beachtet werden, nichts tun. Kann sich die Europäische Union, in deren Zivilisation die Werteorientierung entstanden ist, die ihren Zugang zur UN-Charta wie zur UN-Deklaration der Menschenrechte gefunden hat, leisten, dass sie bei ihrer Expansion so diffus, amorph und machtlos wie die UNO wird? Gelten europäische Werte auch für Staaten, die in die EU als Mitglieder wollen? Sind diese Fragen für die Verhandlungen der EU mit der Türkei von Belang?

2005, nach Erscheinen dieses Buches wurden diese Fragen im Kontext des Zypern-Problems und des Völkermordes an den Armeniern von 1915 gestellt und führten dazu, dass die Verhandlungen mit der EU ins Stocken geraten sind. Auch wenn die EU darüber schweigt, bleibt es völkerrechtswidrig, dass 1974 türkische Truppen in Nordzypern einmarschiert sind und seitdem dieses Gebiet besetzt halten. Das ist gegen die Regeln des Völkerrechts, das in Europa geboren wurde. Der Rest Zyperns ist inzwischen Mitglied der EU, doch die türkische Regierung verweigert allen zypriotischen Schiffen den Zugang zu türkischen Häfen und untersagt den Handel mit dem EU-Mitglied, will aber dennoch Mitglied derselben Staatengemeinschaft werden. Wie soll das gehen? Die EU setzte eine Frist für eine Veränderung, aber die türkische Geisteshaltung bleibt unverändert; die Frist verstrich ohne Wirkung. Die AKP-Regierung dreht den Spieß um und erhebt Vorwürfe an die EU, obwohl sie der Täter bei dem Konflikt ist. Die Norm: „Angriff ist die beste Verteidigung", gehört zu den „Leitlinien" des Islamismus. Es hat sich gezeigt, dass sich die Politik der Selbstviktimisierung im Umgang mit Europa als sehr erfolgreich erwiesen hat.

Zu dem Zypern-Problem kommt noch die Armenierfrage hinzu. Auch aufgeklärte türkische Schriftsteller und Meinungsträger – wie der Nobelpreisträger Orhan Pamuk – räumen heute den international beklagten, vor der Republikgründung begangenen Völkermord an den Armeniern ein. Warum nimmt sich die Türkei bei der Bewältigung der eigenen Vergangenheit nicht die Bundesrepublik Deutschland als Vorbild? Ist es europäisch zu verleugnen, was inzwischen selbst türkische Wissenschaftler in ihren Werken festgestellt haben: ein Mord an den Armeniern? Der türkische Wissenschaftler Toner Akçan hat ein Buch über „Turkish Nationalism and the Armenian Genocide" (London 2004) geschrieben. Türkische Gesetze inkriminieren solche Forschungsergebnisse. Ist das europäisch?

Nach diesem Vorspann muss eingeräumt werden, dass die Türkei sehr wichtig für Europa ist. Umgekehrt ist Europa auch zentral für die Türkei. Beide können nicht mehr aufeinander verzichten. Bei den laufenden EU-Verhandlungen mit der Türkei stehen zwei Optionen an: Vollmitgliedschaft oder „Special Relationship"? Die EU muss Klarheit über die eigene Position schaffen. Dabei muss man offen fragen, wie ernst es gemeint ist, wenn die EU sich nicht nur als politische, wirtschaftliche oder gar sicherheitspolitische Union, sondern sich auch als eine zivilisatorische Wertegemeinschaft auf der Grundlage geteilter Werte versteht. Wenn der Anspruch wirklich ernst gemeint ist, müssen zwei Fragen erlaubt sein: Welche Türkei tritt der EU bei und welcher Islam wird in Europa zugelassen? Kommt eine säkulare oder eine islamistische Türkei in die EU? Verhandelt die EU mit einem Land, dessen Regierungspartei einen europäischen oder einen nahöstlichen Islam ohne Reformen vertritt?

Die gestellten Fragen betreffen – über die Türkei hinaus – die gesamte Erweiterungsproblematik, die ohne Augenmaß, ja blind, von Brüssel aus betrieben wird. Nachdem ich die Fragen von Zypern und dem Armenier-Mord als Argumente gegen die Türkei gestellt habe, muss ich der Integrität halber türkische Argumente, was die Ehrlichkeit der EU im Jahre 2006 angeht, gelten lassen. Ende 2006 sind zwei neue Mitglieder – Rumänien und Bulgarien – in die EU aufgenommen worden, die bei jedem Vergleich bei allen Kriterien mit der Türkei durchfallen. Ich kenne die Türkei sehr gut und habe bei einem einzigen Besuch in Bukarest auf den ersten Blick sehen können, wie viel besser Staat und Gesellschaft bei einem Vergleich zugunsten des türkischen Falles stehen. Selbst das Pro-Kopf-Einkommen ist in der Türkei höher als in Rumänien, wo jahrzehntelang eine kommunistische Diktatur, gemischt mit

Mafia und „Securitate"-Geheimdienst-Gewaltherrschaft dominiert hat. Dazu kommt ein sehr niedriges Niveau der Europäisierung – selbst im Vergleich mit der Türkei. Wie kann dieser Staat Vollmitglied der EU werden, während die „bessere" Türkei abgewiesen wird? Ist Rumänien Vollmitglied der EU geworden, weil es rassisch europäisch, dazu noch christlich ist? Wie steht es mit der Glaubwürdigkeit der Idee Europas, an der die Türkei gemessen wird? Obwohl ich den Einsatz angelsächsischer Zeitungen für die Türkei nicht teile, muss ich die Berichte „The Feeling is Mutual: Why Turks are Growing Dissillusioned with Europe?" (Financial Times vom 4. Januar 2007, S. 9) und „Judging Turkey. Is the Bar higher?" (International Herald Tribune vom 6./7. Januar 2007, S. 11) zustimmend anführen. Ich halte aber die Aufnahme Rumäniens nicht für den Maßstab und kehre also zum Thema Türkei/EU zurück.

Die Idee Europas als einer Wertegemeinschaft bzw. als zivilisatorisches Muster bleibt mein Ausgangspunkt. Wenn hier von europäischer Identität die Rede ist, dann sind säkulare Werte der Renaissance, Aufklärung und Französischen Revolution gemeint. Nach diesem Modell zeichnet sich Europa dadurch aus, dass es weder an Ethnizität noch an Religion orientiert ist. Die ignorante Rede mancher CDU-Politiker vom „christlichen Abendland" übersieht die Tatsache, dass Europa trotz seiner christlichen Wurzeln seit der Renaissance eine säkulare Identität hat. Historiker unterscheiden zwischen „christlichem Abendland" (von Karl dem Großen bis zum 16. Jahrhundert) und dem westlichen Europa der kulturellen Moderne (von der Renaissance bis heute). Ein Muslim wie dieser Autor kann – der Idee Europas nach – Wahleuropäer werden, wenn hierbei europäische Werte der kulturellen Moderne beherzigt werden, ohne jedoch Christ werden zu müssen. Wenn nun die in der Türkei mit Zweidrittelmehrheit wie in einem Einparteienstaat regierende, im politischen Islam verwurzelte AKP die Europäer als „Christen-Club" bezeichnet, dann ist dies eine Diffamierung. Dieser Vorwurf wird stets erhoben, wenn Zweifel an der Europatauglichkeit der Türkei angemeldet werden. Im selben Ton muss man christdemokratische Politiker abweisen, wenn sie vom christlichen Europa reden. Wäre dieses Geplänkel richtig, dann wäre der Vorwurf vom „Feindbild Islam", welchen die Islamisten erheben, der einfach billig ist, dann doch zutreffend.

In der öffentlichen Diskussion wird nicht ehrlich eingeräumt, dass die Größe der Bevölkerung der Türkei in Kombination mit der dazugehörigen zivilisatorischen Werteorientierung ein Problem darstellt. Wenn die Türkei die Bevölkerungsgröße Bulgariens, also 8 Millionen und nicht 72 Millionen hätte, wäre die türkische Bevölkerung trotz der

Unterschiede auf allen Ebenen (Geschichte, Mitgliedschaft, Führung) leichter zu integrieren. Bei dieser Größe spielt die Problematik der Europäisierung eine zentrale Rolle. Die AKP behauptet, eine „islamisch-konservative" Partei (wie die CDU christlich, aber säkular) geworden zu sein, sie hat aber eindeutig eine islamistische Werteorientierung. Unter der AKP-Herrschaft wird die Türkei desäkularisiert. (Siehe dazu auch mein Beitrag zum HAIT-Projekt über „Politische Religion" ([Hrsg. G. Besier, 2005]) unter der Überschrift: „Islamischer Konservatismus der AKP als Tarnung für den politischen Islam?")

Symbolisch für die politische Deutung der Schari'a, die heute mit dem Ruf nach einer islamischen Ordnung verbunden ist, steht das Kopftuch. Ich nenne die AKP eine Kopftuch-Partei, und deshalb trägt dieses Buch die Frage „Mit dem Kopftuch nach Europa?" im Titel. Alle Vorbehalte beziehen sich sachlich auf die fehlende Europäisierung. Die EU ist kein Christen-, sondern ein Europäer-Club, der die Idee Europas als informelle Satzung hat. Wie kann die Türkei Mitglied werden, wenn sie ein Territorium eines EU-Mitglieds seit den 70er Jahren militärisch besetzt (Zypern) und eine völkerrechtliche Anerkennung des Reststaates Zypern ablehnt? Ein Land, das keine Religionsfreiheit kennt und seinen Bürger, den Europäer Orhan Pamuk (nicht nur Friedenspreisträger des Deutschen Buchhandels, sondern Nobelpreisträger) einmal vor Gericht gestellt hat, alleine weil er den Völkermord an Armeniern erwähnte? Das Verfahren wurde aus Opportunität eingestellt, aber die Rechtsgrundlage, die es ermöglichte und die nicht-europäisch ist, besteht weiter. Andere Türken, die nicht so prominent wie der Nobelpreisträger Pamuk sind, werden dennoch verfolgt.

Bei aller Kritik am Islamismus wird durchaus beachtet, dass die Europäer kein Recht haben, den Türken der Türkei vorzuschreiben, wo es langgeht und ob ihre Frauen ein islamistisches Kopftuch tragen oder nicht. Innerhalb Europas können Europäer jedoch voll mitreden. Wenn die Türken zur EU wollen, müssen sie diese anerkennen und sich fragen, ob eine Europatauglichkeit in Frage gestellt wird, wenn sie sich für eine Partei wie die AKP entscheiden, denn dies ist keine europäische Wahl. Die Verhandlungen mit der Türkei werden noch Jahre weiterlaufen und die Europäer werden das bisherige Taktieren beibehalten. Es wäre aber besser und im Interesse beider, wenn beide ehrlich werden und ein anderes Ziel anstreben, also eine spezielle Partnerschaft statt einer Vollmitgliedschaft. Die Türkei und Europa benötigen einander und dürfen nicht voneinander abdriften. Bevor aber der innere Konflikt innerhalb der türkischen Gesellschaft über die Identität des Landes, islamisch oder europäisch, nicht von den Türken selbst geklärt worden ist, kann die Türkei nicht als europäisches Land qualifiziert werden. Natürlich gibt es die Brücke des Euro-Islam, aber als Begründer dieser Denkrichtung auf der Basis eines Reform-Islam sehe ich hierbei keine Spur davon in der Türkei. Es ist eine Verkürzung der Vision eines Euro-Islam, ja eine Fälschung, sie in die Nähe der AKP zu bringen.

In diesem Jahr der Neuauflage 2007 stehen in der Türkei zwei zentrale Ereignisse bevor: die Wahl des neuen Präsidenten im Mai und die Parlamentswahl im November. Der amtierende Präsident Ahmed Sezer ist der letzte Kemalist an der Macht im AKP-Einparteienstaat Türkei. Die AKP kann mit ihrer Zweidrittelmehrheit im Parlament bestimmen, wer Präsident der Republik wird. Erdogan kann es selbst werden oder ein anderer Islamist. Wenn dazu die AKP im November wieder die Wahl gewinnt, dann ist die Türkei als EU-Mitglied endgültig für Europa verloren. Es ist nicht so wie das US-Magazin auf dem Cover fragt: „Wer hat die Türkei verloren?", sondern das Gegenteil: Die Türkei würde bei einer Wahl des Islamismus Europa verlieren. Unabhängig von solchen Eventualitäten möchte ich mich im restlichen Teil dieses Nachwortes auf die Diskussion über die Europa-Kompatibilität der Türkei konzentrieren.

Zunächst stelle ich fest, dass bei der Thematik Türkei und Europa ein Propagandakrieg anstatt einer sachlichen Debatte geführt wird. Kein seriöser Beobachter würde je bestreiten, wie wichtig die Türkei für Europa ist, aber erkennen, dass sie kein europäisches Land ist. Es war richtig, dass die EU am 3. Oktober 2006 die Verhandlungen mit diesem Land aufgenommen hat, aber es wäre dennoch angemessen und auch aufrichtig gewesen, wären die oft verlogenen EU-Politiker ehrlich gewesen und hätten alternativ zur Vollmitgliedschaft das Ziel einer „privilegierten Partnerschaft" als Möglichkeit offengelassen. Diese Politiker machen sich nicht bewusst, welche folgenreichen schweren Enttäuschungen entstehen werden, wenn das überzogene Ziel der Vollmitgliedschaft nicht erreicht werden kann. In dieser Atmosphäre muss man den AKP-Islamisten, die die Türkei mit islamischer Legitimation regieren, auf die Finger schauen und auf ihre antichristliche Propaganda im Rahmen ihres Fremdbildes von Europa als „Christen-Club" unzensiert eingehen. Man hört oft die AKP-Drohung, die Türkei würde im Falle einer Ablehnung eigene Wege gehen. Um welche Wege es sich handle, wurde nicht angesprochen. Die Türkei hat keine Alternative zu Europa.

Die Szenario-Phantasien des türkischen Bestsellerautors Burak Turna sprechen die unrealistische Drohung eines eigenen Weges der Türkei bei Ablehnung einer Vollmitgliedschaft aus. In seinem Horror-Roman, der den Titel „Ücüncü Dünya Savasi“ (Der dritte Weltkrieg) trägt, beschreibt Burak Turna mit einem Szenario für 2010, wie die Türkei nach Abweisung durch die EU, die angeblich faschistisch werde, sich mit einem orthodoxen Russland verbündet. Türkische Truppen erobern Berlin, lösen die EU auf und Istanbul wird zum Zentrum einer neuen europäischen Ordnung. Es ist kein deutsch-nationaler Rechtsradikaler, sondern einer der populärsten Romanautoren der Türkei (Verkauf von August bis Oktober 2005: 130000 Exemplare; der Autor ist in allen türkischen Talkshows zu Gast), der dieses Horrorszenario eines „Kulturkrieges zwischen Europa und dem Islam“, laut der US-Zeitung „International Herald Tribune“, malt. Dieser Autor, dessen Hobby Computerspiele sind, sagte der „Herald Tribune“: „Ich liebe es, China zu spielen, um mit einer Atombombe Europa ins Steinzeitalter zu bombardieren.“ Wundert man sich, wenn Europäer bei solchen Phantasien, auch ohne den Roman von Burak Turna gelesen zu haben, Angst vor den Türken haben? Laut einer EU-Umfrage vom Juli 2005 lehnen 65 Prozent der Europäer einen EU-Beitritt der Türkei als Vollmitglied ab. Inzwischen sieht es auch ähnlich in der Türkei mit Hinblick auf einen EU-Beitritt aus (vgl. Financial Times vom 4. Januar 2007, S. 9); die türkische Begeisterung für die EU ebbt ab.

Wie steht es nun mit der in der Ausgabe von 2005 diskutierten Auffassung, dass die Beziehungen zwischen der Türkei und Europa maßgebend für den Rest der Welt des Islam sind? Diese Auffassung wird in den Propagandakrieg integriert, bei dem die islamistische AKP Europa unter Anklage stellt. Während diese Kopftuch-Partei ihren Weg „mit dem Kopftuch nach Europa“ voranschreitet, polemisiert sie gegen den „Christen-Club Europa“ und schickt Tausende von Imamen durch die Diyanet-Behörde nach Deutschland. Diese heute von Islamisten unterwanderte Religionsbehörde der Türkei macht die Beschimpfung Europas als Christen-Club mit und leistet keinen Beitrag zur Europäisierung des Islam. Warum redet man in Deutschland nicht hierüber?

Wie das deutsche Wochenmagazin „Der Spiegel“ richtig bemängelt, lassen weder die SPD noch die CDU eine inhaltlich offene Türkei-EU-Debatte zu. Die deutschen Feuilletons machen mit. Selbst ein Muslim, argumentiere ich, dass es solche Tabus über das Verhältnis Europas zum Islam in einer Demokratie nicht geben darf: Gerade in Europa muss demokratisch erlaubt sein, nach einer offenen EU-Türkei-Debatte zu rufen und hierbei die Frage zu stellen: Welche Türkei kommt in die EU, welcher Islam wird in Europa zugelassen?

Die Feststellung, dass Europa säkular und kein Christen-Club (wenn auch mit christlichen Wurzeln) ist und dass es ein islamisches Land wie etwa die Türkei aufnehmen kann, allerdings nur, wenn dieses europäische Maßstäbe erfüllt, ist nicht nur mit einer Debatte über „welche Türkei“ verbunden, sondern auch mit der Frage: „Welcher Islam für Europa?“ Damit hängt die von mir wiederholt gestellte Frage nach der Europäisierung des Islam zusammen. Deshalb sind Enttabuisierungen in der deutschen EU-Türkei-Islam-Debatte erforderlich. Der übergeordnete Kontext ist stets die Problematik „Islam und Europa“ und die Frage, ob die zivilisatorische Identität Europas und auch seine innere Sicherheit betroffen sind. Das ist der Gegenstand meines neuen, kurz vor Abschluss stehenden WBG-Buches „Religion. Europa und der Islam“. Doch hier soll der Fokus auf der Türkei bleiben.

Dieses Nachwort abschließend stelle ich zusammenfassend fest: Mit der vorgebrachten Kritik wird nicht bestritten, dass die Türkei unendlich wichtig für Europa ist, aber sicherheitspolitische Argumente oder die Tatsache, dass 2,5 Millionen Türken in Deutschland (plus 1,5 Millionen im Rest Europas) leben, taugen nicht für die Begründung der Eignung für eine EU-Vollmitgliedschaft. So leben in Frankreich acht Millionen Araber aus dem Maghreb, ohne dass Algerien oder Marokko daraus ein Recht auf volle Mitgliedschaft ableiten. Diese beiden nordafrikanischen Länder sind zudem im Zeitalter globaler Migration – vor allem aus Afrika – sicherheitspolitisch noch wichtiger für die Sicherheit Europas als die Türkei. Das wichtigste Kriterium für die Mitgliedschaft – natürlich neben der Erfüllung der wirtschaftlichen Voraussetzungen (dies tut die Türkei nicht) – ist die Europäisierung. Ich wiederhole es: Die EU ist kein Christen-, sondern ein Europäer-Club, der die Idee Europas als informelle Satzung hat. Eine Vollmitgliedschaft der Türkei in die EU setzt die Anerkennung europäischer Maßstäbe voraus und dass die türkische Bevölkerung sich überzeugend für eine europäische Identität entscheidet. Erst wenn die Türkei dieser Europäisierung zustimmt, kann von Vollmitgliedschaft die Rede sein. In zehn Jahren ist dies kaum zu leisten oder zu erwarten, und daher scheint die EU-Vollmitgliedschaft keine Perspektive zu sein. Trotz allem ist die Türkei für Europa wichtig und soll als ein spezieller Partner Anerkennung finden.

Anmerkungen

Einleitung: „Mit dem Kopftuch nach Europa?" Gemäßigter Islamismus als „demokratischer Islam"?

1 Im Westen verbindet man mit dem Islam eine Kopftuch tragende Frau. Zu diesem „Kopftuch"-Image vom Islam tragen bei die Titelgeschichten von *Stern* „Islam in Deutschland", 1. April 2004, S. 48–65 (darin sind mehr Bilder als Text enthalten), und zuvor *Der Spiegel* vom 29. März 2003, „Das Prinzip Kopftuch: Muslime in Deutschland", S. 82–97, hier findet der Leser zwar mehr Text als im *Stern*, jedoch noch weniger Information und bedauernswerte Islamkenntnisse, wenngleich auf einem „höheren" Niveau. Beide, *Stern* und *Spiegel*, bringen Bilder von Kopftuchfrauen, die für „den Islam" stehen, den es so einheitlich in der Realität jedoch nirgendwo gibt. Kenntnisreicher präsentiert sich der *Spiegel* nach dem Mord an van Gogh im Themenheft „Muslimische Frauen in Deutschland" („rechtlose Töchter") vom 15. November 2004.

2 Vgl. die Beiträge in Michael Kessler u. a. (Hrsg.), *Konfliktherd Toleranz? Analysen-Sondierungen-Klarstellungen*, Tübingen 2002 (darin Bassam Tibi, „Toleranz zwischen Kulturpluralismus und multikultureller Werte-Beliebigkeit", S. 173–192, und Wolfgang Graf Vitzthum, „Kultureller Sonderfall. Die Türkei in Europa", S. 193–214). Zu dieser Thematik gehören auch die Beiträge in: Alice Schwarzer (Hrsg.), *Die Gotteskrieger und die falsche Toleranz*, Köln 2002 (darin Bassam Tibi, „Die deutsche verordnete Fremdenliebe", S. 105–120). Obwohl Schwarzer mich in ihrem Buch veröffentlicht hat, distanziert sie sich im *Spiegel* vom 15. November 2004 von mir mit den schroffen Worten: „Das Vokabular ist mir fremd!".

3 Otto Schily, „Afrikas Probleme in Afrika lösen", in: *Frankfurter Allgemeine Zeitung* vom 23. Juli 2004, S. 10, dazu mein Leserbrief in der *Frankfurter Allgemeinen Zeitung* vom 23. August 2004, S. 8.

4 Marvine Howe, *Turkey Today. A Nation Divided Over Islam's Revival*, Boulder/Col. 2000, S. 1.

5 Zur Bedeutung der Weltanschauung als weltpolitisch neuer Faktor bei internationalen Konflikten, vgl. Bassam Tibi, *Der neue Totalitarismus. Heiliger Krieg und westliche Sicherheit*, Darmstadt 2004, darin Einleitung und Kapitel I, besonders S. 43–51.

6 Annette Ramelsberger, „Wandlungen des Berliner Stadtteils Kreuzberg", in: *Süddeutsche Zeitung* vom 29. April 2004, S. 3. Zu den Parallelgesellschaften vgl. die entsprechenden Kapitel 3 und 4 in Bassam Tibi, *Islamische Zuwanderung. Die gescheiterte Integration*, München 2002 (2. Auflage).

[7] Marvine Howe, *Turkey Today* (wie Anm. 4), S. 102 ff.

[8] Robert Bartlett, *The Making of Europe*, Princeton/NJ 1993, S. 269.

[9] Zum Prozess des Wandels Europas vom christlichen Abendland zu einer westlich-säkularen Zivilisation, vgl. Bassam Tibi, *Kreuzzug und Djihad. Der Islam und die christliche Welt*, München 1999 (Neuausgabe 2002), Kapitel V und VI – mit Belegen –, vgl. ferner hierzu das in der folgenden Anmerkung zentral zitierte Werk von Lipson.

[10] Leslie Lipson, *The Ethical Crises of Civilization: Moral Meltdown or Advance?*, London 1993, S. 63.

[11] Zur Hellenisierung des Islam vgl. William M. Watt, *Islamic Philosophy and Theology*, Edinburgh 1962, S. 37 ff. und 91 ff., sowie die Kapitel im dritten Teil von Bassam Tibi, *Der wahre Imam. Der Islam von Mohammed bis zur Gegenwart*, München 1996 (1997, 1998, 2002), besonders Kapitel 4 und 6.

[12] Zur Begründung, dass dieser Vergleich nicht haltbar ist, vgl. Bassam Tibi, „Ausländer, die Juden von heute?", in: Ulrich Wank (Hrsg.), *Der neue alte Rechtsradikalismus*, München 1993, S. 139–168 (von diesem Buch liegt folgende US-Ausgabe vor: *The Resurgence of Right Wing Radicalism in Germany*, Atlantic Highlands/NJ 1996). Vgl. ferner ders., „Falsche Parallele. Antisemitismus und Ausländerfeindlichkeit", in: *Frankfurter Allgemeine Zeitung* vom 15. April 1993, S. 12.

[13] Vgl. Ellen K. Trimberger, *Revolution from Above. Military Bureaucrats and Development in Japan, Turkey, Egypt and Peru*, New Brunswick/NJ 1978.

[14] Zu dieser Bewegung vgl. den Klassiker von Richard P. Mitchell, *The Society of the Muslim Brothers*, Oxford und London 1969.

[15] Beat Stauffer, „Kurzer Triumph für Hani Ramadan", in: *Neue Zürcher Zeitung* vom 13. April 2004, S. 6. Eigene Hervorhebung. Dazu, dass der übergeordnete Bruder Tariq Ramadan kein Euro-Muslim, sondern ein Islamist ist, vgl. Caroline Fourest, *Frère Tariq*, Paris 2004.

[16] Howe, *Turkey Today* (wie Anm. 4), S. 5.

[17] Zitiert nach ebd., S. 5.

[18] Vgl. ebd., S. 181.

[19] Vgl. Nilüfer Göle, *The Forbidden Modern. Civilization and Veiling*, Ann Arbor/Mich. 1996; deutsch: dies., *Republik und Schleier: die muslimische Frau in der Moderne*, Berlin 1995; besonders S. 1–26 und weiter Kapitel 4, „Kopftuch als Symbol der Islamisierung", S. 83 ff.

[20] Hans-Ulrich Wehler, „Das Türkenproblem", in: *Die Zeit* vom 12. September 2002, S. 9. Alle folgenden Wehler-Zitate sind aus diesem Artikel.

[21] Helmut Schmidt, „Sind die Türken Europäer? Nein", in: *Die Zeit* vom 12. Dezember 2002, Titelseite. Helmut Schmidt hat seine Position in einem weiteren *Zeit*-Essay vom 25. November 2004 wiederholt: „Bitte keinen Größenwahn: Ein Beitritt der Türkei würde die EU überfordern", S. 3.

[22] Zur Problematik der Entwestlichung vgl. Bassam Tibi, *Krieg der Zivilisationen. Politik und Religion zwischen Vernunft und Fundamentalismus*, Hamburg 1995 (erweiterte und revidierte Neuausgaben: 1998 und 2001), passim, besonders Kapitel 5.

[23] Heinrich August Winkler, „Wir erweitern uns zu Tode, Die Türkei wird keine westliche Demokratie", in: *Die Zeit* vom 7. November 2002, S. 6.

[24] Jürgen Kocka, „Wo liegt Europa? Die Identität des Kontinents", in: *Die Zeit* vom 28. November 2002, S. 11.

[25] Klaus Harpprecht, „Ankara oder die Entgrenzung. Wer die Aufnahme der Türkei will, kann das vereinte Europa nicht wollen", in: *Die Welt* vom 21. Dezember 2002, S. 9.

[26] John Vinocur, „Fischer's Shifting Vision of Europe's Grand Future", in: *International Herald Tribune* vom 13. April 2004, S. 2/Leitartikel.

[27] Vgl. den *Financial Times Deutschland*-Bericht, „Fischer bezeichnet islamischen Terror als neuen Totalitarismus", vom 20. November 2004, sowie meinen Artikel dazu: „Pakt mit dem Teufel. Der Bundesaußenminister hat die Gefährlichkeit des Islamismus erkannt, doch ein Konzept der Regierung gibt es nicht", in: *Financial Times Deutschland* vom 22. Dezember 2004, S. 26, worin ich darauf hinweise, dass er diesen Begriff von mir ohne Angabe der Quelle übernimmt. Ich habe den Islamismus als „neuen Totalitarismus" in mehreren Arbeiten im vergangenen Jahrzehnt bezeichnet und diese These in meinem Buch *Der neue Totalitarismus. „Heiliger Krieg" und westliche Sicherheit*, Darmstadt 2004, zugespitzt.

[28] Robert Kagan, „Power and Weakness. Why the United States and Europe see the world differently", in: *Policy Review* (Juni 2002), Heft 113, S. 3–28. Alle folgenden Zitate stammen aus diesem Aufsatz. Vgl. auch ders., *Macht und Ohnmacht. Amerika und Europa in der neuen Weltordnung*, Berlin 2003.

[29] Vgl. Bassam Tibi, *Europa ohne Identität? Die Krise der multikulturellen Gesellschaft*, München 1998, Neuausgabe mit dem neuen Untertitel: *Leitkultur oder Wertebeliebigkeit*, Berlin 2002, darin besonders die Einleitung.

[30] Bernard Lewis, *The Emergence of Modern Turkey*, London 1979, und ders., *The Jews of Islam*, London 1984, deutsche Übersetzung: *Die Juden und die islamische Welt*, München 1987, dazu mein Besprechungsaufsatz: „Geschichte einer Symbiose", in: *Frankfurter Allgemeine Zeitung* vom 24. Mai 1989, S. 14.

[31] Wolfgang Schwanitz im Interview mit Bernard Lewis: „Europa wird am Ende des 21. Jahrhunderts islamisch sein", in: *Die Welt* vom 28. Juli 2004, S. 6 (ganzseitig).

[32] Bassam Tibi, "Habermas and the Return of the Sacred. Is it a Religious Renaissance? Political Religion as a New Totalitarianism?", in: *Religion-Staat-Gesellschaft*, Bd. 3 (2002), Heft 2, S. 265–296. Der Philosoph der „herrschaftsfreien Kommunikation" hat auf diese Kritik nicht geantwortet.

[33] Vgl. den Bericht hierzu: „Fremde Zumutung. Wenn den Mufti die Lust überkommt: Jürgen Habermas spricht in der Berliner Akademie der Wissenschaften", in: *Tagesspiegel* vom 30. Juni 2002, S. 26.

[34] In seinem Artikel "Islamic Europe? When Bernard Lewis speaks", in: *The Weekly Standard* vom 4. Oktober 2004, S. 15–16, nimmt Christopher Caldwell die Lewis-Debatte auf, zitiert jedoch ausführlich meine Korrekturen in dem Artikel „Grenzen der Toleranz", in: *Welt am Sonntag* vom 5. September 2004, S. 14,

wonach nicht die „Mehrheit einer islamischen Bevölkerung" die Gefahr ist. Eher stellt sich die Frage, welcher Islam nach Europa kommt: *Schari'a-* oder Euro-Islam?

[35] Vgl. B. Tibi, Gibt es eine islamische bzw. islamistische Herausforderung an Europa?, in: *Religion - Staat – Gesellschaft*, Heft 1 – 2005.

I. Die Identität der Türkei im Spannungsfeld zwischen Europa und dem Islamismus

[1] Zitiert nach dem Bericht „Türkei-Beitritt. Frankreichs Staatspräsident weist Bush zurück", in: *Die Welt* vom 30. Juni 2004, S. 5.

[2] Vgl. Ellen Kay Trimberger, *Revolution From Above. Military Bureaucrats and Development in Japan, Turkey, Egypt and Peru*, New Brunswick/NJ 1978.

[3] Zu dieser innertürkischen Debatte über die Identität der Türkei vgl. die Beiträge in Sibel Bozdogan und Resat Kasaba (Hrsg.), *Rethinking Modernity and National Identity in Turkey*, Seattle 1997.

[4] Einen Überblick bietet Feroz Ahmed, *The Making of Modern Turkey*, London 1993 (Kap. I: „Ist die Türkei eine militärische Gesellschaft?"). Das türkische Militär agiert als Garant der Säkularität der Türkei. Zur Trennung zwischen Religion und Politik in der Türkei vgl. das Standardwerk Niyazi Berkes, *The Development of Secularism in Turkey*, Montreal 1963, Neuausgabe London 1998; sowie die Studie von Andrew Davison, *Secularism and Revivalism in Turkey. A hermeneutic Reconsideration*, New Haven 1998.

[5] Bassam Tibi, *Aufbruch am Bosporus. Die Türkei zwischen Europa und Islamismus*, München 1998 (die türkische Übersetzung erschien in Istanbul 2000).

[6] Vgl. den Bericht „Kopftuchverbot für Studentinnen rechtmäßig", in: *Frankfurter Allgemeine Zeitung* vom 30. Juni 2004, S. 5; ferner auch den ausführlichen Bericht in der *Berliner Zeitung* vom 30. Juni 2004, S. 5.

[7] Vgl. Malcolm Anderson, *Frontiers. Territory and State Formation in the Modern World*, Cambridge 1997, besonders das Kapitel „Frontiers and Migration", S. 127 ff. Zu dieser Problematik grundsätzlich auch Myron Weiner, *The Global Migration Crisis. Challenge to States and to Human Rights*, New York 1995; in Bezug auf die islamische Zuwanderung vgl. mein in Anm. 26 nachgewiesenes Buch, das den sicherheitspolitischen Analysen Weiners folgt.

[8] Vor allem gilt dies auch für arabische Staaten. Vgl. hierzu Bassam Tibi, „From Pan-Arabism to the Community of Sovereign Arab States", in: Michael Hudson (Hrsg.), *Middle East Dilemma: The Politics and Economics of Arab Integration*, New York 1999, S. 92–106.

[9] Anke Houben, *Die zivilisatorische Staatengemeinschaft: Zivilisation und internationale Politik im Nahen Osten*, Frankfurt a. M. 1996.

[10] Bassam Tibi, „The Quest of Islamic Migrants and of Turkey to Become European", in: *Turkish Policy Quarterly*, Bd. 3 (2004), Heft 1, S. 13–28.

[11] *Financial Times* vom 31. Dezember 2002.

[12] Vgl. Bassam Tibi, *Kreuzzug und Djihad. Der Islam und die christliche Welt*, München 1999, besonders Kapitel 2 über Karl den Großen und den Islam.

[13] Zitiert nach dem Bericht „Turkey Unfit for Membership. Giscard Says", in: *International Herald Tribune*, vom 9./10. November 2002, Titelseite und S. 3.

[14] Ich unterscheide zwischen institutionellen und djihadistischen Islamisten; erstere wollen – wie die türkische AKP – im Rahmen der Instrumentalisierung der Demokratie ihre Ziele institutionell friedlich durchzusetzen, im Gegensatz zu den Djihadisten, die sich zur Djihad-Gewalt bekennen; ausführlich hierzu mit Belegen Bassam Tibi, *Der neue Totalitarismus. Heiliger Krieg und westliche Sicherheit*, Darmstadt 2004, Kapitel II zum politischen Islam und Kapitel III zum djihadistischen Terrorismus.

[15] Zitiert nach dem Bericht von Albrecht Meier, „Die Türken vor der Tür", in: *Der Tagesspiegel* vom 14. Dezember 2002, S. 2.

[16] Helmut Schmidt, „Nein, Sie passen nicht dazu", in: *Die Zeit* vom 12. Dezember 2002, Titelseite und S. 2.

[17] Zur Entstehung dieses Konzeptes vom Euro-Islam (in Senegal 1982) und zu seiner Ausformulierung (in Paris 1992) vgl. die Rekonstruktion in Kapitel 12 der neuen Ausgabe meines Buches: *Im Schatten Allahs. Der Islam und die Menschenrechte*, völlig neu geschriebene Neuausgabe München 2003, S. 491–529, mit Belegen über die hierzu gehörigen Arbeiten.

[18] Dieses Horkheimer-Zitat stammt aus dem Vorwort zur Neupublikation der zweibändigen Ausgabe *Kritische Theorie*, hier Band 1, Frankfurt a. M. 1968, S. XIII. Die Stelle ist zitiert bei der Widmung zu Horkheimer in meinem Buch *Europa ohne Identität? Die Krise der multikulturellen Gesellschaft*, München 1998, Neuausgabe mit dem neuen Untertitel: *Leitkultur oder Wertebeliebigkeit*, Berlin 2002.

[19] Diese Forschung wird in meinen beiden Büchern: *Fundamentalismus im Islam. Eine Gefahr für den Weltfrieden?*, Darmstadt, 3. Auflage 2002 und *Der neue Totalitarismus* (Anm. 14) erläutert.

[20] So der Artikel von Rainer Hermann, „Patronage, Pfründe, Paten. Die Türkei ist der orientalischen Despotie näher als dem europäischen Rechtsstaat", in: *Frankfurter Allgemeine Zeitung* vom 23. Januar 2001, S. 3.

[21] Diese US-Interessen formuliert offen Zbigniew Brzezinski, *The Grand Chessboard: American Primacy and its Geostrategic Imperatives*, New York 1997, S. 203 f. Die USA benötigen die Türkei als Schachfigur. „America must be careful not to alienate Turkey … Accordingly America should use its influence in Europe to encourage Turkey's eventual admission to the EU." Brzezinski stellt allerdings die Bedingung: „provided internal Turkish politics do not take a dramatic turn to the Islamist direction." (S. 204). Doch diese Wende, die unter der AKP erfolgt ist, hat Präsident Bush scheinbar nicht gestört.

[22] Marvine Howe, *Turkey Today: A Nation Divided over Islam's Revival*, Boulder/Col. 2000, S. 5 und S. 182, eigene Hervorhebung.

[23] Ebd.

[24] So etwa der Türke Hakan Yavuz, *Islam and Europeanization in Turkish-Muslim socio-political Movements*, Paper, Cornell University, April 2004; dieser steht der AKP nahe.

[25] Zu den beiden Organisationen vgl. Ursula Spuler-Stegemann, *Muslime in Deutschland. Information und Klärung*, Neuausgabe Freiburg/Br. 2002, Kapitel 5.

[26] Bassam Tibi, *Islamische Zuwanderung. Die gescheiterte Integration*, München 2002. Vgl. auch Anm. 7 oben.

[27] Zitiert nach Christine Schlözer, „Im Banne des Turbans", in: *Süddeutsche Zeitung* vom 2. Juli 2004, Titelseite.

[28] Vgl. den Bericht „Putsch der Zivilisten", in: *Der Spiegel* (Heft 46/2002), S. 212–213.

[29] Vgl. die ausgezeichnete investigative Titelgeschichte des *Spiegel* „Verschwörung 11. September. Wie Konspirationstheoretiker die Wirklichkeit auf den Kopf stellen", vom 8. September 2003 (Heft 37/2003), worin diese „Bestseller" ad absurdum geführt werden, vgl. auch Kapitel III meines Buches *Der neue Totalitarismus* (zitiert in Anm. 14 oben).

[30] Abdullah Gül, „Ein Gewinn für Europa", in: *Der Spiegel* (46/2002), S. 214.

[31] In meinem Artikel: „Wem der Islam gehört", in: *Süddeutsche Zeitung* vom 1. Dezember 2003, S. 2, gehe ich auf die Novemberanschläge in Istanbul ein, unterscheide zwischen djihadistischem und institutionellem Islamismus (vgl. dazu Anm. 14 oben), und räume dabei ein, dass Europa auch mit den institutionellen Islamisten gegen den Djihadismus, jedoch nur instrumentell, zusammenarbeiten kann. Dies ist auch mit der AKP möglich.

[32] Gila Benmayor, „Avrupa Islami' nin fikir babaşi: Bassam Tibi", in: *Hurriyet* vom 20. Oktober 2002, S. 14. Vgl. auch das Interview in *Cumhurriyet* vom 29. September 2002, Titelseite sowie S. 12, ganzseitig.

[33] Jochen Kummer, „Christen werden diskriminiert", in: *Welt am Sonntag* vom 15. Dezember 2002, S. 5.

[34] Nicole Pope und Hugh Pope, *Turkey Unveiled: Atatürk and After*, New York und London 1997.

[35] Zitiert nach Jochen Kummer, „Schattenwirtschaft und Verschuldung belasten Türkei", in: *Welt am Sonntag* vom 8. Dezember 2002, S. 2.

[36] Zu *Fatih*, dem Eroberer, vgl. Sir Steven Runciman, *The Fall of Constantinople 1453*, Neuausgabe Cambridge 1990, S. 73–79 und S. 148–149.

[37] Vgl. Kapitel II in: Heinz Kramer, *A Changing Turkey. The Challenge to Europe and United States*, Washington/DC 2000, S. 181–201.

[38] Marvine Howe, *Turkey Today* (wie Anm. 22), S. 5.

[39] Feroz Ahmed, *The Making of Modern Turkey* (wie Anm. 4), S. 1–14; vgl. auch Ümit C. Sakalliağlu, „The Anatomy of Turkish Military's Political Autonomy", in: *Comparative Politics*, Band 29 (1997), Heft 2, S. 151–166.

[40] Diese Problematik behandelt das Werk von Gunnar Heinsohn, *Söhne und Weltmacht: Terror im Aufstieg und Fall der Nationen*, Zürich 2003.

[41] Vgl. Murat Çakir, *Die Pseudodemokraten. Türkische Lobbyisten, Islamis-*

ten, Rechtsradikale und ihr Wirken in der Bundesrepublik, Düsseldorf 2000, Kap. II.

[42] Vgl. Bassam Tibi, *Kreuzzug und Djihad* (wie Anm. 12), Kapitel IV.

[43] Hasan Ünal, „Ja, vielleicht, mal sehen", in: *Die Zeit* vom 5. Dezember 2003, S. 10.

[44] Vgl. Bassam Tibi, „Hidjra nach Europa", in: *Frankfurter Allgemeine Zeitung* vom 18. Dezember 2000 und das ausführliche 6. Kapitel hierüber in: ders., *Islamische Zuwanderung* (wie Anm. 26), besonders S. 260–272.

[45] Vgl. die Einleitung in Christine Woodhead und Metin Kunt (Hrsg.), *Suleyman the Magnificent and his Age. The Ottoman Empire in the Early Modern World*, London 1995, S. 3–29, besonders S. 10.

[46] A. L. Macfie, *Atatürk*, London 1994.

[47] Bernard Lewis, *The Emergence of Modern Turkey*, London 1979 (zuerst 1961), und Niyazi Berkes, *The Development of Secularism in Turkey*, Montreal 1963, Neuausgabe London/New York 1998.

[48] Michael Weithmann, *Atatürks Erben auf dem Weg nach Westen. Die Türkei im Spannungsfeld zwischen Nahost und Europa,* München 1997, besonders S. 214 ff.

[49] Vgl. die von Feroz Ahmed besorgte Neuausgabe des Klassikers von Niyazi Berkes, *Development of Secularism in Turkey* (wie Anm. 47).

[50] Bernard Lewis, *Istanbul and the Civilization of the Ottoman Empire*, Norman 1963.

[51] Bernard Lewis, *The Emergence of Modern Turkey* (wie Anm. 47).

[52] Zu diesen Gegeneliten vgl. Bassam Tibi, „The Fundamentalist Challenge to the Secular Order in the Middle East", in: *The Fletcher Forum of World Affairs*, Band 23 (1999), Heft 1, S. 191–210. Dieser Aufsatz entstand aus dem ursprünglichen Paper zum Harvard-Projekt „Conflict and Convergence" von Samuel P. Huntington.

[53] Bassam Tibi, *Europa ohne Identität?, Die Krise der multikulturellen Gesellschaft,* München 1998 (Neuausgabe mit dem Untertitel: *Leitkultur oder Wertebeliebigkeit*).

[54] John Stuart Mill, *Die Freiheit* (*On Liberty*), Grabowsky-Ausgabe (auch Übersetzung), Zürich 1945, S. 125.

[55] Vgl. Jean-François Revel, *Democracy Against Itself. The Future of Democratic Impulse,* New York 1993, vor allem das Kapitel „Islamic Democracy or Islamic Terrorism", S. 199 ff.

[56] Vgl. Bassam Tibi, *Der neue Totalitarismus* (wie Anm. 14).

[57] Vgl. Yasar Nuri Öztürk, „Die Zeit nach den Propheten", in: Michael Thumann u. a. (Hrsg.), *Der Islam und der Westen*, Berlin 2003, S. 107–116.

II. Die Türkei entsäkularisiert sich: Ein Land zwischen Islamismus und säkularer Republik in einem inneren Zivilisationskonflikt

[1] Vgl. den Überblick hierüber von Nazih N. Ayubi, *Political Islam. Religion and Politics in the Arab World*, London 1991, sowie die Analyse von Bassam Tibi, *The Challenge of Fundamentalism. Political Islam and the New World Disorder*, Berkeley 1998 (Neuausgabe 2002), deutsche Übersetzung: *Die neue Welt*unord*nung. Westliche Dominanz und islamischer Fundamentalismus*, Berlin 1999, Taschenbuchausgabe 2002.

[2] Marvine Howe, *Turkey Today. A Nation Divided Over Islam's Revival*, Boulder/Col. 2000, darin besonders Kapitel 15.

[3] Samuel P. Huntington, *The Clash of Civilizations*, New York 1996, deutsche Übersetzung mit dem falsch übersetzten Titel *Kampf der Kulturen*, Wien 1996; eine andere Deutung bietet Bassam Tibi, *Krieg der Zivilisationen. Politik und Religion zwischen Vernunft und Fundamentalismus*, Hamburg 1995 (Neuausgabe, München 1998 und 2001), besonders das neue Kapitel 7 kritisch zur Huntington-Debatte, S. 305–333.

[4] Zu dieser Vielfalt vgl. die exemplarische Studie von Clifford Geertz, *Religiöse Entwicklungen im Islam. Beobachtet in Marokko und Indonesien*, mit einem Nachwort von Bassam Tibi, „Gespräche mit C. Geertz in Princeton", Frankfurt a. M. 1988 (neu als stw-Band 1991), S. 185–200.

[5] Grundlegend zum historischen Hintergrund Bernard Lewis, *The Emergence of Modern Turkey*, Neuausgabe Oxford 1979 (mehrmals neu gedruckt), zur kemalistischen Republik S. 239 ff. und 294 ff.

[6] Vgl. die ausgezeichnete Studie von Wilfried Röhrich, *Die Macht der Religionen. Glaubenskonflikte in der Weltpolitik*, München 2004.

[7] Mehr hierzu in Bassam Tibi, *Fundamentalismus im Islam. Eine Gefahr für den Weltfrieden?*, Darmstadt 2002 (3. erweiterte Auflage), hier zur Vision einer islamischen Weltordnung Kapitel 2, S. 26–35.

[8] Vgl. Eric Hobsbawm und Terence Ranger (Hrsg.), *The Invention of Tradition*, Neuausgabe Cambridge 1996; sowie Martin Marty und Scott Appleby (Hrsg.), *Fundamentalisms Observed*, Chicago 1991 (Band 1 der fünfbändigen Studie des Fundamentalism Research Project der *American Academy of Arts and Sciences*). Zu diesem Projekt vgl. Bassam Tibi, *Fundamentalismus im Islam* (wie Anm. 7 oben), S. 14–25.

[9] Vgl. die Beiträge in Richard Tapper (Hrsg.), *Islam in Modern Turkey*, Neuausgabe, London 1994, sowie die neueren Arbeiten von Kramer (Anm. 11) und Howe (Anm. 2).

[10] Mehr dazu in Bassam Tibi, „Islam and Secularization. Religion and the Functional Differentiation of the Social System", in: *Archiv für Rechts- und Sozialphilosophie*, Bd. LXVI (1980), Heft 2, S. 207–222, sowie das Schlußkapitel in: ders., *Die Krise des modernen Islam. Eine vorindustrielle Kultur im wissenschaftlich-technischen Zeitalter*, Frankfurt a. M. 1981, S. 172–201, erweiterte Ausgabe

1991 mit dem Essay „Islamischer Fundamentalismus als Antwort auf die doppelte Krise"; beide Arbeiten sind in Anlehnung an die Religionssoziologie Niklas Luhmanns, *Funktion der Religion*, Neuausgabe, Frankfurt a.M. 1995, entstanden.

11 Vgl. Heinz Kramer, *A Changing Turkey. The Challenge to Europe and the United States*, Washington/DC 2000, besonders Kapitel 5.

12 Nilüfer Göle, *The Forbidden Modern. Civilization and Veiling*, Ann Arbor/Michigan 1996, S. 4.

13 Vgl. das Kapitel „Between Two Worlds", in: Marvine Howe, *Turkey Today* (wie Anm. 2), S. 1–10.

14 L. Carl Brown, *International Politics and the Middle East. Old Rules, dangerous Game*, Princeton/NJ 1984, S. 176. Zur Deutung des Nahen Ostens als ein Subsystem vgl. Bassam Tibi, *Conflict and War in the Middle East. From Interstate War to New Security*, Neuausgabe, New York 1998, Kap. 2.

15 Vgl. Andrew Mango, *Turkey. The Challenge of a New Role*, Washington/DC und London 1994 (Washington Papers, Bd. 163), besonders Kapitel 5; sowie Scott Hibbard und David Little, *Islamic Activism and US Foreign Policy*, Washington/DC 1997, Kapitel Türkei, S. 79–94.

16 Vgl. hierzu die Beiträge in: Sibel Bazdogan und Resat Kasaba (Hrsg.), *Rethinking Modernity and National Identity in Turkey*, Seattle 1997.

17 Diese sind John L. Esposito und John Voll, *Islam and Democracy*, New York 1996; beide versuchen – wenn auch kaum überzeugend – zu argumentieren, dass auch Islamisten eine neue, nicht-westliche Form der Demokratie hervorbringen können. Hierzu kritisch meine Rezension in: *Journal of Religion* (Chicago), Bd. 78 (1998), S. 667–669.

18 Hierzu Andrew Wheatcroft, *The Ottomans. Dissolving Images*, London 1995 (2. Auflage).

19 Vgl. Erik J. Zürcher, *Turkey. A Modern History*, London 1993 (Neudruck 1997), S. 11–94, besonders Teil I und II zu osmanischer Modernisierung und zu kemalistischer Europäisierung, die nicht deckungsgleich sind; zur letzteren vgl. A. L. Macfie, *Atatürk*, London 1994.

20 Vgl. den Bericht aus Paris und London „Turkish Accession Stirs Party Passions", in: *Financial Times Deutschland* vom 27. Mai 2004, S. 2. Auch in Deutschland zeigt sich in Umfragen eine starke Ablehnung des Türkei-EU-Beitritts, vgl. dazu *Frankfurter Allgemeine Zeitung* vom 21. April 2004, Titelseite und S. 5.

21 Zur Bedeutung des türkischen Militärs in der kemalistischen Türkei vgl. Feroz Ahmed, *The Making of Modern Turkey*, London 1993, Kapitel 7, 8 und 9.

22 Diese Deutung ist enthalten in meinem Fundamentalismus-Artikel in: *Encyclopedia of Democracy*, 4 Bde., Washington D.C. 1995, hier Bd. 2, S. 507–510. Zum Stellenwert dieser Problematik vgl. ferner meinen Essay „Fundamentalism", in: *Encyclopedia of Government*, Neuausgabe London 2004, zwei Bde., hier Bd. I, S. 184–204.

23 Wichtig ist das bereits in Anm. 8 angeführte internationale Fundamentalismus-Projekt der *American Academy of Arts and Sciences*, aus dem 5 Bände hervorgegangen sind: Martin Marty und Scott Appleby (Hrsg.), Chicago 1991–

1995, besonders Bd. 1, *Fundamentalisms Observed*, Chicago 1991. Ich bin Mitverfasser von Bd. 2, *Fundamentalisms and Society*, Chicago 1993.

[24] Bassam Tibi, *Der Islam und das Problem der kulturellen Bewältigung sozialen Wandels*, Frankfurt a. M. 1985, 3. Aufl. 1991 (Neudruck 2001), Kap. 8, besonders S. 158f. Die Britisch-amerikanische Ausgabe erschien unter dem Titel: *Islam and the Cultural Accommodation of Social Change*, Boulder/Col., Oxford 1990 und nochmals 1991.

[25] Bassam Tibi, *Aufbruch am Bosporus. Die Türkei zwischen Europa und Islamismus*, München 1998, türkisch: ders., *Bogaz'in iki yakasi. Avrupa ile Islamcile Arasinda Turkiye*, Istanbul 2002.

[26] Vgl. die ausgezeichnete neue Deutung von Cemal Kafadar, *Between Two Worlds. The Construction of the Ottoman State*, Berkeley 1995.

[27] Halil Inalcik, *An Economic and Social History of the Ottoman Empire 1300–1600* (Band I) und Band II: *1600–1914*, Neudruck Cambridge 1997, hier S. 17ff. Zur Eroberung Konstantinopels durch Mehmed II. vgl. Steven Runciman, *The Fall of Constantinople 1453*, Neuausgabe Cambridge 1990 (Erstausgabe 1965).

[28] Ich stimme nicht überein mit Fatma Müge Göçek, *The Rise of the Bourgeoisie. Demise of the Empire. Ottoman Westernization and Social Change*, New York 1996. Die Fakten stimmen, nicht aber die Deutung.

[29] Hierüber Fatma Müge Göcek, *East Encounters West. France and the Ottoman Empire in the Eighteenth Century*, New York 1987.

[30] David Ralston, *Importing the European Army. The introduction of European Military Techniques and Institutions into the Extra-European World, 1600–1914*, Chicago 1990, zur Einführung der „europäischen Armee“ ins Osmanischen Reich vgl. darin Kap. 3.

[31] Mehr hierüber in Bassam Tibi, *Islamischer Fundamentalismus, moderne Wissenschaft und Technologie*, 2. Auflage Frankfurt a. M. 1993 (Erstausgabe 1992), besonders Kap. 2 und 3.

[32] A. L. Macfie, *Atatürk* (wie Anm. 19); und auch Bernard Lewis, *The Emergence of Modern Turkey* (wie Anm. 5), darin S. 263ff., 276ff. und 409ff.

[33] Hierüber die türkische Soziologin Nilüfer Göle, „Turkey: The Making of Elites and Counter Elites“, in: *The Middle East Journal*, Bd. 51 (1997), Heft 1, S. 46–58. Mit den Resultaten stimme ich nicht überein.

[34] Zu dieser Diskussion über die Möglichkeiten der Säkularisierung im Islam, vgl. meine in Anm. 10 oben nachgewiesene Arbeiten sowie meine neue Abhandlung „Secularization and De-Secularization in Modern Islam“, in: *Religion-Staat-Gesellschaft*, Bd. 1 (2000), Heft 1, S. 95–117.

[35] Bassam Tibi, *Einladung in die islamische Geschichte*, Darmstadt 2001.

[36] Ellen K. Trimberger, *Revolution From Above. Military Bureaucrats and Development in Japan, Turkey, Egypt, and Peru*, New Brunswick/NJ 1978, hierzu S. 112.

[37] Zu Parallelgesellschaften vgl. Bassam Tibi, *Islamische Zuwanderung. Die gescheiterte Integration*, München 2002 (zwei Auflagen), hier Kapitel 3 und 4.

[38] Hierzu der Historiker Serif Mardin, „The Nakshibendi Order of Turkey“, in: Martin Marty und Scott Appleby (Hrsg.), *Fundamentalism and the State*, Chicago 1993, S. 204–232 (vgl. die Angaben in Anm. 8 und 23 zum *Fundamentalism Project* der *American Academy of Arts and Sciences*, an dem auch ich in den Jahren 1989–1993 mitgewirkt habe). Vgl. ferner Serif Mardin, „The Nakshibendi Order in Turkish History“, in: Richard Tapper, *Islam in Modern Turkey* (wie Anm. 9), S. 121–142.

[39] Binnaz Toprak, *Islam and Political Development in Turkey*, Leiden 1981.

[40] Richard Tapper (Hrsg.), *Islam in Modern Turkey* (wie Anm. 9), hier die Einleitung, S. 5.

[41] Ebenda, S. 7.

[42] Ebenda, S. 10.

[43] Sencer Ayata, „Patronage, Party and State: The Politization of Islam in Turkey“, in: *The Middle East Journal*, Bd. 50 (1996), Heft 1, S. 40–56, hier S. 48. Vgl. auch den Artikel von Sencer Ayata über die Sufi-Orden in Richard Tapper (Hrsg.), *Islam in Modern Turkey* (wie Anm. 9), S. 223–253; und den von seiner Frau Ayse Gunes-Ayata über „Pluralism versus Authoritarianism“, in: Richard Tapper (Hrsg.), *Islam in Modern Turkey* (wie Anm. 9), S. 254–279.

[44] Metin Heper, „Islam and Democracy in Turkey“, in: *Middle East Journal*, Bd. 51 (1997), Heft 1, S. 32–58.

[45] Meine Interpretation über die Unvereinbarkeit von Fundamentalismus und Demokratie ist dadurch autoritativ geworden, dass sie in der von der *Congressional Quarterly*/Wahington D.C. veröffentlichten und von M. S. Lipset herausgegebenen vierbändigen *Encyclopedia of Democracy* übernommen wurde (vgl. Anm. 22).

III. Die Türkei, Europa, der Islam und das Kopftuch: Zwischen Religionsfreiheit, *Djihad* für die Anwendung der *Schari'a* und zivilisatorischer Abgrenzung

[1] Gilles Kepel, *Allah im Westen. Die Demokratie und die islamische Herausforderung*, München 1996, S. 215ff, besonders S. 251–253.

[2] Elaine Sciolino, „School Scarf Ban Blocked in France. Official Report Calls for Law“, in: *International Herald Tribune* vom 12. Dezember 2003, Frontpage und S. 6.

[3] Ebd.

[4] Zitiert nach dem Bericht „Gesetz gegen Kopftücher in Frankreich?/Empfehlung einer Expertenkommission an Chirac“, in: *Neue Zürcher Zeitung* vom 12. Dezember 2003.

[5] Zur *Schari'a* vgl. Kap. 7 in: Bassam Tibi, *Im Schatten Allahs. Der Islam und die Menschenrechte*, Neuausgabe München 2003.

[6] Zitiert nach dem Bericht „Threat on Head Scarves angers French Muslims“, in: *International Herald Tribune* vom 13/14. Dezember 2003, S. 3.

[7] Vgl. den Bericht „Chirac gegen das islamische Kopftuch", in: *Neue Zürcher Zeitung* vom 18. Dezember 2003 und „Chirac will Kopftuch an der Schule verbieten", in: *Süddeutsche Zeitung* vom 18. Dezember 2003, Titelseite.

[8] Johannes Rau, „Die Religionsfreiheit gilt auch für den Islam", Lessing-Festaktrede, in: *Süddeutsche Zeitung* vom 23. Januar 2004, S. 6.

[9] Martin Senn, „Das Kopftuch ist eine Frage der Macht, nicht des Glaubens", in: *Neue Zürcher Zeitung* vom 21. Dezember 2003, S. 21.

[10] Nilüfer Göle, *The Forbidden Modern. Civilization and Veiling*, Ann Arbor/Michigan 1996, deutsch: *Republik und Schleier: Die muslimischen Frauen in der Moderne*, Berlin 1995.

[11] Mehrzad Boroujerdi, *Iranian Intellectuals and the West. The Tormented Triumph of Nativism*, Syracuse 1996; zur Schizophrenie dieser islamischen Intellektuellen vgl. die Arbeit des Iraners Daryush Shayegan, *Cultural Schizophrenia. Islamic Societies Confronting the West*, Syracuse 1997.

[12] Hierzu Bassam Tibi, *Krieg der Zivilisationen. Politik und Religion zwischen Vernunft und Fundamentalismus*, Hamburg 1995 (Neuausgabe München 1998 und 2001), besonders die Einleitung und die Ausführungen zur Entwestlichung in Kapitel 6.

[13] Vgl. Werner Becker, „Toleranz: Grundwert der Demokratie", in: *Ethik der Sozialwissenschaften*, Bd. 8 (1997), Heft 4, S. 412–423.

[14] Murat Çakir, *Die Pseudodemokraten. Türkische Lobbyisten, Islamisten, Rechtsradikale und ihr Wirken in der Bundesrepublik*, Düsseldorf 2000, besonders S. 5 und S. 231–237.

[15] Mohammed Said al-Aschmawi, *Haqiqat al-Hidjab* (Die Wahrheit über den Hidjab/Schleier), 2. Auflage, Kairo 1995.

[16] Ruth Benedict, *Die Rassenfrage in Wissenschaft und Politik*, Bergen II (Military Government, Information Control, Lizenz-Nr. US-E. 144), 1947. Vgl. auch Ivan Hannaford, *Race. The History of an Idea in the West*, Washington/D.C. 1996.

[17] Alain Finkielkraut, *Die Niederlage des Denkens*, Reinbeck 1989.

[18] Sadik J. al-Azm, zitiert nach meinen eigenen Konferenz-Notizen. Von al-Azm liegt in deutscher Sprache vor: *Unbehagen in der Moderne. Aufklärung im Islam*, Frankfurt a. M. 1993. Anlässlich eines Aufenthaltes in Deutschland wurde S. J. al-Azm in einem FAZ-Artikel als Aufklärer gewürdigt. Vgl. Christian Meier, Damaszener Feuerkopf. Mit Vernunft dem Fundamentaismus zu Leibe rücken. Der Philosoph al-Azm, in: FAZ, 23. Juli 2005, S. 40.

[19] Vgl. Denise A. Spellberg, *Politics, Gender and the Islamic Past. The Legacy of A'ischa Bint Abi Bakr*, New York 1994. Zur Kamelschlacht zwischen den Armeen Aischas und Alis vgl. Bassam Tibi, *Der wahre Imam. Der Islam von Mohammed bis zur Gegenwart*, München 1996 (neue Ausgabe als Serie Pieper 2002), S. 73 ff. Diese Schlacht leitete die Spaltung des Islam in Sunna und Schi'a ein.

[20] Herbert Davidson, *Alfarabi, Avicenna, and Averroes, on Intellect: Their Cosmologies, Theories of the Active Intellect and the Theories of Human Intellect*, New York 1992.

[21] Ernst Bloch, *Avicenna und die Aristotelische Linke*, Frankfurt a. M. 1963.

[22] Zu Ibn Taimiyya vgl. Bassam Tibi, *Der wahre Imam* (wie Anm. 19), Kap. 5 mit Belegen.

[23] Grundlegend ist das wissenschaftliche Standardwerk von Leila Ahmed, *Women and Gender in Islam*, New Haven 1992. Die Bücher der islamischen Feministinnen Fatema Mernissi (Anm. 33) und Nawal al-Saadawi sind von der Substanz her im Vergleich zu Ahmeds Buch ziemlich dünn und oberflächlich.

[24] Vgl. das Kapitel Selbst- und Fremdbilder, in: Bassam Tibi, *Der Islam und Deutschland. Muslime in Deutschland*, Stuttgart 2000, S. 57–90.

[25] Ismatuladdin Haram al-Haila, *al-Mar'a fi khilal al-ayat al-Qur'aniyya* (Die Frau durch die koranischen Verse gesehen), Tunis 1979; und wissenschaftlich: Barbara F. Stowasser, *Women in the Qur'an. Traditions and Interpretations*, New York 1994.

[26] Abdullahi An-Na'im, *Toward an Islamic Reformation: Civil Liberties, Human Rights and the International Law*, Syracuse University Press 1990, besonders Kap. 7.

[27] Charis Waddy, *Women in Muslim History*, London 1980.

[28] Clifford Geertz, *The Interpretation of Culture*, New York 1973, deutsch: *Dichte Beschreibung. Beiträge zum Verstehen kultureller Systeme*, Frankfurt a. M. 1993.

[29] Clifford Geertz, *Religiöse Entwicklungen im Islam beobachtet in Marokko und Indonesien*, Frankfurt a. M. 1988, mit einem Nachwort von Bassam Tibi, „Gespräche mit C. Geertz in Princeton", S. 185–200.

[30] Alan Palmer, *The Decline and Fall of the Ottoman Empire*, New York 1992, S. 106.

[31] Martin Marty und Scott Appleby (Hrsg.), *The Fundamentalism Project*, 5 Bde., Chicago 1991–1995; und Bassam Tibi, *Fundamentalismus im Islam. Eine Gefahr für den Weltfrieden*, 3. erweiterte Auflage, Darmstadt 2002, S. 14–25.

[32] Said al-Aschmawi, Die Wahrheit über den Schleier (wie Anm. 15), S. 20 f.

[33] Fatema Mernissi, *Der politische Harem. Mohammed und die Frauen*, Frankfurt a. M. 1989, S. 122.

[34] Zum Einfluss Sayyid Qutbs in der Türkei stütze ich mich auf die unter meiner Leitung während meiner DAAD-Gastprofessur an der Bilkent University entstandenen Arbeit meiner türkischen post-graduate-Studentin Ayşegül Kececiler: *Sayyid Qutb and his Influence on Turkish-Islamic Intellectuals: From the 70s to the 90s*, Ankara/Bilkent University 1995.

[35] Nilüfer Göle, *The Forbidden Modern* (wie Anm. 10), S. 4.

[36] Ebd.

[37] Ayse Kadioglu, „Women's Subordination in Turkey: Is Islam Really the Villain?", in: *Middle East Journal*, Bd. 48 (1994), Heft 4, S. 645–660, hier S. 660.

[38] Vgl dazu. Bassam Tibi, *Islamische Zuwanderung. Die gescheiterte Integration*, München 2002.

[39] Mein Buch *Aufbruch am Bosporus* liegt in einer türkischen Ausgabe vor: *Bogaz'in iki yakasi. Avrupa ile Islamcile Arasinda Turkiye*, Istanbul 2000. Weitere

Arbeiten: Bassam Tibi, „Siyasi Islam, Köktendincilik ve Modernizm Yakin Dagu'nun Arap Kesiminde Laiklige Baskaldiri", in: Coskun San (Hrsg.), *Köktendincilik ve Cogulculuk*, Ankara 1996, S. 49–57. Vgl. auch mein Interview in *Millyet* vom 7. März 1997, und den Artikel über meinen Auftritt in Istanbul in: *Aksion*, Heft vom 22.-28. April 1995, S. 16–17. Siehe ferner auch Bassam Tibi, „Avrupa'-da getto Islam'a dogru", in: *Yeni Safak* vom 20. April 1997 sowie das neueste ganzseitige Interview in *Cumhurriyet* vom 29. September 2002, S. 12.

[40] Nilüfer Göle, *The Forbidden Modern* (wie Anm. 10), S. 18.

[41] Norbert Elias, *Über den Prozeß der Zivilisation*, 2 Bde., Frankfurt a. M. 1997 (neue, von Heike Hammer bearbeitete 20. Ausgabe). Zur Anwendung auf die islamische Zivilisation, vgl. Bassam Tibi, *Die Krise des modernen Islam. Eine vorindustrielle Kultur im wissenschaftlich-technischen Zeitalter*, Neuausgabe Frankfurt a. M. 1991, S. 38–50.

[42] Vgl. Theodore H. von Laue, *The World Revolution of Westernization. The 20th Century in Global Perspective*, New York 1987.

[43] Benjamin Barber, *Jihad versus McWorld*, New York 1996, dt. Übersetzung unter dem Titel *Coca-Cola und heiliger Krieg. Wie Kapitalismus und Fundamentalismus Demokratie und Freiheit abschaffen*, Bern 1996, eine bessere Deutung dieser Erscheinung bietet Hedley Bull, „The Revolt Against The West", in: Hedley Bull und Adam Watson (Hrsg.), *The Expansion of International Society*, Oxford 1984, S. 217–228.

[44] Bernard Lewis, *The Emergence of Modern Turkey*, Neuausgabe Oxford 1979 sowie das Buch von Fatma Göçek, *The Rise of the Bourgeoisie. Demise of the Empire. Ottoman Westernization and Social Change*, New York 1996.

[45] Nilüfer Göle, *The Forbidden Modern* (wie Anm. 10), S. 1.

[46] Zur Bedeutung der Weltanschauungen in der Weltpolitik vgl. Bassam Tibi, *Der neue Totalitarismus. Heiliger Krieg und westliche Sicherheit*, Darmstadt 2004, Kap. 1, besonders S. 43ff, S. 57ff.

[47] Samuel P. Huntington, *Clash of Civilizations*, New York 1996, deutsch mit falsch übersetztem Titel: *Kampf der Kulturen*, Wien 1996.

[48] Hierzu Nilüfer Göle, „Secularism and Islamism in Turkey: The Making of Elites and Counter-Elites", in: *The Middle East Journal*, Bd. 51 (1997), Heft 1, S. 47–58.

[49] Nilüfer Göle, *The Forbidden Modern* (wie Anm. 10), S. 133.

[50] Vgl. Kapitel 12 über den Euro-Islam in: Bassam Tibi, *Im Schatten Allahs* (wie Anm. 17).

[51] Zum Konzept der Defensivkultur vgl. Bassam Tibi, *Die Krise des modernen Islam* (wie Anm. 41), S. 11–21.

[52] Gunnar Heinsohn, *Söhne und Weltmacht: Terror im Aufstieg und Fall der Nationen,* Zürich 2003.

[53] Der Artikel von Gunnar Heinsohn, „Machtfaktor Söhne. Die weltpolitischen Konflikte der Zukunft werden durch die demographische Entwicklung bestimmt", in: *Financial Times Deutschland* vom 11. Juni 2004, S. 30.

[54] Vgl. Karl Popper, *Die offene Gesellschaft und ihre Feinde*, 2 Bde., 7. Auflage

Tübingen 1992. Zur Anwendung dieses Denkens auf die Islamisten in Europa vgl. Bassam Tibi, „The Open Society and It's Enemies Within", in: *Wall Street Journal Europe* vom 17. März 2004, S. A10.

[55] Clifford Krauss, „Muslims in Canada Test the Limits", in: *International Herald Tribune* vom 4. August 2004, Frontpage und S. 5.

[56] Über diesen Gegenstand schreibt sehr offen die türkische Migrantin, Necla Kelek, Die fremde Braut, Köln 2005. Es handelt sich, im Rahmen von arrangierten Ehen, um „Importbräute", die unmündig gehalten werden, wie Kelek kritisch zeigt.

[57] Zitiert nach ebd.

[58] Clifford Krauss, „Muslims in Canada" (wie Anm. 55).

Kapitel IV: Die Argumente für die Bindung der Türkei an Europa: Zwischen Geopolitik und Brückenbildung im Zivilisationskonflikt

[1] Zur Rückkehr der Geopolitik als weltpolitische Denkweise vgl. Gearoid O. Tuathail, *Critical Geopolitics*, Miniapolis 1996. Zur Anwendung dieses Ansatzes auf die Türkei vgl. Graham E. Fuller und Ian O. Lesser, *Turkey's New Geopolitics. From the Balkans to Western China*, Boulder/Col. 1993.Weniger wichtig, dafür neu, Heinz Kramer, *A Changing Turkey. The Challenge to Europe and the United States*, Washington/DC 2000, hierzu das Kapitel in Teil 2.

[2] Graham E. Fuller und Ian O. Lesser, *A Sense of Siege. The Geopolitics of Islam and the West*, Boulder/Col. 1995.

[3] Bassam Tibi, *Krieg der Zivilisationen. Politik und Religion zwischen Vernunft und Fundamentalismus*, Hamburg 1995 (erweiterte und revidierte Neuausgaben 1998 und 2001); und in Bezug auf die deutsche Außenpolitik vgl. Bassam Tibi, „Die Revolte gegen den Westen in der neuen internationalen Umwelt der islamischen Zivilisation", in: Karl Kaiser und Hanns Maull (Hrsg.) im Auftrag der Deutschen Gesellschaft für Auswärtige Politik/DGAP, *Deutschlands neue Außenpolitik*, 3 Bde., hier Bd. 2: *Herausforderungen*, München 1995, S. 61–80.

[4] So der bei der Veröffentlichung des Essays noch als türkischer Ministerpräsident amtierende Mesut Yilmaz unter dem Titel: „Gemeinsam in Eurasien", in: *Frankfurter Allgemeine Zeitung* vom 29. September 1997.

[5] Zbigniew Brzezinski, *The Grand Chessboard. America's Primacy and its Geostrategic Imperatives*, New York 1997, zur Türkei besonders S. 52f. und S. 203f.

[6] Zur zivilisatorischen Brückenbildung mit Fokus auf die Türkei und Deutschland vgl. die Kollektivarbeit von Hans-Peter Waldhoff, Dursun Tan und Elcin Kürsat-Ahlers (Hrsg.), *Brücken zwischen Zivilisationen. Zur Zivilisierung ethnisch-kultureller Differenzen und Machtungleichheiten. Das türkisch-deutsche Beispiel*, Frankfurt a. M. 1997.

[7] Bassam Tibi, „The Quest of Islamic Migrants and of Turkey to Become European", in: *Turkish Policy Quarterly*, Bd. 3 (2004), Heft 1, S. 13–28.

[8] Vgl. das Kapitel Selbst- und Fremdbilder in: Bassam Tibi, *Der Islam und Deutschland. Muslime in Deutschland*, 2. Auflage, München 2002, ferner Ursula Stegemann-Spüler, Feindbild Christentum im Islam, Freiburg 2004.

[9] Präsident Süleyman Demirel, „Commentary", in: *The Middle East Journal*, Bd. 51 (1997), H. 1, S. 11–14.

[10] Zur türkischen Position vgl. beispielhaft die Arbeiten der türkischen Kollegen Seyfi Tashan, Ali Karaosmanoglu, Ahmed Evin u. a., *Turkey and the European Union*, Turkish Foreign Policy Institute, Ankara, März 1996.

[11] Vgl. hierzu Bassam Tibi, „Die Revolte gegen den Westen ..." (wie Anm. 3), S. 61–80.

[12] Vgl. vor allem die richtungsweisende Arbeit von Barry Buzan, *People, States, and Fear. An Agenda for International Security Studies in the Post-Cold War Era*, Boulder/Col. 1991. Vgl. auch Bassam Tibi, „Changed Patterns of Security in the Middle East after the End of the East West Conflict", in: Werner Kaltefleiter und Ulrike Schumacher (Hrsg.), *Five Years after the Fall of the Berlin Wall*, Frankfurt a.M. und New York 1996, S. 135–150; sowie ders., *Der neue Totalitarismus. Heiliger Krieg und westliche Sicherheit*, Darmstadt 2004.

[13] Zur Einordnung der Istanbuler Anschläge 2003 vgl. meinen Artikel „Wem gehört der Islam", in: *Süddeutsche Zeitung* vom 1. Dezember 2003, S. 2, und zum Djihadismus mein in Anm. 12 nachgewiesenes Buch: *Der neue Totalitarismus*, besonders Kap. 3.

[14] Hierzu David Fromkin, *A Peace to End All Peace. The Fall of the Ottoman Empire and the Creation of Modern Middle East*, New York 1989, sowie zur Deutung des Nahen Ostens als ein Subsystem: Bassam Tibi, *Conflict and War in the Middle East. From Interstate War to New Security*, New York 1993 (Neuausgabe 1998), Kapitel 1 und 2.

[15] Anke Houben, *Die zivilisatorische Staatengemeinschaft. Zivilisation und internationale Politik im Nahen Osten*, Frankfurt a. M. 1996. Vgl. auch Bassam Tibi, *Das arabische Staatensystem. Ein regionales Subsystem der Weltpolitik*, Mannheim 1996.

[16] Ali Ihsan Bagis (Hrsg.), *Water as an Element of Cooperation and Development in the Middle East*, Ankara 1994.

[17] Vgl. die immer noch wichtige Arbeit von Rohollah K. Ramazani, *Revolutionary Iran. Challenge and Response in the Middle East*, Baltimore 1986, besonders den Abschnitt auf S. 19ff. über „Khomeini's Islamic World Order".

[18] Clement M. Henry and Robert Springberg, *Globalization and the Politics of Development in Middle East*, Cambridge 2001, S. 209–226.

[19] Edgar O'Ballance, *Islamic Fundamentalist Terrorism 1979–1995. The Iranian Connection*, New York 1997.

[20] Bassam Tibi, *Die fundamentalistische Herausforderung. Der Islam und die Weltpolitik*, München 1992 (völlig neu überarbeitete und erweiterte 4. Auflage 2003).

[21] Geoffrey Parker, *The Military Revolution. Military Innovation and the Rise of the West, 1500–1800*, Cambridge 1988.

[22] Zur türkisch-osmanischen Geschichte der Expansion vgl. Paul Fregosi, *Jihad in the West. Muslim Conquests from the 7th century to the 21st century*, Amherst/N.Y. 1998, Kap. 7, 8 und 9. Vgl. auch Lord John B. Kinross, *The Ottoman Centuries. The Rise and Fall of the Turkish Empire*, New York 1977.

[23] Zur Geschichte Zentralasiens vgl. Hans-Wilhelm Haussig, *Die Geschichte Zentralasiens und der Seidenstraße in islamischer Zeit*, Darmstadt 1988.

[24] Hierzu William Fierman (Hrsg.), *Soviet Central Asia. The Failed Transformation*, Boulder/Col. 1991; sowie Michael Rywkin, *Moscow's Muslim Challenge. Soviet Central Asia*, Neuausgabe Armonk/N.Y. 1990. Vgl. auch das Zentralasien-Kapitel in Bassam Tibi, *Die fundamentalistische Herausforderung* (wie Anm. 20), S. 172 ff. (nicht enthalten in der Ausgabe von 2003).

[25] Vgl. Daniela Heuer-Vogel, *Die Politisierung ethnischer Identitäten im internationalen Staatensystem. Muslime unter chinesischer Herrschaft*, Frankfurt a. M. 2000. Vgl. auch über den Islam in China die Arbeit von Dru C. Gladney, *Muslim Chinese. Ethnic Nationalism in the People's Republic*, Cambridge/MA 1996.

[26] Vgl. das Sonderheft der Zeitschrift des Wilson Center in Washington D.C., „Land of the Great Silk Road", in: *Wilson Quarterly*, Sommer-Heft 1992, darin besonders den Aufsatz von James Critchlow, „Caravans and Conquests", S. 20–32. Zur Geschichte Hans-Wilhelm Haussig, *Die Geschichte Zentralasiens* (wie Anm. 23).

[27] Jacob M. Landau, *Pan-Turkism: From Irredentism to Corporation*, London 1981 (Neuausgabe: Bloomington 1995).

[28] Ich habe diese Entwicklung vor Ort erstmals im Frühjahr 1993 und im Sommer 2001 erneut beobachtet, und hierüber nach dem ersten Aufenthalt einen *F.A.Z.*-Essay veröffentlicht unter dem Titel: „Auf der Suche nach einer neuen Bestimmung. Mittelasien zwischen lokaler Ethnizität, Panturkismus und militantem Islam", in: *Frankfurter Allgemeine Zeitung* vom 24. August 1993, S. 6. Vgl. auch das Kapitel über die türkischen Stämme Zentralasiens von Thomas J. Barfield, „Tribes and State-Relations. The Inner-Asian Perspective", in: Phillip S. Khoury und Joseph Kostiner (Hrsg.), *Tribes and State Formation in the Middle East*, Berkeley 1990, S. 153 ff.; sowie davor in demselben Buch das Kapitel von Bassam Tibi, „Old Tribes and Imposed Nation States", S. 127–152.

[29] Vgl. Rohan Gunaratna, *Inside Al-Qaeda. Global Network of Terrror*, New York 2002, hier S. 168–172; und auch die Arbeit von Stephen Schwarz, *The Two Faces of Islam. The House of Sa'ud. From Tradition to Terror*, New York 2002.

[30] Hélène Carrère d'Encausse, *The End of the Soviet Empire*, New York 1992, worin sie von der post-kommunistischen Herrschaft als „Mafiokratie" spricht.

[31] Zum Djihadismus vgl. Bassam Tibi, *Der neue Totalitarismus* (wie Anm. 12), Kapitel 3.

[32] Gregory Gleason, *The Central Asian States. Discovering Independence*, Boulder/Col. 1997, S. 146.

[33] Bassam Tibi, „Die Zerstörung des Religionsfriedens auf dem Balkan. Serbischer Ethno-Fundamentalismus", in: *Universitas*, Bd. 49 (1994), Heft 3, S. 205–215.

[34] Zur osmanischen Geschichte Bosniens nach 1463 kompetent: Noel Malcolm, *Bosnia. A Short History*, London 1994, S. 43 ff., zur Islamisierung des Balkans S. 51 ff., zu den türkisch-serbischen Kämpfen zwischen 1606–1815 besonders S. 82 ff.

[35] Bassam Tibi, *Kreuzzug und Djihad. Der Islam und die christliche Welt*, München 1999 (Neuausgabe 2002).

[36] James F. Brown, „Turkey: Back to the Balkans?", in: Graham E. Fuller und Ian O. Lesser, *Turkey's New Geopolitics* (wie Anm. 1), S. 141 ff., hier S. 154.

[37] Maria Todorova, „The Ottoman Legacy in the Balkans", in: L. Carl Brown, *Imperial Legacy. The Ottoman Imprint on the Balkans and the Middle East*, New York 1996, S. 45–77, hier S. 71. Vgl. auch das Kapitel von Dennison Rusinow im selben Buch, „Yugoslavia's Disintegration and the Ottoman Past", S. 78–99. Die Neubelebung des osmanischen Erbes trägt zum Zivilisationskonflikt bei. Hierzu Bassam Tibi, *Krieg der Zivilisationen* (wie Anm. 3).

[38] Kenneth Mackenzie, „Turkey's Circumspect Activism", in: *The World Today*, Bd. 49 (1993), Heft 1, S. 25 ff.

[39] Vgl. die Bosnien-Fallstudie in: Bassam Tibi, *Der religiöse Fundamentalismus im Übergang zum 21. Jahrhundert*, Mannheim 1995, Kapitel 5, S. 80–88.

[40] Zur Bedeutung der Weltanschauung als neuer Faktor in der Weltpolitik vgl. Bassam Tibi, *Der neue Totalitarismus* (wie Anm. 12), besonders S. 43 ff.

[41] Unter der neueren Literatur hierüber bemerkenswert: Ted Gurr und Barbara Harff, *Ethnic Conflict in World Politics*, Boulder/Col. 1994; und Winston van Horne (Hrsg.), *Global Convulsion. Race, Ethnicity and Nationalism at the End of the 20th Century*, New York 1997; sowie David Carment und Patrick James (Hrsg.), *Wars in the Midst of Peace. The International Politics of Ethnic Conflict*, Pittsburgh 1997. Vgl. auch den Reader von John Hutchinson und Anthony Smith, *Ethnicity*, Oxford 1996 (darin Tibi, S. 174 ff.); sowie zur Verbindung von Religion und Ethnizität: Bassam Tibi, „Religious Fundamentalism, Ethnicity and the Nation-State", in: Tharaileth K. Oommen (Hrsg.), *Citizenship and National Identity. From Colonialism to Globalism*, London 1997, S. 199–226.

[42] Diesen Begriff des Ethno-Fundamentalismus führte ich in einem Essay in der *Frankfurter Allgemeinen Zeitung* über den Bosnienkrieg an und entfaltete ihn in späteren Arbeiten (vgl. Anm. 33 oben).

[43] Zur realen Geschichte der Eroberung Konstantinopels durch Mehmet II. vgl. Sir Stephen Runciman, *The Fall of Constantinople 1453*, Cambridge 1965 (Neuausgabe 1990).

[44] Eric Hobsbawm und Terence Ranger (Hrsg.), *The Invention of Tradition*, Erstausgabe Cambridge 1983 (Neuausgabe 1996), Einleitung, S. 1–14.

[45] William G. Lockwood, *European Moslems. Economy and Ethnicity in Western Bosnia*, New York 1975.

[46] Vgl. besonders Smail Balic, *Das unbekannte Bosnien. Europas Brücke zur islamischen Welt*, Köln 1992.

[47] Bassam Tibi, „Les conditions d'un Euro-Islam", in: Robert Bistolfi und François Zabbal (Hrsg.), *Islams d'Europe. Intégration ou Insertion Communau-*

taire?, Paris 1995, S. 230 ff. Zum Konzept und zu seiner Entstehung vgl. Bassam Tibi, *Im Schatten Allahs. Der Islam und die Menschenrechte*, völlig überarbeitete und erweiterte Neuausgabe München 2003 (Erstausgabe 1994; Serie Piper-Ausgabe 1996), Kap. 7 und Kap. 12.

[48] Ebd., Kap. 7.

[49] Tone Bringa, *Being Muslim the Bosnian Way*, Princeton/NJ 1995, S. 9.

[50] Ebd., S. 2. Die folgenden Verweise beziehen sich auf Bringas Buch.

[51] Ebd., S. 3.

[52] Ebd., S. 224–228.

[53] Ebd., S. 197 f.

[54] Vgl. Anm. 7 oben.

[55] Vgl. die Diskussion hierzu in Kapitel 8 (Indien und die *Schari'a*) von Bassam Tibi, *Europa ohne Identität? Die Krise der multikulturellen Gesellschaft*, München 1998 (Neuausgabe 2001 mit dem neuen Untertitel: *Leitkultur oder Wertebeliebigkeit*), S. 223–240, sowie die Angaben in Anm. 56.

[56] Hierzu ausführlich Bassam Tibi, „Islam, Hinduism and Limited Secularity in India. A Model for European Muslim Relations in the Age of Migration?", in: W. A. R. Shadid und P. S. van Koningsveld (Hrsg.), *Muslims in the Margin*, Kampen/Niederlande 1996, S. 130–144; vgl. auch ders., „Die islamische Präsenz in Westeuropa", in: *Frankfurter Allgemeine Zeitung* vom 28. Juni 1996, S. 12.

[57] Zu Sayyid Qutb vgl. Youssef M. Chouiri, *Islamic Fundamentalism*, Boston 1990, S. 93 ff. Während meiner Gastprofessur in Ankara im Frühjahr 1995 konnte ich vor Ort die große Wirkung der dort in türkischer Übersetzung verbreiteten Schriften Sayyid Qutbs beobachten (vgl. Vorrede).

[58] Mohammed Qutb, *Durus min mihnat al-Bosna wa al-Harsak* (Die Lehren aus den Leiden von Bosnien-Herzegowina), Kairo 1994, S. 5.

[59] Vgl. das Autoren-Team Dar al-Da'wa (Aufruf zum Islam), *al-Bosna wa al-Harsak. al-harb al-Salibiyya al-Djadida did al-Muslimin* (Bosnien Herzegowina. Der neue Kreuzzug gegen die Muslime), 3. Ausgabe Alexandria/Ägypten und Casablanca/Marokko 1992; vgl. hierzu auch Bassam Tibi, „Die islamische Dimension des Balkankriegs", in: Angelika Volle und Wolfgang Wagner (Hrsg.), *Der Krieg auf dem Balkan*, Bonn 1994, S. 105–114.

[60] Bassam Tibi, *Islamische Zuwanderung. Die gescheiterte Integration*, 2. Auflage, München 2002. Sehr lesenswert ist der Leitartikel von John Vinocur, Europe Needs to Decide How to Live with Islam, in: IHT vom 26. Juli 2005, S. 2.

[61] Zum Djihadismus vgl. Bassam Tibi, *Der neue Totalitarismus* (wie Anm. 12), Kapitel 3.

[62] Viktor Meier, *Wie Jugoslawien verspielt wurde*, München 1995, besonders S. 380 ff.

[63] Wolfgang Köhler, „Die bosnischen Araber", in: *Frankfurter Allgemeine Zeitung* vom 11. März 1997, S. 16.

[64] Mehr dazu bei Edgar O'Ballance, *Islamic Fundamentalist Terrorism* (wie Anm. 19), S. 163 f.

[65] Vgl. Martin van Creveld u. a. (Hrsg.), Countering Modern Terrorism, Mün-

chen 2005, darin auch mein Kapitel über Terror-Abwehr als weltanschaulichen Krieg.

[66] Alexandra Stiglmayer, „Allahs bosnische Kinder getarnt als arabische Hilfswerke", in: *Die Woche* vom 28. November 1994.

Kapitel V: Die Integration der in Deutschland lebenden Türken als europäische Bürger ist der Weg für die Türkei nach Europa

[1] Hedley Bull, *The Anarchical Society. A Study of Order in World Politics*, New York 1977, S. 13. Zur Bedeutung Bulls im Fach der Internationalen Beziehungen vgl. die durch die Harvard-Autorität Stanley Hoffmann vorgenommene Würdigung, „Hedley Bull and his Contribution to International Relations", in: Stanley Hoffmann, *World Disorders. Troubled Peace in the Post-Cold War Era*, Boulder/Col. 1998, S. 13–35.

[2] Zu dieser Thematik siehe Roy Preiswerk und Dominique Perrot, *Eurocentrism and History. Africa, Asia and Indian America in Western Textbooks*, New York 1978, sowie die Diskussion in Bassam Tibi, *Europa ohne Identität? Die Krise der multikulturellen Gesellschaft*, München 1998 (3. Auflage der Neuausgabe 2002, mit dem Untertitel: *Leitkultur oder Wertebeliebigkeit*), besonders Teil I.

[3] Zu diesem Argument mein Buch *Europa ohne Identität?* (wie Anm. 2).

[4] Das ist der Inhalt des von Professor Peter Katzenstein und Tim Byrnes an der Cornell University im Zeitraum 2003–2004 durchgeführten Forschungsprojektes *Transnational Religion and Europeanization* (erscheint als Buch 2005 bei Cambridge University Press, wird hrsg. von beiden Professoren), in dem die Problematik Islam/Migration/Türkei im Kontext der EU-Erweiterung bearbeitet wurde. Meine Aufgabe war hierbei, die Thematik des vorliegenden Buches zu erforschen. Mein Kapitel heißt: „Europeanizing Islam or Islamization of Europe: Political Democracy vs. Cultural Difference".

[5] Zur Debatte über die Identität der Türkei in Bezug auf die Beziehung zum Islam und Kemalismus vgl. die entsprechenden Beiträge türkischer Autoren im Band von Sibel Bozdogan und Resat Kasaba (Hrsg.), *Rethinking Modernity and National Identity in Turkey*, Seattle 1997, insbesondere die Kapitel von Haldun Gülalp, „Modernization, Policies and Islamist Politics in Turkey", S. 52 ff. und Nilüfer Göle, „The Quest for the Islamic Self within the context of Modernity", S. 81 ff.

[6] Zu den türkisch-osmanischen Djihad-Eroberungen in Europa vgl. Bassam Tibi, *Kreuzzug und Djihad. Der Islam und die christliche Welt*, München 1999 (neu 2002), Kapitel IV, vgl. auch Paul Fregosi, *Jihad in the West. Muslim Conquest from the 7th Century to the 21st Century*, Amherst/NY 1998, Kap. 7, 8 und 9; sowie Lord John B. Kinross, *The Ottoman Centuries. The Rise and Fall of the Turkish Empire*, New York 1977.

[7] Mesut Yilmaz in seinem Essay in der *Frankfurter Allgemeinen Zeitung* vor

Antritt seines Deutschland-Besuches: „Gemeinsam in Eurasien", vom 29. September 1997, S. 11–12.

[8] Zur Problematik der Citizenship und zum britischen und französischen Modell für Europa vgl. autoritativ Reinhard Bendix, *Könige und Volk*, 2 Bde., Frankfurt a. M. 1980, Bd. 1, Kap. 9 und 10, sowie auch von Bendix, *Nation Building and Citizenship*, New York 1964 (Neuausgabe Berkeley 1977).

[9] Murat Çakir, *Die Pseudodemokraten. Türkische Lobbyisten, Islamisten, Rechtsradikale und ihr Wirken in der Bundesrepublik*, Düsseldorf 2000.

[10] Tomas Gerholm und Yngve G. Lithman, *The New Islamic Presence in Europe*, London 1988, und hierzu Bassam Tibi, „Die islamische Präsenz in Westeuropa", in: *Frankfurter Allgemeine Zeitung* vom 28. Juni 1996, S. 12; und auch mein Kapitel über die Muslime in Europa in W. A. R. Shadid und P. S. van Koningveld (Hrsg.), *Muslims in the Margins. Political Responses to the Presence of Islam in Western Europe*, Kampen/Niederlande 1996, S. 130–144.

[11] Zu den muslimischen Migranten in Frankreich vgl. Alec C. Hargreaves, *Immigration, „Race" and Ethnicity in Contemporary France*, London 1995, zum Islam S. 118 ff.

[12] In diesem Zusammenhang bleibt das ältere Buch von Walther Braune, *Der islamische Orient zwischen Vergangenheit und Zukunft*, Bern 1960, S. 140, weiterhin lesenswert. Nur die Zeit kann über die Qualität der Bücher und ihr Fortleben bestimmen.

[13] Hierzu Bassam Tibi, *Islamische Zuwanderung. Die gescheiterte Integration*, 2. Auflage München 2002, besonders Kapitel 3 und 4. Ich habe die italienische Ausgabe dieses Buches (*Euro-Islam, L'Integratione, Moncata*, Rome 2003) auf einem Podium in Rom mit dem italienischen Innenminister Fini und seinem deutschen Amtskollegen Otto Schily am 5. März 2004 in einer großen medienbegleiteten Veranstaltung des dortigen Goethe-Institutes präsentiert. Ähnliches habe ich in Deutschland jedoch vermisst.

[14] Ebd., sowie mein Artikel „Hidjra nach Europa", in: *Frankfurter Allgemeine Zeitung* vom 16. Dezember 2000 sowie Kapitel 6 in dem in Anm. 13 zitierten Buch.

[15] Nikolas Busse, „Das Türkische Geschäft", Leitartikel in der *Frankfurter Allgemeinen Zeitung* vom 8. August 2004.

[16] Faruk Sen und Andreas Goldberg, *Türken in Deutschland*, München 1994. Vgl. auch das alarmierende Buch von Wilhelm Heitmeyer, Joachim Müller und Helmut Schröder, *Verlockender Fundamentalismus. Türkische Jugendliche in Deutschland*, Frankfurt a. M. 1997.

[17] Naika Foroutan, *Inter-zivilisatorische Kulturdialoge zwischen dem Westen und der islamischen Welt. Eine Strategie zur Regulierung von Zivilisationskonflikten im post-bipolaren Szenarium der neuen Weltordnung nach 1989*, Göttingen, Diss. 2004. Buchausgabe: 2004.

[18] Bassam Tibi, „Über die Alternative Euro-Islam oder Ghetto-Islam", in: *Focus* vom 21. April 1997, S. 66–67. Eine türkische Fassung dieses Artikels erschien unter dem Titel „Avrupa' da getto Islam'a dogru" in der türkischen Zei-

tung *Yeni Safak* vom 30. April 1997. Das Konzept ist auch zentral in dem von mir mitverfassten Band von Nezar Al-Sayyad und Manuel Castells (Hrsg.), *Muslim Europe or Euro-Islam? Politics, Culture and Citizenship in the Age of Globalization*, New York und Berkeley 2002.

19 Vgl. Anm. 18 oben. Das *TIME*-Magazine schrieb: „Tibi coined Euro-Islam". Das Konzept entstand zunächst in Paris, vgl. Bassam Tibi, „Les Conditions d'un Euro-Islam", in: Robert Bistolfi und François Zabbal (Hrsg.), *Islams d'Europe. Intégration ou Insértion Communautaire?*, Paris 1995, S. 230ff. Zur Weiterentwicklung Kap. 12 der völlig neu geschriebenen und erheblich erweiterten Ausgabe meines Buches *Im Schatten Allahs. Der Islam und die Menschenrechte*, München 2003 (ursprünglich 1994), S. 491–529.

20 Ted R. Gurr und Barbara Harff, *Ethnic Conflict in World Politics*, Boulder/Col. 1994, zu den Türken in Deutschland S. 65ff., 106ff. Die frühe Arbeit von Gurr, *Why Men Rebell*, ist in deutscher Übersetzung unter dem Titel erschienen: *Rebellion*, Düsseldorf 1972.

21 Reymer Klüver, „Istanbul auf 200 Metern. Von einem Scheitern der multikulturellen Gesellschaft in Deutschland", in: *Süddeutsche Zeitung* vom 20. Mai 1997, S. 3. Vgl. auch den Bericht: „Gefährlich Fremd. Das Scheitern der multikulturellen Gesellschaft", in: *Der Spiegel* vom 14. April 1997, Heft 16.

22 Darüber, dass deutsche Kirchen kein geeignetes Modell für die Institutionalisierung des Diaspora-Islam sind, vgl. Bassam Tibi, *Der Islam und Deutschland. Muslime in Deutschland*, München 2000 (Neuauflage 2002), Kapitel VIII, S. 265–290.

23 Gilles Kepel, *Allah im Westen. Die Demokratie und die islamische Herausforderung*, München 1996, mit Kapiteln über Frankreich, England und die USA, aber keinem über Deutschland (dazu Anm. 13, 22 und 21).

24 Zur französischen Veröffentlichung vgl. Anm. 19 oben. Zur Geschichte und zum Inhalt des Konzeptes des Euro-Islam vgl. das neue Kapitel 12 zu der völlig neu geschriebenen und erheblich erweiterten Ausgabe meines Buches *Im Schatten Allahs* (wie Anm. 19), vgl. auch Anm. 18 oben.

25 So der Göttinger Orientalist Tilman Nagel zitiert nach G. Mahler, „Religiöse Unterweisung für türkische Kinder muslimischen Glaubens in Bayern", in: *Zeitschrift für Pädagogik*, Nr. 3/1989, hier S. 387. Es war nicht möglich, das Original zu zitieren, weil das Kultusministerium die Akte als „verschlossen" erklärt hat.

26 Enthalten in der Dokumentation der Quandt-Stiftung der BMW: *Denk ich an Deutschland* (Paulskirche, 26. April 1991) ist mein Referat: „Was denken die Deutschen?", hier S. 28. Über meine Erfahrungen und die Leiden der Diskriminierung als Fremder an der deutschen Universität berichte ich in meinem Kapitel: „Nicht über Bagdad, sondern direkt! Die Schwierigkeit, an der deutschen Universität heimisch zu sein", in: Namo Aziz (Hrsg.), *Fremd in einem kalten Land. Ausländer in Deutschland*, Freiburg/Br. 1992, S. 121–136. Sowie auch in meinem Artikel „Als Ausländer in Deutschland", in: *Frankfurter Allgemeine Sonntagszeitung* vom 13. August 2000, S. 4.

27 Der Begriff stammt von Jürgen Habermas, vgl. dazu sehr kritisch, Bassam

Tibi, „Habermas and the Return of the Sacred. Is it a Religious Renaissance or an Emergence of Political Religion as a New Totalitarianism?“, in: *Religion – Staat – Gesellschaft*, Bd. 3 (2002), Heft 2, S. 265–296.

[28] Şerif Mardin, „Civil Society and Islam“, in: John A. Hall (Hrsg.), *Civil Society: Theory, History, Comparison*, Cambridge 1995, S. 278–300.

[29] Bassam Tibi, „The Cultural Underpinning of Civil Society in Islamic Civilization“, in: Elisabeth Özdalga und Sune Persson (Hrsg.), *Civil Society, Democracy and the Muslim World*, Istanbul 1997, S. 23–32.

[30] Zitiert nach *al-Scharq al-Aussat* vom 28. Juli 1993.

[31] Vgl. Stephen Schwarz, *The Two Faces of Islam. The House of Sa'ud. From Tradition to Terror*, New York 2002, Wahhabi Internationale, S. 181–225.

[32] Vgl. Alice Schwarzer (Hrsg.), *Die Gotteskrieger und die falsche Toleranz*, Köln 2002.

[33] Mohamad S. al-Aschmawi, *al-Islam al-Siyasi*, Kairo 1987 (franz. Übersetzung: *L'Islamisme contre l'Islam*).

[34] Udo Ulfkotte, *Der Krieg in unseren Städten*, Frankfurt a. M. 2003.

[35] Vgl. Friedbert Pflüger, *Ein neuer Weltkrieg? Die islamistische Herausforderung des Westens*, München 2004, sowie Bassam Tibi, *Der neue Totalitarismus. Heiliger Krieg und westliche Sicherheit*, Darmstadt 2004.

[36] Arthur Schlesinger, *The Disuniting of America. Reflections on a Multicultural Society*, New York 1992; sowie die nüchterne Debatte in den Beiträgen zu dem Band von Nicholas Capaldi (Hrsg.), *Immigration. Debating the Issues*, Amherst/NY 1997. Vgl. die Beiträge in Wayne A. Cornelius u. a. (Hrsg.), *Controlling Immigration. A Global Perspective*, Stanford 1994.

[37] Bassam Tibi, „Die Entromantisierung Europas. Zehn Thesen zur Überwindung des Eurozentrismus ohne Selbstaufgabe“, in: Manfred Brocker und Heiner Nau (Hrsg.), *Ethnozentrismus. Möglichkeiten und Grenzen des interkulturellen Dialogs*, Darmstadt 1997, S. 269–288.

[38] Thomas Meyer, *Identitätspolitik. Vom Missbrauch kultureller Unterschiede*, Frankfurt a. M. 2002.

[39] Zum Rassismus vgl. die autoritative Studie von Ivan Hannaford, *Race. The History of an Idea in the West*, Washington/DC 1996.

[40] Vgl. die deutsche Übersetzung der Arbeit von Rogers Brubaker, *Staats-Bürger. Deutschland und Frankreich im historischen Vergleich*, Hamburg 1994, sowie die deutsche Arbeit des in Paris tätigen Klaus Manfraas, *Türken in der Bundesrepublik, Nordafrikaner in Frankreich. Ausländerproblematik im deutsch-französischen Vergleich*, Bonn 1991.

[41] Peter D. Salins, *Assimilation American Style. An Impassioned Defense of Immigration and Assimilation*, New York 1997.

[42] Andrew Wheatcroft, *The Ottomans. Dissolving Images*, London 1995.

[43] Myron Weiner, *The Global Migration Crisis. Challenge to States and Human Rights*, New York 1995, vgl. darin das 6. Kapitel „Security“, S. 132–149.

[44] Max Horkheimer, *Kritische Theorie*, 2 Bde., hier Bd. 1, Frankfurt a. M. 1968, S. XIII.

[45] Jürgen Habermas' Essay im Anhang zu Charles Taylor, *Multikulturalismus und Politik der Anerkennung*, Frankfurt a.M. 1992, S. 177. Später, das heißt nach 2001, hat sich Habermas anders entwickelt. Vgl. Anm. 27 oben.

[46] Werner Becker, „Toleranz: Grundwert der Demokratie?", in: *Ethik der Sozialwissenschaften*, Bd. 8 (1997), Heft 4, S. 413–423, und dazu meinen Kommentar in ebd., S. 465–467, mit der Überschrift: „Toleranz im Global Village".

[47] Bassam Tibi, „Deutsche Ausländerfeindlichkeit und ethnisch-religiöser Rechtsradikalismus der Ausländer", in: *Gewerkschaftliche Monatshefte*, Bd. 44 (1993), Heft 8, S. 493–502, erweiterte Fassung „Ausländer, die Juden von Heute?" erschienen in: Ulrich Wank (Hrsg.), *Der neue alte Rechtsradikalismus*, München 1993, S. 139–168. (Eine US-Ausgabe hiervon liegt vor: Ulrich Wank (Hrsg.), *The Resurgence of right-wing Radicalism in Germany: New forms of an old Phenomenon?*, Atlantic Highlands/NJ 1996).

[48] Michael W. Weithmann, *Atatürks Erben auf dem Weg nach Westen. Die Türkei im Spannungsfeld zwischen Nahost und Europa*, München 1997, S. 9–14.

[49] Nezar Al-Sayyad und Manuel Castells (Hrsg.), *Muslim Europe or Euro-Islam?*, (wie Anm. 18).

[50] Vgl. das Kapitel von Bahattin Aksit, „Islamic Education in Turkey: Medrese Reform in Late Ottoman Times and Imam-Hatip Schools in the Republic", in: Richard Tapper (Hrsg.), *Islam in Modern Turkey: Religion, Politics, and Literature in a Secular State.* London 1991, S. 145–70.

[51] Bassam Tibi, „Instrumente der Entwestlichung. Die fundamentalistische Unterwanderung der Türkei durch die Imam-Hatip-Schulen", in: *Frankfurter Allgemeine Zeitung* vom 30. Dezember 1994, S. 8. Darüber, dass dieser Konflikt nach Deutschland exportiert wird, informiert mein Aufsatz: „Islamische Bildungsvorstellungen und Islam-Unterricht an deutschen Schulen: Interkulturelle Bildung und Konfliktpotentiale" in der bildungspolitischen Zeitschrift *Bildung und Erziehung*, Band 48 (1995), Heft 4, S. 249–260. Vgl. auch meinen nach Erbakans Aufstieg veröffentlichten Essay „Schleichende Entwestlichung. Politisierung des Islam in der Türkei", in: *Frankfurter Allgemeine Zeitung* vom 5. März 1997.

[52] Das Muster von Eliten-Gegeneliten im Kontext des Aufstiegs des Islamismus habe ich in einem von Samuel P. Huntington durchgeführten Projekt: *Conflict and Convergence*, Memeograf, Cambridge 1997, beschrieben, eine gekürzte Fassung erschien als, „The Fundamenalist Challenge to the Secular Order in the Middle East, in: *The Fletcher Forum of World Affairs*, Band 23 (1999), Heft 1, S. 191–210.

[53] Zum islamischen *Schari'a*-Recht vgl. Joseph Schacht, *An Introduction to Islamic Law*, Oxford 1964 (Neudruck 1979); sowie das *Schari'a*-Kapitel in: Bassam Tibi, *Im Schatten Allahs. Der Islam und die Menschenrechte*, München 1994, in der Serie Piper als Taschenbuch-Ausgaben von 1996 und 1999 erschienen. Die völlig neu geschriebene, um 200 Seiten erweiterte Ausgabe erschien bei Ullstein 2003, darin über die *Schari'a*, S. 300–341.

[54] Vgl. den Aufsatz von Yasar N. Öztürk, „Die Zeit nach dem Propheten",

in: Michael Thumann (Hrsg.), *Der Islam und der Westen*, ZEIT-Buch, Berlin 2003.

[55] Aus islamisch-orthodoxer Sicht informieren folgende Bände über die islamische Erziehung im Konflikt mit der Moderne: Sayed S. Husain und Sayed A. Ashraf (Hrsg.), *Crisis in Muslim Education*, Jeddah und Kent 1979; Mohammed W. Khan (Hrsg.), *Education and Society in the Muslim World*, Jeddah und Kent 1981.

[56] Im Sinne von „The Invention of Tradition" (Hobsbawm). Mehr dazu bei Bassam Tibi, *Islamischer Fundamentalismus, moderne Wissenschaft und Technologie*, Frankfurt a.M. 1992 (2. Auflage 1993), Kapitel 5.

[57] Authentisch sind die Bände des ägyptischen Erziehungswissenschaftlers Said Ismael Ali über die islamische Bildung: *Usul al-Tarbiya al-Islamiyya* (Grundzüge der islamischen Erziehung), Kairo 1978, sowie ders., *Dirasat fi al-Tarbiya al-Islamiyya* (Studien über die islamische Erziehung), Kairo 1982.

[58] George Makdisi, *The Rises of Colleges. Institutions of Learning in Islam and the West*, Edinburgh 1981, sowie Bassam Tibi, „Wissenschaft, Islam und westliches Denken", in: *Litterae*, Band 4 (1994), Heft 3/4, S. 4–17.

[59] Vgl. die Arbeiten von Fatman Müge Göcek, *The Rise of the Bourgeoisie. Demise of the Empire. Ottoman Westernization and Social Change*, New York 1996, sowie die Arbeit ihres Princeton-Lehrers Bernard Lewis, *The Emergence of Modern Turkey*, London 1979.

[60] Ellen K. Trimberger, *Revolution from Above. Military Bureaucrats and Development in Japan, Turkey, Egypt and Peru*, New Brunswick/NJ 1978.

[61] Bassam Tibi, „Secularization and De-Secularization in Islam", in: *Religion-Staat-Gesellschaft*, Bd. 1 (2000), Heft 1, S. 95–117.

[62] Zur Defensiv-Kultur vgl. Bassam Tibi, *Die Krise des modernen Islam. Eine vorindustrielle Kultur im wissenschaftlich-technischen Zeitalter*, Frankfurt a.M. 1981 (Neuausgabe 1991), S. 11–21.

[63] Vgl. Binnaz Toprak, *Islam and Political Development in Turkey*, Leiden 1981 und zentral Niyazi Berkes, *The Development of Secularism in Turkey*, Montreal 1963 (Neuausgabe London 1998).

[64] Vgl. Anm. 52 oben, sowie Nilüfer Göle, „Turkey: The Making of Elites and Counter Elites", in: *The Middle East Journal*, Bd. 51 (1997), Heft 1, S. 46–58.

[65] Zur Problematik des Zivilisationskonfliktes als einer der Weltanschauungen in der internationalen Politik vgl. Bassam Tibi, *Krieg der Zivilisationen. Religion und Politik zwischen Vernunft und Fundamentalismus*, Hamburg 1995 (erweiterte Neuausgabe München 1998). Darin Kapitel 5 über die Frage „Hat jede Zivilisation ihr eigenes Wissen?", S. 243–276. In der erweiterten und revidierten Heyne-Neuausgabe liegt ein Kapitel über Huntington (Kap. 7) vor, in dem ich mich mit seinem Ansatz auseinandersetze und distanziere.

[66] Hierzu Erik J. Zürcher, *Turkey. A Modern History*, London 1993, (Neuauflage London und New York 2004), S. 189f.

Bibliografie zur 2. Auflage

Ahmed, Feroz: The Making of Modern Turkey, London 1993.

Ahmed, Feroz: Turkey. The Quest for Identity, Oxford 2005.

Ahmed, Leila: Women and Gender in Islam, New Haven 1992 (mehrmals nachgedruckt).

Akiner, Shirin (Hrsg.): Political and Economic Trends in Central Asia, London 1994.

Akşit, Bahattin: Islamic Education in Turkey. Medtese Reform in Late Ottoman Times and Imam-Hatip Schools in the Republic, in: Richard Tapper (Hrsg.): Islam in Modern Turkey. Religion, Politics and Literature in a Secular State, London 1994, S. 145–170.

AlSayyad, Nezar/Castells, Manuel (Hrsg.): Muslim Europe or Euro-Islam? Politics, Culture, and Citizenship in the Age of Globalization, New York and Berkeley 2002 (darin B. Tibi über Euro-Islam).

Altermatt, Urs/Delgado, Mariano (Hrsg.): Der Islam in Europa, Stuttgart 2006 (darin das Kapitel: B. Tibi, Europa und seine islamischen Enklaven, S. 41–64).

Anderson, Malcolm: Frontiers. Territory and State in the Modern World, Cambridge 1997.

An-Na'im, Abdullahi: Toward an Islamic Reformation: Civil Liberties, Human Rights and the International Law, Syracuse/NY 1990.

Atilgan, Canan: Türkische Diaspora in Deutschland, Hamburg 2002.

Ayata, Sencer: Traditional Sufi Orders on the Periphery. Kadiri and Nakşibendi Islam in Konya and Trabzon, in: Richard Tapper (Hrsg.): Islam in Modern Turkey. Religion, Politics and Literature in a secular State, London 1994, S. 223–253.

Ayubi, Nazih N.: Political Islam. Religion and Politics in the Arab World, London 1991.

Aziz, Namo (Hrsg.): Fremd in einem kalten Land. Ausländer in Deutschland, Freiburg 1992.

al-Azm, Sadik J.: Unbehagen in der Moderne. Aufklärung im Islam, Frankfurt a. M. 1993.

Bagiş, Ali Ihsan (Hrsg.): Water as an Element of Cooperation and Development in the Middle East, Ankara 1994.

Balic, Smail: Das unbekannte Bosnien. Europas Brücke zur islamischen Welt, Köln 1992.

Barber, Benjamin R.: Coca-Cola und heiliger Krieg. Wie Kapitalismus und Fundamentalismus Demokratie und Freiheit abschaffen, Bern 1996.

Barfield, Thomas J.: Tribe and State Relations. The Inner Asian Perspective, in:

Philip S. Khoury/Joseph Kostiner (Hrsg.): Tribes and State Formation in the Middle East, Berkeley 1990, S. 153–182.
Bartlett, Robert: The Making of Europe, Princeton/NJ 1993.
Bendix, Reinhard: Nation Building and Citizenship, New York 1964 (Neuausgabe Berkeley 1977).
Bendix, Reinhard: Könige und Volk, Frankfurt a. M. 1980.
Berkes, Niyazi: The Development of Secularism in Turkey, Montreal 1963 (Neuausgabe hrsg. von Feroz Ahmed, London 1998).
Bloch, Ernst: Avicenna und die Aristotelische Linke, Frankfurt a. M. 1963.
Boroujerdi, Mehrzad: Iranian Intellectuals and the West. The Tormented Triumph of Nativism, Syracuse 1996.
Bozdogan, Sibel/Kasaba, Resat (Hrsg.): Rethinking Modernity and National Identity in Turkey, Seattle 1997.
Braune, Walther: Der islamische Orient zwischen Vergangenheit und Zukunft. Eine geschichtstheologische Analyse seiner Stellung in der Weltsituation, Bern 1960.
Bringa, Tone: Being Muslim the Bosnian Way, Princeton/NJ 1995.
Brown, L. Carl: International Politics and the Middle East. Old Rules, Dangerous Game, Princeton/NJ 1984.
Brown, J. F.: Turkey: Back to the Balkans?, in: Graham Fuller/Ian O. Lesser: Turkey's New Geopolitics. From the Balkans to Western China, Boulder/Col. 1993.
Brzezinski, Zbigniew: The Grand Chessboard. American Primacy and its Geostrategic Imperatives, New York 1997.
Bull, Hedley: The Anarchical Society. A Study of Order in World Politics, New York 1977.
Bull, Hedley/Watson, Adam (Hrsg.): The Expansion of International Society, Oxford 1984.
Busch, Rolf (Hrsg.): Integration und Religion. Islamischer Religionsunterricht an Berliner Schulen, Berlin 2000 (darin: B. Tibi, Islam-Unterricht als islamistische Indoktrination, S. 83–89).
Buzan, Barry: People, States, and Fear. An Agenda for International Security Studies in the Post-Cold War Era, Boulder/Col. 1991.
Byrnes, Timothy/Katzenstein, Peter (Hrsg.): Religion in an Expanding Europe, Cambridge und New York 2006 (darin: B. Tibi, Europeanizing Islam, Kap. 8, S. 204–224).
Capaldi, Nicholas (Hrsg.): Immigration. Debating the Issues, Amherst/NY 1997.
Çakir, Murat: Die Pseudodemokraten. Türkische Lobbyisten, Islamisten, Rechtsradikale und ihr Wirken in der Bundesrepublik, Düsseldorf 2000.
Carment, David/James, Patrick (Hrsg.): Wars in the Midst of Peace. The International Politics of Ethnic Conflict, Pittsburgh 1997.
Carrère d'Encausse, Hélène: The End of the Soviet Empire, New York 1992.
Choueiri, Youssef M.: Islamic Fundamentalism, Boston 1990.

Cornelius, Wayne A./Martin, Philip L./Hollifield, James F. (Hrsg.): Controlling Immigration. A Global Perspective, Stanford 1994.

Davidson, Herbert A.: Alfarabi, Avicenna, and Averroes on Intellect. Their Cosmologies, Theories of the active Intellect and the Theories of Human Intellect, New York 1992.

Davison, Andrew: Secularism and Revivalism in Turkey. A hermeneutic Reconsideration, New Haven 1998.

Demant, Peter: Islam vs. Islamism. The Dilemma of the Muslim World, London 2006.

Doğramaci, Emel: Status of Women in Turkey, Ankara 1984.

Elias, Norbert: Über den Prozeß der Zivilisation, 20. Auflage, Frankfurt a. M. 1997.

Esmer, Yilmaz: Turkey, Torn Between Two Civilizations, in: Lawrence Harrison/Peter Berger (Hrsg.): Developing Cultures, 2 Bde., hier Bd. 1, New York 2006, S. 217–231.

Fierman, William (Hrsg.): Soviet Central Asia. The Failed Transformation, Boulder/Col. 1991.

Finkielkraut, Alain: Die Niederlage des Denkens, Reinbek 1989.

Foroutan, Naika: Inter-zivilisatorische Kulturdialoge zwischen dem Westen und der islamischen Welt. Eine Strategie zur Regulierung von Zivilisationskonflikten im post-bipolaren Szenarium der neuen Weltordnung nach 1989 (Göttinger Dissertation).

Fregosi, Paul: Jihad in the West. Muslim Conquests from the 7th Century to the 21st Century, Amherst/NY 1998.

Fromkin, David: A Peace to End All Peace. The Fall of the Ottoman Empire and the Creation of Modern Middle East, New York 1989.

Fuller, Graham E./Lesser, Ian O.: Turkey's New Geopolitics. From the Balkan to Western China, Boulder/Col. 1993.

Fuller, Graham E./Lesser, Ian O.: A Sense of Siege. The Geopolitics of Islam and the West, Boulder/Col. 1995.

Geertz, Clifford: Religiöse Entwicklungen im Islam. Beobachtet in Marokko und Indonesien (mit einem Nachwort von B. Tibi), Frankfurt 1988.

Geertz, Clifford: Dichte Beschreibung. Beiträge zum Verstehen kultureller Systeme, Frankfurt a. M. 1993.

Gellner, Ernest: Postmodernism, Reason and Religion, London 1992.

Gerholm, Tomas/Lithman, Yngve Georg: The New Islamic Presence in Europe, London 1988.

Gladney, Dru C.: Muslim Chinese. Ethnic Nationalism in the People's Republic, Cambridge/MA 1996 (darin auch über die Turki-Uiguren von Xinjiang).

Gleason, Gregory: The Central Asian States. Discovering Independence, Boulder/Col. 1997.

Göle, Nilüfer: The Forbidden Modern. Civilization and Veiling, Ann Arbor/Mich. 1996.

Göçek, Fatma Müge: East Encounters West. France and the Ottoman Empire in the Eighteenth Century, New York 1987.

Göçek, Fatma Müge: The Rise of the Bourgeoisie. Demise of the Empire. Ottoman Westernization and Social Change, New York 1996.

Güneş-Ayata, Ayşe: Pluralism Versus Authoritarianism. Political Ideas in Two Islamic Publications, in: Richard Tapper (Hrsg.): Islam in Modern Turkey. Religion, Politics and Literature in a secular State, London 1994, S. 254–279.

Gurr, Ted Robert: Rebellion. Eine Motivationsanalyse von Aufruhr, Konspiration und innerem Krieg, Düsseldorf 1972 (Kap. 4 über Deutsch-Türken).

Gurr, Ted Robert/Harff, Barbara: Ethnic Conflict in World Politics, Boulder/Col. 1994.

Hargreaves, Alec C.: Immigration, „Race" and Ethnicity in Contemporary France, London 1995.

Haussig, Hans-Wilhelm: Die Geschichte Zentralasiens und der Seidenstraße in islamischer Zeit, Darmstadt 1988.

Heinsohn, Gunnar: Söhne und Weltmacht: Terror im Aufstieg und Fall der Nationen, Zürich 2003.

Heitmeyer, Wilhelm/Müller, Joachim/Schröder, Helmut: Verlockender Fundamentalismus. Türkische Jugendliche in Deutschland, Frankfurt a. M. 1997.

Henry, Clement M./Springborg, Robert: Globalization and the Politics of Development in Middle East, Cambridge 2001.

Heuer-Vogel, Daniela: Die Politisierung ethnischer Identitäten im internationalen Staatensystem. Muslime unter chinesischer Herrschaft, Frankfurt a. M. 2000 (über die ethnisch-türkische Provinz Xingjiang und die Ethnisierung der Konflikte).

Hibbard, Scott/Little, David: Islamic Activism and US Foreign Policy, Washington/DC 1997 (Kap. 5 über die Türkei).

Hobsbawm, Eric/Ranger, Terrence (Hrsg.): The Invention of Tradition, Neuausgabe Cambridge 1996.

Hoffmann, Stanley: World Disorders. Troubled Peace in the Post-Cold War Era, Boulder/Col. 1998.

Horkheimer, Max: Kritische Theorie, 2 Bände, Frankfurt a. M. 1968.

Horne, Winston van (Hrsg.): Global Convulsion. Race, Ethnicity and Nationalism at the End of the 20th Century, New York 1997.

Houben, Anke: Die zivilisatorische Staatengemeinschaft. Zivilisation und internationale Politik im Nahen Osten, Frankfurt a. M. 1996.

Howe, Marvine: Turkey Today. A Nation divided over Islam's Revival, Boulder/Col. 2000.

Huntington, Samuel P.: The Clash of Civilizations, New York 1996 (deutsch mit dem falsch übersetzten Titel: Kampf der Kulturen, Wien 1996).

Husain Sayed S./Ashraf, Sayed A. (Hrsg.): Crisis in Muslim Education, Jeddah und Kent 1979.

Hutchinson, John/Smith, Anthony D. (Hrsg.): Ethnicity, Oxford 1996.

Inalcik, Halil: An Economic and Social History of the Ottoman Empire 1300–1600, Cambridge 1994.

Kafadar, Cemal: Between Two Worlds. The Construction of the Ottoman State, Berkeley 1995.

Kececiler, Ayşegül: Sayyid Qutb and his Influence on Turkish-Islamic Intellectuals: From the 70s to the 90s, Ankara 1995 (Master-These, Bilkent University, Ankara 1995).

Kepel, Gilles: Allah im Westen. Die Demokratie und die islamische Herausforderung, München 1996.

Kessler, Michael/Vitzthum, Wolfgang Graf/Wertheimer, Jürgen (Hrsg.): Konfliktherd Toleranz? Analysen – Sondierungen – Klarstellungen, Tübingen 2002.

Khan, Mohammed W. (Hrsg.): Education and Society in the Muslim World, Jeddah und Kent 1981.

Kinross, John Balfour: The Ottoman Centuries. The Rise and Fall of the Turkish Empire, New York 1977.

Kramer, Heinz: A Changing Turkey. The Challenge to Europe and United States, Washington/DC 2000.

Landau, Jacob M.: Pan-Turkism: From Irredentism to Cooperation, London 1981 (Neuausgabe Bloomington 1995).

Laue, Theodore H. von: The World Revolution of Westernization. The 20th Century in Global Perspective, New York 1987.

Lewis, Bernard: Istanbul and the Civilization of the Ottoman Empire, Norman/Okl. 1963.

Lewis, Bernard: The Emergence of Modern Turkey, London 1979.

Lewis, Bernard: Die Juden und die islamische Welt, München 1987.

Lipson, Leslie: The Ethical Crises of Civilization: Moral Meltdown or Advance?, London 1993.

Lockwood, William G.: European Moslems. Economy and Ethnicity in Western Bosnia, New York 1975.

Macfie, A. L.: Atatürk, London 1994.

Makdisi, George: The Rises of Colleges. Institutions of Learning in Islam and the West, Edinburgh 1981.

Malcolm, Noel: Bosnia. A Short History, London 1994.

Manfraas, Klaus: Türken in der Bundesrepublik, Nordafrikaner in Frankreich. Ausländerproblematik im deutsch-französischen Vergleich, Bonn 1991.

Mango, Andrew: Turkey. The Challenge of a New Role, Washington/DC und London 1994.

Mardin, Serif: The Nakshibendi Order of Turkey, in: Marty Martin/Scott Appleby (Hrsg.): The Fundamentalism Project, Band 3: Fundamentalisms and the State. Remaking Polities, Economies and Militance, Chicago 1993, S. 204–232.

Mardin, Serif: Civil Society and Islam, in: John A. Hall (Hrsg.): Civil Society. Theory, History, Comparison, Cambridge 1995, S. 278–300.

Marty, Martin/Appleby, Scott (Hrsg.): The Fundamentalism Project, 5 Bände, Chicago 1991–95.

Mernissi, Fatema: Der politische Harem. Mohammed und die Frauen, Frankfurt/Main 1989.

Meyer, Thomas: Identitätspolitik. Vom Missbrauch kultureller Unterschiede, Frankfurt a. M. 2002.

Mitchell, Richard P.: The Society of the Muslim Brothers, Oxford und London 1969.

Moghadam, Valentine M.: Modernizing Women. Gender and Social Change in the Middle East, Boulder/Col. 1993.

O'Ballance, Edgar: Islamic Fundamentalist Terrorism 1979–1995. The Iranian Connection, New York 1997.

Öztürk, Yesar N.: Die Zeit nach dem Propheten, in: Michael Thumann/Richard Herzinger (Hrsg.): Der Islam und der Westen, Berlin 2003, S. 107–116.

Palmer, Alan: The Decline and Fall of the Ottoman Empire, New York 1992.

Parker, Geoffrey: The Military Revolution. Military Innovation and the Rise of the West, 1500–1800, Cambridge 1988.

Pflüger, Friedbert: Ein neuer Weltkrieg? Die islamistische Herausforderung des Westens, München 2004.

Pope, Nicole/Pope, Hugh: Turkey Unveiled. Atatürk and after, New York und London 1997.

Popper, Karl R.: Die offene Gesellschaft und ihre Feinde, 7. Auflage, Tübingen 1992.

Preiswerk, Roy/Perrot, Dominique: Ethnocentrism and History. Africa, Asia and Indian America in Western Textbooks, New York 1978.

Ralston, David: Importing the European Army. The introduction of European Military Techniques and Institutions into the Extra-European World 1600–1914, Chicago 1990.

Ramazani, Rouhollah K.: Revolutionary Iran. Challenge and Response in the Middle East, Baltimore 1986.

Revel, Jean-François: Democracy Against Itself. The Future of Democratic Impulse, New York 1993.

Röhrich, Wilfried: Die Macht der Religionen. Glaubenskonflikte in der Weltpolitik, München 2004 (Neuauflage 2006).

Ross, Marc H.: The Management of Conflict. Interpretations and Interests in Comparative Perspective, New Haven 1993.

Runciman, Steven: The Fall of Constantinople 1453, Neuausgabe Cambridge 1990.

Rusinow, Dennison: Yugoslavia's Disintegration and the Ottoman Past, in: L. Carl Brown: Imperial Legacy. The Ottoman Imprint on the Balkans and the Middle East, New York 1996, S. 78–99.

Rywkin, Michael: Moscow's Muslim Challenge. Soviet Central Asia, Neuausgabe, Armonk/NY 1990.

el-Saadawi, Nawal: Tschador. Frauen im Islam, Bremen 1980.

Schacht, Joseph: An Introduction to Islamic Law, Oxford 1964 (Neuausgabe 1979).

Schwarz, Stephen: The Two Faces of Islam. The House of Sau'ud. From Tradition to Terror, New York 2002.

Schwarzer, Alice (Hrsg.): Die Gotteskrieger und die falsche Toleranz, Köln 2002.

Şen, Faruk/Goldberg, Andreas: Türken in Deutschland, München 1994.

Shadid, W. A. R./Koningsveld, P. S. van (Hrsg.): Muslims in the Margin. Political Responses to the Presence of Islam in Western Europe, Kampen/Niederlande 1996.

Shayegan, Daryush: Cultural Schizophrenia. Islamic Societies Confronting the West, Syracuse 1997.

Spellberg, Denise A.: Politics, Gender and the Islamic Past. The Legacy of A'ischa Bint Abi Bakr, New York 1994.

Spuler-Stegemann, Ursula: Muslime in Deutschland, Informationen und Klärungen, Freiburg 2002.

Spuler-Stegemann, Ursula (Hrsg.): Feindbild Christentum im Islam, Freiburg 2004.

Stowasser, Barbara F.: Women in the Qur'an. Traditions and Interpretations, New York 1994.

Tapper, Richard (Hrsg.): Islam in Modern Turkey. Religion, Politics and Literature in a secular State, London 1994.

Tashan, Seyfi/Karaosmanoglu, Ali/Evin, Ahmed u. a.: Turkey and European Union, Turkish Foreign Policy Institute, Ankara, März 1996.

Tibi, Bassam: Die Krise des modernen Islam. Eine vorindustrielle Kultur im wissenschaftlich-technischen Zeitalter, Frankfurt a. M. 1981 (Neuausgabe 1991).

Tibi, Bassam: Islamischer Fundamentalismus, moderne Wissenschaft und Technologie, Frankfurt a. M. 1992 (2. Auflage 1993).

Tibi, Bassam: Die fundamentalistische Herausforderung. Der Islam und die Weltpolitik, München 1992 (4., völlig überarbeitete und erweiterte Auflage 2003).

Tibi, Bassam: Conflict and War in the Middle East. From Interstate War to New Security, New York 1993 (Neuausgabe 1998).

Tibi, Bassam: Ausländer, die Juden von heute?, in: Ulrich Wank (Hrsg.): Der neue alte Rechtsradikalismus, München 1993, S. 139–168.

Tibi, Bassam: Im Schatten Allahs. Der Islam und die Menschenrechte, München 1994 (völlig neu geschriebene und um 200 Seiten erweiterte Neuausgabe 2003).

Tibi, Bassam: Krieg der Zivilisationen. Politik und Religion zwischen Vernunft und Fundamentalismus, Hamburg 1995 (erweiterte und revidierte Neuausgaben 1998 und 2001).

Tibi, Bassam: Die Revolte gegen den Westen in der neuen internationalen Umwelt der islamischen Zivilisation, in: Karl Kaiser/Hanns Maull (Hrsg.): Deutschlands neue Außenpolitik, Band 2: Herausforderungen, München 1995, S. 61–80.

Tibi, Bassam: Artikel/Essay über Fundamentalismus in: Encyclopedia of Democracy, hrsg. von Lipset, S. M., 4 Bde., Washington D.C. 1995, hierzu Bd. 2, S. 507–510.

Tibi, Bassam: Les conditions d'un Euro-Islam, in: Robert Bistolfi/François Zabbal (Hrsg.): Islams d'Europe. Intégration ou Insertion Communautaire?, Paris 1995, S. 230ff.

Tibi, Bassam: Der wahre Imam. Der Islam von Mohammed bis zur Gegenwart, München 1996 (mehrere Serie-Piper-Neuausgaben, zuletzt 2002).

Tibi, Bassam: Islam, Hinduism and Limited Secularity in India. A Model for European Muslim Relations in the Age of Migration?, in: W. A. R. Shadid/P. S. van Koningsveld (Hrsg.): Muslims in the Margin. Political Responses to the Presence of Islam in Western Europe, Kampen/Niederlande 1996, S. 130–144.

Tibi, Bassam: The Cultural Underpinning of Civil Society in Islamic Civilization, in: Elisabeth Özdalga/Sune Persson (Hrsg.): Civil Society, Democracy and the Muslim World, Istanbul 1997, S. 23–32.

Tibi, Bassam: Religious Fundamentalism, Ethnicity and the Nation-State, in: T. K. Oommen (Hrsg.): Citizenship and National Identity. From Colonialism to Globalism, London 1997, S. 199–226.

Tibi, Bassam: Aufbruch am Bosporus. Die Türkei zwischen Europa und Islamismus, München 1998.

Tibi, Bassam. Europa ohne Identität? Die Krise der multikulturellen Gesellschaft, München 1998 (Neuausgabe mit dem neuen Untertitel: Leitkultur oder Werte-Beliebigkeit, 2001).

Tibi, Bassam: Kreuzzug und Djihad. Der Islam und die christliche Welt, München 1999 (TB-Ausgabe 2002).

Tibi, Bassam: Die neue Weltunordnung. Westliche Dominanz und islamischer Fundamentalismus, Berlin 1999.

Tibi, Bassam: Der Islam und Deutschland. Muslime in Deutschland, Stuttgart 2000 (neu 2001).

Tibi, Bassam: Fundamentalismus im Islam. Eine Gefahr für den Weltfrieden?, Darmstadt 2000 (3., erweiterte Auflage 2002).

Tibi, Bassam: Einladung in die islamische Geschichte, Darmstadt 2001.

Tibi, Bassam: Islamische Zuwanderung. Die gescheiterte Integration, München 2002.

Tibi, Bassam: Die deutsche verordnete Fremdenliebe, in: Alice Schwarzer (Hrsg.): Die Gotteskrieger und die falsche Toleranz, Köln 2002, S. 105–120.

Tibi, Bassam: Toleranz zwischen Kultur-Pluralismus und multikultureller Werte-Beliebigkeit, in: Michael Kessler/Wolfgang Graf Vitzthum/Jürgen Wertheimer (Hrsg.): Konfliktherd Toleranz? Analysen – Sondierungen – Klarstellungen, Tübingen 2002, S. 173–192.

Tibi, Bassam: Der neue Totalitarismus. Heiliger Krieg und westliche Sicherheit, Darmstadt 2004.

Tibi, Bassam: Artikel, Fundamentalism, in: Mary Hawkesworth/Maurice Kogan (Hrsg.): Routledge: Encyclopedia of Government and Politics, 2 Bände, London 2004, Band 1, S. 184–204.

Tibi, Bassam: Euro-Islam: The Quest of Islamic Migrants and of Turkey to

Become European in a Secular Europe, in: Turkish Studies Quarterly, Bd. 3 (2004), H. 1, S. 13–28.
Tibi, Bassam: From Islamist Jihadism to Democratic Peace? Islam at the Cross-Roads in Post-Bipolar International Politics, Ankara Paper 16, Center for Euroasian Strategic Studies, Ankara und London (Taylor & Francis) 2005.
Tibi, Bassam: Islamischer Konservatismus der AKP als Tarnung für den politischen Islam? Die Türkei zwiscnen Europa und dem Islamismus, in: G. Besier/H. Lübke (Hrsg.): Politische Religion und Religionspolitikk, Göttingen 2005, S. 229–260.
Tibi, Bassam: Islam und der EU-Beitritt der Türkei, in: Europäische Rundschau (Wien), Bd. 34 (2006), H. 1, S. 47–59.
Tibi, Bassam: Jihadism as a Religious Legitimation of Terrorism in the Path of God: Irregular War and Post-Bipolar Security, in: SAM Papers, hrsg. von Mustafa Aydin und K. Ifantis/Center for Strategic Research/Ankara 1/2006, S. 55–88.
Todorova, Maria: The Ottoman Legacy in the Balkans, in: L. Carl Brown: Imperial Legacy. The Ottoman Imprint on the Balkans and the Middle East, New York 1996, S. 45–77.
Toprak, Binnaz: Islam and Political Development in Turkey, Leiden 1981.
Trimberger, Ellen K.: Revolution from Above. Military Bureaucrats and Development in Japan, Turkey, Egypt, and Peru, New Brunswick/NJ 1978.
Ulfkotte, Udo: Der Krieg in unseren Städten. Wie radikale Islamisten Deutschland unterwandern, Frankfurt a. M. 2003 (darin auch über Milli Görüş).
Vitzthum, Wolfgang Graf: Kultureller Sonderfall. Die Türkei in Europa, in: Michael Kessler/Wolfgang Graf Vitzthum/Jürgen Wertheimer (Hrsg.): Konfliktherd Toleranz? Analysen – Sondierungen – Klarstellungen, Tübingen 2002, S. 193–214.
Waddy, Charis: Women in Muslim History, London 1980.
Waldhoff, Hans-Peter (Hrsg.): Brücken zwischen Zivilisationen. Das türkisch-deutsche Beispiel, Frankfurt a. M. 1997.
Waldhoff, Hans-Peter: Fremde und Zivilisierung. Wissenssoziologische Studien über das Verarbeiten von Gefühlen von Fremdheit. Probleme der modernen Peripherie-Zentrums-Migration am türkisch-deutschen Beispiel, Frankfurt a. M. 1995.
Weiner, Myron: The Global Migration Crisis. Challenge to States and to Human Rights, New York 1995.
Weithmann, Michael W.: Atatürks Erben auf dem Weg nach Westen. Die Türkei im Spannungsfeld zwischen Nahost und Europa. München 1997.
Wheatcroft, Andrew: The Ottomans. Dissolving Images, London 1995.
Woodhead, Christine/Kunt, Metin (Hrsg.): Suleyman the Magnificent and his Age. The Ottoman Empire in the Early Modern World, London 1995.
Zürcher, Eric J.: Turkey. A Modern History, London 1993.